Classroom **Pivotal Response** **Teaching** for Children with **Autism**

孤独症儿童
关键反应教学法

[美] 奥温·C. 斯塔曼（Aubyn C. Stahmer）　　劳拉·施赖布曼（Laura Schreibman）
杰茜卡·苏海因里希（Jessica Suhrheinrich）　辛西娅·博尔达克（Cynthia Bolduc）/ 著
莎拉·里德（Sarah Reed）

胡晓毅 / 译

华夏出版社
HUAXIA PUBLISHING HOUSE

推 荐 语

"这本专为教育者所用的书,不仅描述了关键反应教学法的组成要素,还提供了很多与学生的目标相联系的实例,这些实例都是建立在观察和记录的数据基础之上。这本书能很好地指导你有效地实施基于应用行为分析的循证教学策略。"

——劳拉·J. 霍尔博士(Laura J. Hall, Ph.D.)
圣地亚哥州立大学特殊教育系

"关键反应教学法之美就在于它的灵活性和适应性:这些教学过程可成功应用于几乎所有的学习目标……有实证支持的孤独症儿童干预方法很少能同时应用于个体及团体,而关键反应教学法做到了,对教育者和治疗师而言它是一个独特又充满希望的方法。"

——萨莉·J. 罗杰斯博士(Sally J. Rogers, Ph.D.)
加州大学戴维斯分校精神医学与行为科学系及 M.I.N.D 研究所

"本书条理清晰,它提供了清楚的、系统的及实用的建议以帮助教师实现成功的课堂。各种各样的表格和数据收集案例将节省教师的教学准备时间,有利于构建有效的教学环境。"

——安迪·邦迪博士(Andy Bondy, Ph.D.)
纽瓦克市特拉华大学金字塔教育咨询公司创始人

"它是你书架上'必不可少'的好书,为你提供了许多超级棒的实例,这些实例是教师在遵循关键反应教学法核心原则时发挥创造力的产物。本书不仅呈现了学业、社会交往、言语沟通等方面的教学策略——这都是在孤独症谱系障碍学生的 IEP 中必须优先考虑的——还包括了很实用的表格。"

——莉萨·鲁布尔博士（Lisa Ruble, Ph.D.）

肯塔基大学教育、学校与咨询心理学系

"本书为教师从事孤独症儿童教学提供了一系列非常有帮助的教学工具。它将一个循证实践的范本转化到实际应用中，满足了学生不同的需求……它的形式是已经组织好的，且易于理解，而且提供的那些适当或不适当的关键反应教学法应用范例也是基于经验总结出来的，浅显易懂。换言之，这本书是真实可信的！"

——丽贝卡·J. 兰达（Rebecca J. Landa, Ph.D.）

肯尼迪·克里格研究所孤独症及相关障碍儿童研究中心主任；

约翰·霍普金斯大学医学院精神医学与行为科学系

关于作者

奥温·C.斯塔曼博士（Aubyn C. Stahmer, Ph.D.），儿童及青少年服务研究中心（Child and Adolescent Services Research Center, CASRC）研究员，加州大学圣地亚哥分校（University of California, San Diego, UCSD）心理学院项目副研究员，拉迪儿童医院孤独症研究中心（Rady Children's Hospital Autism Discovery Institute）负责人。她拥有逾20年孤独症儿童相关工作及使用关键反应训练（Pivotal Response Training, PRT）的经验。她致力于孤独症儿童教育服务的研究工作，该研究的主要目标是促进社区环境中循证实践的应用。斯塔曼博士在对教师进行行为原理和发展性技能培训及对临床相关项目的实施忠实度进行评估程序的开发方面有着丰富的经验。

杰茜卡·苏海因里希博士（Jessica Suhrheinrich, Ph.D.），加州大学圣地亚哥分校和儿童及青少年服务研究中心博士后研究人员。她是一位经验丰富的关键反应训练培训人员。其主要研究兴趣和领域包括研究任课教师在课堂上使用关键反应训练的情况及教任课教师使用关键反应训练的最佳培训方式。读研究生之前，苏海因里希是一名教师，因此她对于社区环境中实施循证实践的阻碍因素有较好的理解。

莎拉·里德硕士（Sarah Reed, M.A.），加州大学圣地亚哥分校孤独症干预研究项目的博士生。她主要研究在社区环境中实施循证干预的情况以及在不同教育环境中更好地应用干预研究成果的方法。其主要研究兴趣包括继续检验关键反应训练对群体学生的训练效果，因为这是很多教育环境中需要解决的现实问题。在临床上，里德女士在对孤独症儿童实施自然行为干预及为家长、临床医生和学生提供培训方面有丰富经验。

劳拉·施赖布曼博士（Laura Schreibman, Ph.D.），加州大学圣地亚哥分校心理学杰出教授。在过去的40年中，她致力于孤独症儿童干预方法的研究工作。她是关键反应训练的创立者之一，在同行评审刊物上发表了众多验证关键反应训练干预效果的研究。施赖布曼博士著有三本孤独症著作，其中最近的著作是《孤独症的科学和谎言》(*The Science and Fiction of Autism*)。她在开发实施忠实度的行为评估工具以及干预调整等方面经验丰富。

辛西娅·博尔达克硕士（Cynthia Bolduc, M.A.），担任特殊教育教师10年，其中7年专门服务于孤独症儿童。她学习了包括关键反应训练在内的多个循证干预技术。博尔达克女士在课堂上将关键反应训练作为综合干预系列的一部分使用。她获得了孤独症儿童教育的硕士学位。

关键反应教学法顾问委员会

帕特里夏·贝尔登硕士（Patricia Belden, M.A.），将于近期退休，在其35年的教育生涯中她的主要服务对象是公立学校中的孤独症儿童及其家庭。她担任过教师、校长和学区管理者。在职前教师培养方面，她一直是圣地亚哥州立大学（San Diego State University, SDSU）孤独症专业硕士课程的教师以及职前教师督导。目前贝尔登女士仍是圣地亚哥大学特殊教育认证和硕士课程的兼职教师。

泰斯拉·乔利教育硕士（Thesa Jolly, M.Ed.），在特殊教育领域工作35年有余，将于近期退休。她曾在国内外的以家庭或研究中心为基础的项目中为有特殊需要的婴儿和学前儿童提供服务。她一直是圣地亚哥联合学区的教学辅导教师和高级教师。乔利女士的研究重心是将关键反应训练技术整合到一个能够使课堂中所有学生都受益的发展性课程中。

凯瑟琳·波普硕士（Catherine Pope, M.A.），在过去的10年中她一直服务于学前孤独症学生。她获得了教师资格证书以及圣地亚哥州立大学孤独症教育方向的硕士学位。她将循证实践纳入自己的课程中，其中包括应用行为分析的原理。波普女士参加了教授准专业人士关键反应教学法的培训工作，同时她也是一本关于教授准专业人士行为干预策略的培训用书的作者之一。

琳达·里夫硕士（Linda Reeve, M.A.），持有国家专业教学资格证书和学前特殊教育硕士学位。自1992年起她一直在公立学校作为教师为孤独症学生提供服务，也是一名孤独症早期教育专家。里夫女士还是整个圣地亚哥公立学校孤独症项目的顾问。她在建立并监督家庭和学校情境下的行为干预项目方面经验丰富。她是大学职前教师培养项目的督导，也是多家孤独症顾问委员会的成员。

劳伦·昂加尔教育硕士（Lauren Ungar, M.Ed.），在教育领域从业6年。目前她担任幼儿园至三年级有重度特殊需要儿童的教育工作。关键反应训练是她在课堂中用来训练孤独症及其他障碍儿童的方法之一。

致　　谢

《孤独症儿童关键反应教学法》是研究人员、教师以及项目管理者之间不懈努力合作的成果。感谢让我们感受到训练的挑战和快乐的孤独症孩子们，也特别感谢下列为本书的出版做出贡献的机构和人员：

美国教育部教育科学研究所（Institute of Education Sciences at the U.S. Department of Education），感谢你们为本书及该项目中的重点研究所提供的资金支持（基金项目号：R324B070027）。

罗伯特·凯格尔博士（Robert Koegel, Ph.D.）和琳·凯格尔博士（Lynn Koegel, Ph.D.）及劳拉·施赖布曼博士（Laura Schreibman, Ph.D.），共同实施了最初的关键反应训练研究，并将其发展为一套可操作的干预项目。感谢你们对提高孤独症儿童及其家庭生活质量的付出和贡献，这也不断激励我们实施这项基于社区环境的研究工作。此外，我们还感谢在家庭、社区以及课堂环境中使用关键反应训练的研究者们，以及那些已经学会并在真实情境中使用关键反应训练的教师和家长们。

关键反应教学法顾问委员会成员——帕特里夏·贝尔登（Patricia Belden）、泰斯拉·乔利（Thesa Jolly）、凯瑟琳·波普（Catherine Pope）、琳达·里夫（Linda Reeve）和劳伦·昂加尔（Lauren Ungar），感谢你们在过去几年里为本书的出版奉献了那么多宝贵时间。感谢你们分享自己的教学智慧，为本书出版前的无数草稿提供了详细、宝贵的信息，并将你们在个别学生身上进行应用和调整的例子和资料与我们共享，以使我们能够真正扎根于真实情境的实践中。

劳伦·布鲁克曼-弗雷齐（Lauren Brookman-Frazee）、劳拉·霍尔（Laura Hall）和劳伦·卢斯（Lauren Loos），感谢你们分享自己在孤独症临床实践和研究方面的专长，帮助我们整合我们自己的知识，并以一种舒适、切合实际的方式应用这些干预策略。

所有对本书之前的版本进行过审校以及确定最终版本的人们:感谢吉纳维芙·博尔达克(Genevieve Bolduc)、米歇尔·卡尼(Michelle Carney)、玛丽·洛乌·埃文斯(Mary Lou Evans)、乔希·费德(Josh Feder)、杰奥尔杰安尼·格德尼(Georgeanne Gedney)、丽贝卡·古铁雷斯(Rebecca Gutierrez)、凯·霍尔曼(Kay Holman)、齐尼亚·彼得罗夫斯基(Zinnia Piotrowski)和莉萨·鲁布尔(Lisa Ruble)。我们还要感谢凯特琳·卢斯(Caitlin Loos)在凯特琳·卢斯销售和平面设计中心(Caitlin.e.loos Marketing and Graphic Design)为我们提供最初布局和设计方案,以及感谢格伦达·罗杰斯(Glenda Rogers)为我们制作关键反应教学法的标志。

目录

如何使用本书 ··· 1

第一部分　初识关键反应教学法 ································· 1

第一章　关键反应教学法介绍 ································· 3
第二章　奠定关键反应教学法的基础 ······················· 15
第三章　关键反应教学法的组成要素 ······················· 33

第二部分　走进关键反应教学法 ································· 59

第四章　使用关键反应教学法进行团体指导 ··············· 61
第五章　使用关键反应教学法实现个别化教育目标 ······· 77
第六章　把关键反应教学法整合到课堂中 ················ 115

第三部分　资源与支持 ·· 151

第七章　培训教师助手 ·· 153
第八章　与家长合作 ··· 163
第九章　关键反应教学法的科学依据 ······················· 169

第四部分　可重复使用的讲义 ···································· 177

术语表 ··· 219
推荐书目 ·· 223
译后记 ··· 225

如何使用本书

什么是关键反应教学法？谁应该使用这个方法？

开发关键反应教学法（Classroom Pivotal Response Teaching, CPRT）的目的是帮助满足孤独症幼儿的教育需求。它源于关键反应训练（Pivotal Response Training, PRT）。关键反应训练是以应用行为分析（Applied Behavior Analysis, ABA）原理为基础的自然主义行为干预形式，并且在科学研究中得到强有力的实证支持。本书主要描述关键反应教学法的组成要素，并讨论如何在课堂中实施该教学法。

尽管本书是为学前至三年级的教师准备的，但关键反应教学法策略仍可以为很多专业人员所用。言语和语言病理学家、作业治疗师、行为学专家、心理学家及其他专业人员都能从中找到有价值的策略。本书也适用于普通儿童及有其他特殊需要的儿童。很多孩子能够从这一利用自然教学机会、结构化、系统的干预方法中受益。这个方法的优势之一便是适于广泛的教育目标和服务情境。我们鼓励所有教师将关键反应教学法的策略与自己现有的教学策略尽可能多地整合。

关键反应教学法可用于：
- 教师和学校专业人员
- 学前至小学三年级的学生
- 特殊教育、普通教育和资源教室

本书的特征

本书的组织架构

为了更好地理解和学习关键反应教学法，我们建议您从头至尾地阅读本书。

然而这并非意味着简单地坐着把书中所有内容都读完！书中不同的部分可用于不同的情境，这取决于您将关键反应教学法融入课堂的目的，以及您对关键反应教学法和其他类似方法的熟悉程度。我们建议您在更进一步将其应用于广泛的课堂教学之前，先学习关键反应教学法的基础知识并将其运用到个别学生身上。为了方便您的阅读，我们将这本书分为四个部分，每一部分都有明确的目的：

• 第一部分介绍关键反应教学法的原理并解释如何将其运用到个别学生身上。在进一步使用关键反应教学法之前需要熟悉第一部分的所有内容。

• 第二部分指导如何对小组使用关键反应教学法并进行课堂调整，其中有许多小贴士和工具作为补充。

• 第三部分包含对课堂教学人员和父母进行关键反应教学法指导的信息，并提供了关键反应教学法背后的支持研究，帮助您向别人解释您选择关键反应教学法的原因。

• 第四部分提供了能帮您在教室中成功使用关键反应教学法的材料，如数据收集表、总结讲义以及目标建立表格。

我们希望的是，即便您已十分熟悉关键反应教学法，还是应该坚持将本书放在手边，作为获得想法、解决问题以及培训他人的资源。

下面对该书的内容进行简要概述，这样您就可以快速定位有关章节并轻松找到特定信息。尤其是当您从第一部分过渡到第二部分的时候，每章所教授的技能都为接下来将要学习的技能奠定基础。您可将这些技能看成一座金字塔：要想有效地运用上一层的技能，必须以下一层的技能为基础。图1展示了关键反应教学法的知识体系，它以应用行为分析和关键反应教学法的原理为基础。一旦理解了这些，您就可以开始对个别学生实施关键反应教学法，然后进行小组教学。然后您需要根据具体的个别化教育计划（Individualized Education Program, IEP）和课程目标运用关键反应教学法并将其策略整合到课堂中，最后教会其他教学人员使用关键反应教学法。

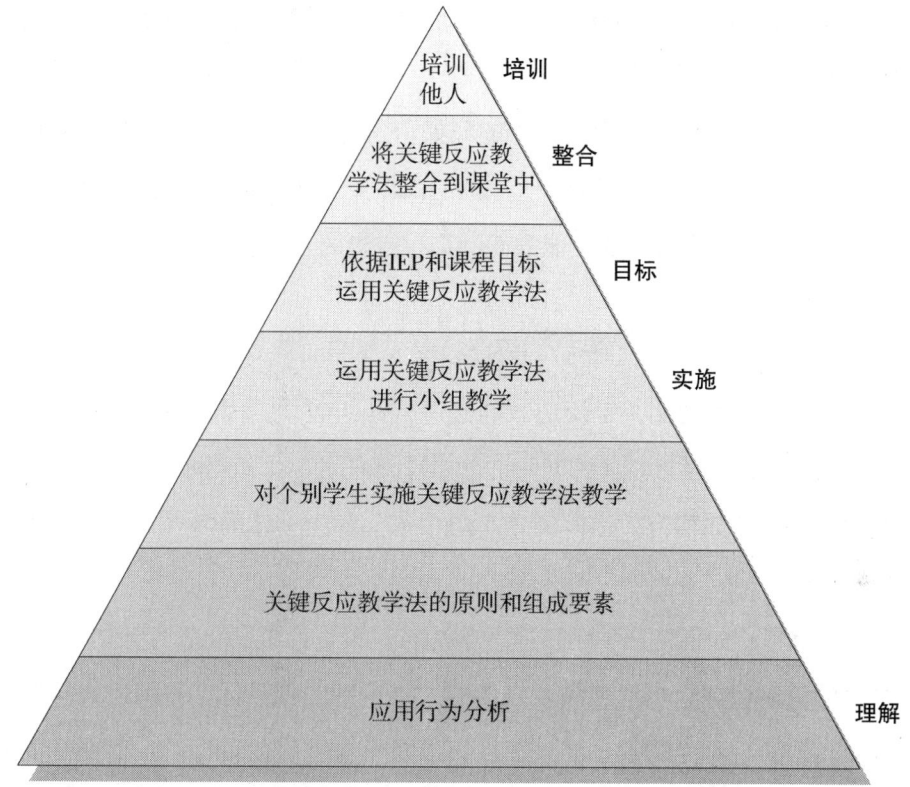

这如金字塔一般的知识体系阐明了在课堂中实施和运用关键反应教学法时，这些互为基础的技能的必要性。在进阶到金字塔上达到IEP目标和培训层次之前，对最基础层次的应用行为分析以及关键反应教学法组成要素有深刻的理解是十分有必要的。

图1　关键反应教学法知识体系

第一部分：初识关键反应教学法

第一章包含对关键反应训练的总体介绍，描述孤独症儿童的特点，并提供关键反应教学法组成要素的有关信息。本章还讨论了为什么关键反应教学法是一个好的课堂策略，什么技能可以使用关键反应教学法来教，实施关键反应教学法时可使用什么样的活动和材料，何时使用关键反应教学法，以及何时使用其他方法更好。

第二章包含应用行为分析的概述，以提供关键反应教学法方法的理论背景。关键反应教学法以应用行为分析的原理为基础，在实施具体组成要素之前了解"前提—行为—后果"这一模式是非常重要的。根据我们的经验，熟悉ABA的人能更成功地使用关键反应教学法，因为已储备的基本原理方面的知识让他们能更好地使技能适应于学生的需要。

第三章详述关键反应教学法，并解释如何实施组成要素。这之后依次介绍了成功和失败的例子，阐明了关键反应教学法如何发挥作用。本章在您学习实施关键反应教学法每个组成要素的技能方面，具有宝贵的参考价值。

第二部分：走进关键反应教学法

第四章讲述如何使用关键反应教学法进行小组教学。因为即使在同一个课堂中，也可能有多种教学环境（一对一教学、小组任务、大组活动等），本章介绍关键反应教学法策略如何有效地既满足小组中每一学生个体的需要，又最大化地实现小组的教学目标。

第五章解释了如何使用关键反应教学法实现学生的个别化教育计划（IEP）和基于课程的教学目标。本章强调以自然的方式达到各种目标，并阐述如何运用关键反应教学法实现学生沟通、游戏、社交以及学业技能的目标。本章提供了适用于各种功能水平的目标范例，每个部分都对从哪开始教、训练某一技能的最佳时机，以及推动实现学生目标的方式进行了讨论。

第六章的目的是帮助您把关键反应教学法融入课堂。本章的信息包括：如何整合关键反应教学法与当前的课程和标准，将关键反应教学法与其他干预方法配合使用，判定能激发学生动机的材料，在实施关键反应教学法的过程中收集数据资料，从训练开始就以技能的泛化为目标。本章还描述了一些数据收集方法，您可以根据特定的需要进行选择。在本章的结尾部分提供了疑难排解的清单。

第三部分：资源与支持

第七章包含了对教学人员进行高效培训的信息和材料。训练孤独症学生需要一个专门团队的协同工作，同所有与学生接触的专业人士分享关键反应教学法将有利于学生的学习和进步。

第八章将帮助您向孩子的父母解释关键反应教学法，并希望他们也将其自然地应用到家庭中。家长的参与很可能会更好地促进学生技能的泛化和保持。

第九章详细地介绍了支持运用关键反应教学法对孤独症儿童进行教学的实证研究，在您与别人讨论选择关键反应教学法进行教学时，这一章可以作为依据。

第四部分：可重复使用的讲义

第四部分包含了所有的空白表格以及本书所提到的材料。（关注华夏特教微信公众号，可在在线资源板块获取电子版空白表格和材料。）

特色之处

已完成的表格示例

文中您会看到已填写完成的课程规划、学生目标以及收集数据的表格。在这些示例中使用的所有表格可在本书的第四部分中查找到，并且我们鼓励您在课堂上实施关键反应教学法时利用这些表格。

术语表

在本书末尾列出行为方面的术语以及相关的词汇。这些术语和词汇在这一列表中进行了更深一步的界定。

推荐书目

在本书末尾提供了推荐阅读材料的清单。这不是一个详尽的参考书目，它只是一个了解该领域内研究的简易指南。①

图标

在本书中，您会看到一些用来突出显示文本要点和特点的图标。这些图标是为了方便阅读，并提供快速提示。图标的具体含义如下文所示。

 资源：书本图标表示在本书中还可以找到更多的相关资源。例如，此图标会出现在关键反应教学法和数据收集的讨论部分，因为各种各样的数据收集工作表都包含在第四部分中。

---

① 编注：本书末尾的推荐书目提供了部分应用行为分析领域的中文版图书，与原书提供的书目有所不同，更适合中国读者阅读。

 活动和材料：玩具图标表示适用于关键反应教学法的具体教学材料和活动建议。关键反应教学法的优势之一是没有具体的、必需的材料，这使得它价格低廉，使用方便。然而，由于没有具体的材料，所以有时候需要一些创意，而这些条目可以激发新的想法，并帮助您在各种情况下使用关键反应教学法。

 注释和表单：记事本图标表示在此处您可以针对特定主题记一些笔记或填写第四部分的工作表。这些可以使您更积极地阅读本书，并帮助您将书中的内容与课堂实际相结合。

 疑难排解：工具图标是疑难排解提示和技巧的标志，以解决使用关键反应教学法过程中可能出现的问题。这部分主要解决在实施过程、学生反应以及助手培训方面出现的一般问题。第六章结尾处有一个更加详细的疑难排解技巧清单。

 信息："i"图标能引导您针对某一特定主题获得更进一步的信息。目的是为关键反应教学法和孤独症学生的教学提供获得外部资源的途径。

第一部分

初识关键反应教学法

第一章　关键反应教学法介绍

本章综述

关键反应教学法致力于满足孤独症学生复杂多样的教育需要。孤独症是一种广泛性发育障碍，其特征主要有沟通和社交障碍、兴趣狭窄以及刻板重复的行为方式等。开发关键反应教学法的目的之一是对得到实证研究支持的关键反应训练的组成要素进行调整，使其适应课堂教学环境的需求。关键反应教学法用起来有趣、用途广泛、适应性强，并且其效果得到了包括教师和研究人员在内的使用者的认可。关键反应教学法的各个组成要素可结合课堂上经常组织的活动和使用的材料，应用于全天的各种课堂情境中。关键反应教学法可用于教导沟通、游戏、社交和学业技能，并促进这些技能的泛化。

以下各部分的主要内容有：

什么是孤独症？

如何运用关键反应教学法来教育孤独症儿童？

为什么要在我的课堂上使用关键反应教学法？

通过使用关键反应教学法我能教哪些技能？

在关键反应教学法中我能组织哪些活动或使用哪些材料？

我应何时使用关键反应教学法？

什么时候不适宜使用关键反应教学法？

关键反应教学法是一种自然式的行为干预策略，得到了科学实证研究的充分支持，且在日常课堂活动中得到应用和发展。这种干预关注学生的学习动机，并为学生提供明确的回应机会，支持学生技能的运用，同时基于学生的行为提供恰当的后果。关键反应教学法可用于教导各种技能，包括沟通、游戏、同伴社交互动、自我发起、学业技能及共同注意。

随着孤独症人群的日益扩大，教师在提供高质量专业化的干预方面面临着越来越大的压力。如何满足孤独症学生多样化的教育需要是一个挑战。此外，毫无疑问的是，对学生使用哪些策略是由多种因素共同决定的。有些教师建议使用某种干预策略，因为它"是有道理的"，或者说是因为他们尝试后发现行得通。

我们希望您在课堂上使用关键反应教学法，因为它是一种非常直观的方法，并具备坚实的实证研究支持。

与我们一起工作的教师们发现关键反应教学法十分有趣，并且在学生身上也易于实施。在学习关键反应教学法时，教师们常说他们一直都在使用关键反应教学法的许多成分，只不过没有给这些方法一个特定的名称。学习关键反应教学法不需要彻底改变您与学生互动的方式；相反，它提供了一种方式来命名并改善您的教学方法，这样您就可以将学生取得的成绩最优化，更容易地找出自己的优势和弱势，并且还能培训他人使用同样的方法。关键反应教学法专用于课堂教学，本书包含了必要的工具和资源，使得关键反应教学法成为一种全面系统的教学策略，而不仅仅是干预方法。

什么是孤独症？

过去的 20 年里，被诊断为孤独症的儿童估计已增至 1% 左右[①]。这一显著增加的趋势影响了为孤独症儿童提供受教育机会的质量和类型。

研究表明，对一些孤独症学生而言，早期干预和教育服务可以大大改善他们的发展结果。这些发现增加了人们对有效实用且能满足教师与学生需要的教学方案的需求。

孤独症是一种广泛性发育障碍，这意味着孤独症学生在个体发展的各个方面

---

① 编注：2014 年，美国疾病控制和预防中心（CDC）发布数据称美国孤独症谱系障碍的发病率已高达 1/59。

都存在问题,面临着沟通和社交技能的挑战,并且表现出狭窄、重复和刻板的行为模式。有些孤独症学生没有发展出言语。一些学会说话的学生通常会形成异常的发音方式(如单调的语音变化)或难以运用语言。此外,他们通常在学习和使用手势(如伸手指)方面有障碍,这进一步加重了沟通障碍。社交缺陷可能包括回避目光接触,与同学互动困难以及奇怪或不适当的游戏方式。严重的刻板行为也会影响学习。每一名孤独症学生的核心障碍严重程度各不相同,并且其行为和技能会随着干预实施和自身发展而改变。他们可能在社会与心理发展的每一方面都有困难。

高达50%的孤独症儿童都存在认知障碍,标准化测验结果显示他们存在中到重度认知发展迟缓。虽然一些孤独症学生在某些方面具备平均水平甚至高于平均水平的能力,但他们仍然在学业方面和社交方面存在困难。孤独症学生可能会背诵电影里的对话,并使用声音和表情演绎,但他与别人说话时可能并不会改变音调。他可能没兴趣与同学玩耍,却有兴趣记住美国地图或旋转翻转过的车轮。而另一名学生可能想与朋友一起玩,却不知道如何加入集体活动中。随着她逐渐长大,她可能会寻求他人的关注,但仅仅是通过谈论自己的兴趣。一名年龄较小的孤独症学生可能在识别字母、数字以及"念"单词方面显示出非凡的能力,但仍可能出现言语发展迟缓。一名年龄较大的孤独症学生可能在标准化学业测验中取得良好的成绩,但他可能在没有经过特殊调整的学校里表现不佳。孤独症最显著的特征之一就是认知和沟通能力的差异。

孤独症通常被看作一种谱系障碍。目前的亚型包括:

• 孤独症:用于描述具有"典型"孤独症症状的学生;

• 阿斯伯格综合征:用于描述认知能力处于平均及高于平均水平,且沟通障碍不太严重的学生;

• 未特定的广泛发育障碍(PDD-NOS):一种"包罗万象"的分类,用于描述具有与孤独症相关的许多症状,但又不完全符合诊断标准的学生。

课堂中上述具体诊断类别的孤独症学生您都有可能会遇到。因为孤独症是谱系障碍,每一名学生都会有所不同,我们需要为其提供个别化服务计划。

 关于支持关键反应训练的研究综述请参阅第九章，它为本书中所讨论的问题提供了科学基础。

 获取更多关于孤独症特征的信息，推荐您登录网站 www.autismspeak.org 及 www.autism-society.org。

如何运用关键反应教学法来教育孤独症儿童

关键反应教学法由关键反应训练（Pivotal Response Training, PRT）改进而来，专门用于课堂教学。关键反应训练以一系列涉及关键领域的干预研究为基础（关键反应训练科学支持的详细描述请参阅第九章）。关键反应训练中"关键"反应包括动机、自我发起及对多重线索的反应（如扩大注意的广度）。教师每一次与学生的互动都包括：一个回应的机会或线索，学生表现的行为及教师做出的相应反馈。呈现线索的方式包括：吸引学生的注意力；提供清晰且适合学生发展水平的指导；共同控制活动或完成任务，如给学生提供选择活动或材料以及轮流的机会。教学活动中的线索包括提供难易结合的任务，如果合适的话给学生回应多重线索的机会。如有必要，教师可提供特别的刺激以帮助学生做出恰当的回应。一旦学生做出回应，教师应给予强化，而且还可以对一个指向目标的尝试给予奖励；教师同时也要确保所给的奖励是与活动相关的（参见图1.1的关键反应教学法之组成要素，以及对每一个组成要素进行了详细介绍的第三章）。有效地应用这些组成要素，能激发孤独症儿童的动机和提高学习技能。

一项独立进行的研究综述建议我们将关键反应训练看作一种针对孤独症儿童的有效且基于实证的干预策略。

这项研究强调了关键反应训练作为一种教学工具的高效性，它可以用于教授特殊教育课程中经常涉及的技能，如沟通、共同注意、游戏、同伴社交互动及独立工作。在一项与回合试验教学（Discrete Trail Teaching, DTT）这一更为结构化的方法进行比较的研究中,通过关键反应教学法进行学习的学生在沟通技能上有更大的收获,技能得到了更好的迁移,挑战性行为也得到了更大的改善。

教师和研究人员一起努力改进关键反应训练策略以使其更好地适应教学环境。因此我们将这种新方法称为关键反应教学法,以强调其更适应集体教学环境的变化。

关键反应教学法之组成要素

线索

学生的注意力
在您提供线索前确保学生正在集中注意力。

清晰且恰当的指令
提供清晰且恰当的线索,此线索须达到或稍高于学生的发展水平。

难易结合的任务(保持/习得)
提供难易相结合的任务以激发学生的动机。

分享控制权(学生选择/轮流)
跟随学生的引领,让学生选择活动或材料,
与学生轮流以分享控制权。

多重线索(扩大注意力)
使用多种材料和概念的例子以确保增强理解力。
给学生提供机会回应以确保学生从多个角度注意学习材料。

学生的行为或反应

反应

直接强化
提供自然的或与活动和行为直接相关的强化。

依联的后果(及时且适当)
根据学生的反应立即给出后果。

强化尝试
奖励好的尝试以鼓励学生以后继续尝试。

该图总结了关键反应教学法的组成要素,并指出哪些要素是与线索呈现和教师反应相关的。

图 1.1 关键反应教学法之组成要素

为什么要在我的课堂上使用关键反应教学法？

作为关键反应教学法的基础，关键反应训练是一个有效的、得到研究支持的且易于融入教学策略中的干预策略。关键反应训练经历了多年的发展、提炼及效果测试。包括美国研究委员会（2001）和美国孤独症中心（2009）的"国家标准工程"在内的几个重要组织已将关键反应训练确定为孤独症学生的有效干预策略。此外，使用关键反应教学法的教师也告诉我们它对学生的发展十分有益。

"关键反应教学法不同于我对学生们使用的其他策略，因为它允许我通过使用最能激励他们的玩具和活动来呈现学习机会。我们都很享受一起玩耍的快乐。"—— 一名学前特教教师

- 关键反应教学法很有趣！学生尤为喜欢关键反应教学法是因为它注重激发学生自身的动机。学生自己选择材料和活动，因此要比由教师来选择活动时更能投入学习。关键反应教学法对教师来说也很有利，因为学生更听话，动机水平较高，而且不太可能产生诸如哭闹之类的逃避行为。另外，因为关键反应教学法是一种自然式的干预策略，学生与教师之间的互动可以在多种情境下实施，结构化水平低于其他行为策略。许多教师喜欢这种更自然的互动形式，与更为结构化的策略相比一些教师倾向于选择关键反应教学法。

- 关键反应教学法是通用的！它能在全天所有时段及各种背景下由不同的教师实施。关键反应教学法不需要使用特定的材料，这也使得它价格低廉，使用方便。使用关键反应教学法时，教师、其他教学人员及治疗师将教学目标融入自然发生的学习机会中。这些策略可以在学生坐公车、参加放学后的活动以及在家里与家人互动时使用。关键反应教学法易于整合到在校生活中从而实现诸如沟通、共同注意、社交、学业技能、独立工作、客体游戏和一般发起之类的教学目标。一旦您学会了干预方法，您就能在任何地方使用关键反应教学法，而且您很可能会发现您能够做到。

- 关键反应教学法易学！研究表明，父母和照看者都能通过培训快速接受关键反应教学法的基本原理，从而直接使用关键反应教学法以提高服务质量。

- 关键反应教学法适用范围广泛！没有具体的与关键反应教学法相关的课程，所以它可以与您学校所采用的标准或课程一起使用。研发这些策略是为了满足基于学生需求的目标，而不是为了匹配某一具体课程。在使用关键反应教学法时，您可以将教学变得个性化以满足学生的学习需要。关键反应教学法也可以作为一种补充，还可以与回合试验教学（DTT）等结构化教学方法一起使用，因此能较为容易地整合到当前的干预计划中。

- 最重要的是，关键反应教学法很有效！这些策略已被证明能帮助学生学习语言、社交、游戏和学业技能。学习的关键一点是在多种环境中运用所学到的知识以应对不同的材料或人。我们将其称为技能的迁移和泛化。关键反应教学法在这一方面很有效，因为教师帮助学生采用自然的方式学习。例如，学生可以通过在体育室跳各种色彩的格子、绘画课上索要蜡笔或者午餐时分享彩虹糖来学会辨认颜色。这些活动包含不同的环境、教师和材料，但教育目标是相同的。另外一个好处是，通过关键反应教学法学到的技能会在其他情境中得到强化。当学生在冰激凌店时，她能选择棕色冰激凌，而且她的行为可以通过得到想要的冰激凌口味而获得强化。学习的另一方面是关于技能的保持。这意味着学生随时间的推移记得他所学的东西。当使用关键反应教学法教学时，学生保持这些技能的可能性会增加，这是因为这些技能再次以一种自然的方式呈现，并且在他平时生活的环境中持续发挥作用。一名能够识别颜色的学生可以告诉妈妈她想穿哪件 T 恤或在休息时索要某个玩具球，借此在日常生活中练习这一技能。

 查阅第九章以获得关键反应教学法实证支持的完整信息。

通过使用关键反应教学法我能教哪些技能？

可以采用关键反应教学法来教学生沟通、游戏、社交和学业技能。这本书提供了采用不同方法教每一种技能的不同示例。在教授学生技能时应首先列出能够帮助学生达到特定目标的活动清单。

例如，可以教正在学习 10 以内数字的学生以下技能：

- 在点心时间数出他想要的饼干的个数；
- 在绘画活动上数出他想要贴在纸上的卡通贴纸的个数；
- 在朗读课上数出课本上某页的动物个数。

每一个场景中，学生为了得到想要的物品必须计数。当您分组时，要考虑正在学习相同技能目标的几个学生的不同情况，然后再将他们组合到一起。

例如，您班上的几个学生可能正在学习朗读，但他们目前的水平不一：

- 珍妮弗在学习识别字母；
- 易卜拉欣在学习语音；
- 彼得在即兴朗读较短的单词。

您可以利用朗读课或一天中其他自然发生的机会，将这些技能作为教学目标。您可以在 Cafeteria（自助餐厅）前停下来，然后让珍妮弗识别字母 C；当她快速回答之后，就可以进去。继而问易卜拉欣字母 C 怎么读，并让彼得尝试说一个以 C 开头的单词。

在关键反应教学法中我能组织哪些活动或使用哪些材料？

任何能激发学生兴趣的材料和活动都可以在关键反应教学法中使用。通过学生喜欢的活动或主题来激发学生的动机是关键反应教学法的主要原理。因此，知道学生喜欢什么（也许可以用偏好评估）并将其作为强化物以提供正强化，这一点很重要。学生们也许会因课堂的一个活动而自然地获得强化，或者您可以将他们喜欢的物品加入课堂活动中来激发他们的动机。为每一个学生选择不同的强化物，比如喜欢的人物角色、颜色、游戏和食物。奥斯卡的强化物清单上可能有艾摩①（尤其是艾摩的贴纸或艾摩的小模型）、用于画画的绿色蜡笔、圆圈时间所用的紫色长方形地毯、吃午餐时坐在琳达小姐旁边、出入教室时开关灯、手里的邮票、M&Ms 巧克力豆、红色和粉色的软心豆粒糖、全麦饼干和橙汁。

---

① 译注：艾摩，美国著名儿童节目《芝麻街》的主要人物。

 您可以查阅第六章以了解如何使用偏好评估(preference assessment)，从而帮助您选择对孩子最有效的强化物。

在整本书中，您会看到将具有激励作用的物品和活动引入课堂以增加学生回应的示例。例如，如果一个故事涉及艾摩，奥斯卡可能会更主动地阅读。您还要观察作为一个整体的班级喜欢哪些活动。什么时候学生注意力最集中？他们喜欢哪些活动？您的行为如何影响他们的投入程度？您可能会发现，您能够使用某一游戏（如画画、手工制作或烹饪）或新颖的行为表现方式（如唱歌、犯傻或窃窃私语）以使大多数学生在一天的某个时间段（如早休后）保持注意力集中。

请思考能帮您在小组教学时最大限度提高学生注意水平的因素，以充分利用每一个教学机会。

一般情况下，关键反应教学法可创造性地用于任何环境下的多种活动中，以满足不同类型学生的目标。随着您越来越熟悉关键反应教学法的组成要素和应用方法，您将能策略性地使用关键反应教学法以帮助学生实现教学目标。

 花几分钟做些笔记，看看您认为哪些材料和活动能够激发班里学生的动机。

我应何时使用关键反应教学法?

关键反应教学法可在全天应用。关键反应教学法可用于小的团体活动中，如画画和点心时间；可用于大的团体活动中，如圆圈时间；可用于户外操场玩耍；也可用于完成学习任务。例如，您在操场上可使用关键反应教学法来训练他们的沟通、计数等技能，或者训练小组轮流打篮球。

为使效果最大化，您必须积极参与以保持学生的注意力。您还需要尽可能减少心不在焉的状态，以确保将线索传达给学生后您能继续跟进。正因如此，您充分意识到并利用师生集中精力于学习活动的时刻是很重要的。当您认为会有很多干扰因素时，要避免使用关键反应教学法。

什么时候不适宜使用关键反应教学法？

有时候对某一特定的教育目标、活动、情境或学生而言，关键反应教学法可能不是最佳的干预方式。尽管关键反应教学法适用于多种环境，但是一些因素可能会影响干预的成功实施。以下将对每一种影响因素进行详细描述。

- 与目标或互动相关的自然或直接的奖励不存在。一些课程不能轻易使用关键反应教学法，是因为它们没有自然或直接的奖励。例如，一些教师和家长指出关键反应教学法在教授诸如如厕、洗手或刷牙等自理技能时训练效果不佳，因为没有学生喜欢这些活动。有研究者发现，自理技能的某个方面，如冲马桶，可以激励学生完成其他步骤（如脱裤子、坐在马桶上等）。同样，孩子可能不喜欢一些日常事务或活动，以至于其通常喜欢的物品在这一情境中没有强化功能。例如，一个孩子可能不喜欢刷牙，以至于她喜欢的艾摩牙刷也不会提高她对刷牙的兴趣。在这些情境中，您可能需要依靠其他不相关的方式来激励孩子，如在小孩成功刷完牙后给她一张贴纸。在将关键反应教学法作为一种活动或课程的教学工具撤离之前，您需要与其他工作人员和家长讨论与任务相关的奖品或奖励活动。您可能会发现学生非常喜欢关掉浴室的灯（自然发生的奖励），并且足以用之来鼓励他的洗手行为！

- 您无法控制某项有动机性的活动。正如您为学生确定强化物很重要一样，控制这些强化物能让您有效地增加学生的期望行为。有时活动最有趣的部分恰好发生在您的控制范围之外。例如，您可能想教学生与同伴坐在一起共进午餐、恰当进食并进行基本的对话。一名学生可能会开心地吃玉米饼和水果沙拉，因为您在用餐结束时提供了一个小甜点。另一名学生可能会练习向同伴提问并聆听他们的回答，因为您允许他在休息期间邀请朋友回房间玩电脑游戏。但如果学生更有兴趣看食堂的荧光灯，而不是得到一个甜点或和朋友一起玩电脑游戏，那么您可能就无法控制这名学生吃午餐时的行为，因为您无法控制接触荧光灯的途径。

> 重要的是，您需要确定哪些物品或活动可能强化学生的行为，并且判断您是否能控制环境中潜在的、有激励作用的物品。

• 在高强度运用关键反应教学法后学生没有取得进步。正如其他教学策略一样，有时学生可能不会在关键反应教学法的干预下取得进步。如果关键反应教学法得到正确执行并持续整个学期后学生仍没有取得可量化的进步，您应该考虑其他策略。

请参阅第六章，学习更多将关键反应教学法与其他策略相整合的信息以及评估学生进步的方式。

本章小结

关键反应教学法是一种自然式的行为干预策略，这种干预在孤独症儿童身上的应用得到了明确的研究支持。孤独症是一种广泛性发育障碍，孤独症学生需要能够提高学习动机并且能在不同课程领域中使用的教学策略。关键反应教学法能够激发学生的学习动机，并在学校期间教授技能以鼓励他们在多种环境中学习。它趣味性强、功能多、适用广泛且有效。关键反应教学法可用于教导沟通、社交、游戏和学业技能，并且可与其他课堂策略进行整合。

教师们已经开发出既能满足特定学生目标，又能收集学生进步数据，且能够将关键反应教学法与其他课堂干预方法相整合的方案。该书由一些心理学家、研究人员、教师和学校管理者共同制订，以解决上述问题，因为我们相信要想让孤独症儿童获得最好的教育效果，团队合作是必不可少的。我们称这种新方法为"关键反应教学法"，以突出这种干预策略更适合课堂环境。书中描述的程序已经在实际课堂中经过检验。我们希望本书将帮助您在课堂环境中有效地使用关键反应教学法。

第二章 奠定关键反应教学法的基础

本章综述

应用行为分析是对人的行为和环境的联系进行探讨的科学研究。每个行为都有其前提和影响该行为日后再次出现的可能性的后果。因为应用行为分析是关键反应教学法的基础,理解行为的原理将帮助您学习关键反应教学法。应用行为分析的目的即在于系统评估和改善人的行为。

以下各部分的主要内容有:

学习 ABCs(前提—行为—后果):行为的模式

前提

  使用言语线索

  使用非言语线索

  反应机会的等级排列

行为

  适当的反应

  对于适当反应的合理尝试

  不适当的反应

  不正确的反应

后果

  增加行为出现的后果

  减少行为出现的后果

  关于后果需要记住的几个重点

应用行为分析的误区

应用行为分析与关键反应教学法之间的关系

关键反应教学法的准备工作

关键反应教学法以应用行为分析原理为基础。如果您不熟悉应用行为分析，本章节将详细介绍建立关键反应教学法所用的原理，为您学习关键反应教学法打下基础。在此之前，理解应用行为分析原理在课堂中的应用是十分重要的。

学习这些基础性知识有助于您使用关键反应教学法并提高解决问题的技能。

尽管这一章的部分内容技术性较强且复杂详细，但清楚地理解这些原理将对您实施关键反应教学法有很大的帮助。应用行为分析的原理是孤独症儿童所有行为干预的起点。本章还将让您了解其他为孤独症儿童设计的行为干预方法。

想要了解更多关于应用行为分析的信息，请浏览 www.abainternational.org，或保罗·阿尔贝托和安妮·特劳特曼（Paul Alberto, Anne Troutman, 2009）所著的《教师使用的应用行为分析》（*Applied Behavior Analysis for Teachers*）以及阿尔贝特·卡尼（Albert Kearney, 2008）所著的《理解应用行为分析》（*Understanding Applied Behavior Analysis*）。

学习ABCs（前提—行为—后果）：行为的模式

"行为干预"（behavioral interventions）这一术语是指根据应用行为分析的科学研究发展而来的技术（详见表2.5）。尽管不同的行为干预在某些教学技术上有所不同，但所有干预都遵循一个操作模式（operant model）。操作（operant）指的是一种观点，这种观点认为学习是基于某些行为的后果发生的，这些后果决定了某一行为在将来发生的方式和频率。通过本章您将了解到这些操作模式是如何与孤独症学生的行为发生联系的，当然同样的模式也可以较好地应用于其他类型学生的行为。

一个操作模式包括三个主要的成分：（1）前提（antecedent），或行为发生前的事件或经历；（2）行为（behavior），或是学生的一种反应（在某些案例中表现为缺少某些反应）；（3）后果（consequence），它在未来增加、减少或保持该行为的出现、持续时间或强度。这被称为三段式依联（three-part contingency），图 2.1 为三段式依联的样例。这种三段式依联通常指的是行为的 ABC 模式（ABC pattern of behavior），A 代表前提，B 代表行为，C 代表后果。下面对这三部分分别进行说明。

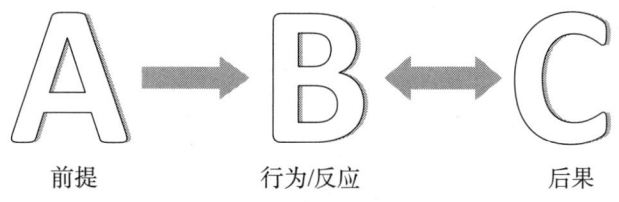

图 2.1　三段式依联（该图为操作模式的三个组成部分）

1. 前提。前提是行为发生前的事件或经历，可能是学生对所呈现信号的反应机会，它可以有很多形式。前提可以是一个言语反应的机会，如提问或指令，或是一个非言语反应的机会，如在环境中呈现一个物品（如玩偶、消防车模型、同伴或一天中的某一时段）（更多关于不同类型前提的介绍，详见下文）。作为成人，我们总是在前提信号的控制下行事。我们的行为受到如交通灯颜色、孩子的提问、钟表上的时间及饥饿感等信号的控制。因为信号对应其期望出现的反应（或不出现的反应）作为后果，这个信号便在环境中控制了行为。

2. 行为。行为是您希望您学生增加、减少或保持的反应。行为发生在前提之后。如在红色交通信号灯亮起时（前提），我们的反应是踩踏刹车（行为）。在教室里，您的学生对于一个机会（前提）表现出多种的反应，可能是适当或不适当的，不正确或接近正确的反应，也有可能您的学生不会给出反应（请在下边"行为"部分了解多种类型反应的信息）。

3. 后果。后果是您对学生的行为所给出的反馈。这是该模式中极为重要的部分。有的后果可以增加行为的强度；有的后果能够保持某种行为；有的后果也可以减少行为的强度。这些不同类型的后果将在本章中有详细的讨论。例如，成功通过拼写测试将会有助于保持学习的行为（见表 2.1）。如果在行为之后立即呈现依联的后果，该后果将取得最好的效果。

现在我们来看看每个部分的详细内容。

表 2.1 前提—行为—后果样例

该表格显示了同样的前提（一次拼写测试）可以怎样导致不同的行为、后果和影响。

前提	行为	后果	影响
您的学生在星期二有一次拼写测试。	学生为了测试而学习。	学生在考试中取得了好的成绩。	当下次测试来临时学生更倾向于学习。（增加了积极行为）
	学生玩电脑游戏而没有准备考试。	学生在考试中失败了。	当下次测试来临时学生更可能学习。（增加了积极行为）
		学生在考试中取得了好的成绩。	当下次测试来临时学生更可能玩电脑游戏而不是学习。（增加了消极行为）

前提

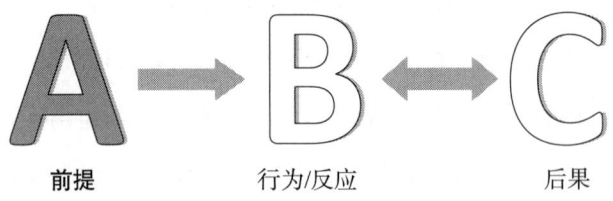

有很多方式可以增加您的学生使用沟通、游戏、社交和学业技能的机会。这些反应机会（opportunity to respond），也称为线索（cue），便是行为的前提。您所使用的机会类型需要以学生的技能水平为基础，并且需要在更多的互动过程中有所变化。使用变化的、清晰的反应机会将有助于学生总结她在应对新的环境和人方面学到了什么。如果您呈现给学生的机会对于她来说太难理解或不能做出反应，您需要提供一个更加具体的机会去帮助她保持成功。

反应机会常常与辅助（prompt）相混淆。反应机会或线索是为了使学生发出一个行为、动作或给出答复而首先呈现的一个信号。辅助是当他遇到困难时您为学生提供的后续支持来保证他成功地对反应机会做出反应。图 2.2 对二者的关系进行了强调。例如，当您拿起一支铅笔并且有所期望地看着您的学生时，您给了他一个做出反应的机会。如果您的学生没有通过沟通向您要铅笔，您可以说"铅笔"来提供一个辅助。我们下面将描述提供反应机会的具体方法。

反应机会
・为了使学生做出一个行为、动作或给出答复而首先呈现的一个信号，或一种能促进自发反应的环境安排。
辅助
・当学生在对反应机会做出反应的过程中遇到困难时，您为学生提供保证其能够成功反应的后续支持。

该图强调了您为学生首先提供的反应机会与为帮助他进行成功反应而提供的后续辅助之间的区别。

图 2.2　反应机会和辅助

使用言语线索

通过语言或言语沟通呈现反应机会的方法有好几种。刚开始学习沟通的学生更倾向于对简单的线索做出反应，例如提供言语示范或指令；当学生掌握了更高级的技巧时会对问题或评论做出反应。

言语示范（确切的或开放式的结尾）

将一个发音、单词或词语作为言语示范提供给学生是鼓励他们做出反应的一种简单方式。您可以通过清楚命名您学生感兴趣的事物或活动来鼓励他们做出言语反应。言语示例可以是您希望学生说出的确切内容，如"推车"，或引出反应的线索，如"推……"（期望他说出"车"）。

指令

有时您想鼓励学生做出一个能够以最直接的方式进行沟通的非言语行为。您可以提供一个直接的指令，例如"喂洋娃娃"、"扔掉垃圾"或"请坐"。

提问

提问是另一种鼓励学生做出反应的好方法。对问题做出反应需要学生明白您的问题，同时掌握在没有示范的情况下用言语或非言语方式做出反应的技能。您可以问您学生一个直接的问题，例如"你想做数学题还是阅读？""你想要什么？"或"你想要多少个球？"避免过于复杂或不直接的问题，例如"我们需要快速地在那个斜坡上放两个还是三个球呢？"（参看第三章中"组成要素二：清晰且恰当的指令")养成问问题的习惯是很容易的。然而,使用其他方式来呈现机会也很重要,这样您的学生可以在不被直接提问的情况下开始用言语表达。太多连续的问题也会给有的学生带来压力,这很可能使得他们想要逃避社会交往。

评价

随着学生技能的发展,您可以对一个情境做出评价来鼓励学生做出反应。这比上面描述到的言语线索困难许多,因此如果需要的话您一定要简化语言,并且确定在使用这种方式的时候,您学生的注意力正跟随着您。例如,您可以做一个能够扩展活动内容的评价,说"我知道你已经完成了你的工作表,现在阅读角开放了",这样可能会鼓励您的学生独立地发出想要阅读的要求。

只要能够鼓励学生做出自发性反应,就用评价的方式替代提问的方式。

使用非言语线索

提供一个非言语的行为是鼓励学生做出反应的简单方法,例如指向、示意、示范或使用手势。非言语行为可以给学生提供一个自发做出某种行为或给出非常直接的反应的机会。非言语的示范也可以伴随言语的示范。

手势或游戏行为

您的学生可以通过观看您使用一个特定的手势或一种新的方式玩耍玩偶来学习更复杂的沟通或游戏技巧。您可以向学生示范指向一个他可能喜欢的物体,并帮助他模仿指物的动作来获得这个物体。如果您的学生想在水杯里玩字母积木,您可以向她示范一种新的功能性的游戏方式。您可以将一块积木叠到另一块积木上,并让您的学生也这样做,随后让她自由地玩积木。这也是一种很棒的拓展想象力的方式。例如,如果您的学生喜欢来回滚动小车,您(或一个同伴)可以示范让小车从斜坡上滑下来,给车加油,或将小车停在车库里。在允许您的学生来回滚动小车前,要求他模仿一种新的玩耍小车的方式,这样可以鼓励新的游戏行为。同样,示范例如画、剪、完成工作表上的事项等行为可以帮助对于视觉线索反应良好的学生。

面部表情（期盼性的等待）

鼓励自发性的沟通需要注意的一个重要事项是，当您想要学生说话时，您不必每次都说话。持续地给您的学生提供言语线索会让她过于依赖您提供的线索而不是自发地发声或说出单词。使用一个期盼性的面部表情（睁大眼睛，扬起眉毛）会帮助您的学生理解社交线索。这被称为期盼性的等待（expectant waiting）。例如，当唱一首您学生喜欢的歌曲时，您可以在歌曲的中间部分停下，等他让您继续。如果您的学生想去翻柜子找马克笔，您可以挡住门并期盼地看着他，希望他说"帮忙"或"马克笔"。几秒钟后，如果有必要，加上一个手势、评论、问题或指令来帮助他。当学生能够理解什么是被期待的时候，使用期盼性的等待这一技术是合适的。

情境化

有时自然发生的情况能够促进沟通或其他行为。例如，您的学生需要您帮忙开门出去，或需要朋友帮忙将自行车移出车棚。您也可以通过设置不复杂的行为或情境来引导学生的沟通或社交发起行为。这些被称为沟通性的诱发刺激（communicative temptations）。将玩偶或零食放在学生够不到的地方，这样您的学生需要向您请求帮助，或给她少量的零食来鼓励她要求得到更多零食。您可以拿出一张工作表，但把铅笔放在学生拿不到的地方使他需要提出得到它的要求以开始工作。挡住通向自然强化物的通道是激发您的学生沟通动机的一种有效的方式。

反应机会排序

使用关键反应教学法的时候，您应该变换您所呈现的机会的类型。例如，在您学生常常把车排成一列的地方放置一个玩具车库，这就是一个情境化的机会。您的学生可能会做出将一辆小车放进车库的反应。如果您的学生没有对您呈现的情境做出反应（最初都很难做出反应），您可以通过给出评论来更多地建立互动，比如您说"车库是空的，它需要一辆车"。或者，您知道某个学生还不能够对这种类型的机会做出反应。取而代之，您可以在指示后提供示范（说"把汽车开进来"，然后将一辆小车开进车库）。您为学生提供机会的类型将取决于您的学生和情境。

表2.2呈现了反应机会从易到难的排序。如果您的学生连续地需要更高水平的辅助来对您的线索做出反应,这张表将有助于您返回到上一个水平的机会类型。与此相反,如果一个学生能够独立并且自发地连续做出反应,您可以考虑使用更高水平的线索类型。

表2.2 反应机会排序

一个教师在教他的学生喂洋娃娃的游戏技能。基于学生游戏能力的现有水平,教师将选择不同的机会类型鼓励学生给出反应。

机会类型	定义	示例
手势/游戏示范	示范期望学生做出的动作。	拿着洋娃娃并示范指着它。用勺喂洋娃娃。
言语示范(确切的或开放式的)	为学生示范一种发音或单词来让他模仿,或提供一个熟悉的词语的前半部分让学生来完成全部。	当学生想拿到勺子的时候,说"勺子"。
指令	给出一个直接的指令,告诉学生具体要做什么。	说:"喂这个娃娃。"
提问	提出一个直接的问题让学生回答。支持程度因问题类型而异(如提供多个选项让其进行选择或让其自由回答)。	说:"这个男孩应该吃豆子还是喝酸奶?"
面部表情	在注意学生的时候面带期待的表情等候;在控制学生想要的材料或活动时扬起眉毛,睁大眼睛。	拿着玩偶并给您的学生一个饱含期待的注视。
评论	当学生注意你时,给出一个引导式的评论。	引起学生的注意并说"这个男孩饿了"。
情境化	设置不完整或被打断活动或情境来引导沟通。	在学生旁边的桌上放一个玩偶、勺和碗。

↓ 减少支持水平

行为

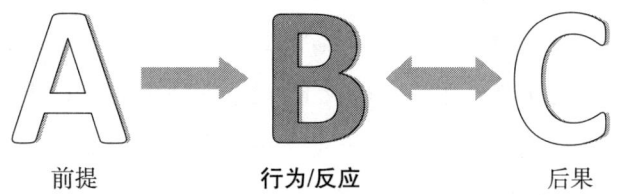

前提　　　行为/反应　　　后果

在您呈现反应机会之后，接下来的一步是观察您学生对机会做出反应的行为。学生如何反应将决定您下一步要做什么，因此细致的观察非常重要。观察您的学生将帮助您对她的行为快而准确地做出回应。

因为关键反应教学法是一项自然干预方法，您将常常呈现一些有多种反应的机会。想想您将怎样自然地和一位朋友或工作伙伴打招呼。您会说"您好"，问"您怎么样啊"，有感情地挥挥手，一个拥抱或向对方点点头。同样，您的学生也有很多种合理反应的方式。在很多合理的反应中，一直期望、辅助或奖励同一种反应会形成刻板的沟通、游戏和社交行为。与此相反，您应该奖励多样的反应来促进泛化，并且鼓励您的学生去学习一系列恰当的行为。用是否适当而不是是否正确来考虑反应，这将很有帮助，记住您期望的是反应的泛化而不是某个确切的动作、表述或行为。

在观察您学生的反应后，您需要判断反应对于您呈现的机会是否适当。包括环境、活动、学生能力和目标技能在内的多个因素决定了学生反应的适当性。本节将更细致地讨论学生可能做出的不同类型的反应。

适当的反应

您所期望的学生在未来更频繁出现的反应应是适当的。当一个学生给出积极的沟通、游戏、社交，或对学业问题做出回答，您会奖励这个行为（见"增加行为的后果"部分）。

> 适当的反应是任何在互动中您所期望的在技能范围以内的行为。

您所呈现的机会的类型决定了反应的适当性。如果您以一个是或否为答案的问题作为线索（"可以轮到我玩了吗？"），您的学生会说"不"来给出反应。尽管这并不是您心里所期望的反应，但考虑到您呈现的线索，它是一个适当的反应。同样，如果您问您的学生"您想要什么"，他回答"没有了"，这对于您的问题是一个符合逻辑的回答。为了保证能从学生那里得到您所期望的反应，有必要呈现更有目的性的线索（如在刚才的例子中说"该我了"或"您想要怎样的工作安排"）。

对一个学生适当的反应可能对另一个学生来说是不适当的。例如，将一个成人的手放到一个封闭的容器上来要求他打开容器对于一个前言语阶段的儿童来说是适当的，但同样的行为对于言语阶段的学生来说是不适当的。您班级里的学生很可能处于不同的技能水平，因此在对您所观察的行为进行思考时，考虑每个学生现在的能力背景是极为重要的。

如果一个学生对于所呈现的几乎全部的线索都能适当地、独立地做出反应，这便表明您需要增加线索的难度或将更复杂的反应作为目标。这些调整需要在密切掌控学生动机的情况下缓慢地进行，以确保学生持续地参与到活动中。

对于适当反应的合理尝试

在关键反应教学法中，即便一个反应不能反映一个学生的全部能力，识别对于适当反应的合理尝试也很重要。例如，如果一个在过去清楚地说出"ball"（球）的学生发出"buh"来要求一个球，这可以视作尝试（attempt）。如果一个在学习功能性游戏的学生将一块拼图放在了拼图板上但不能旋转它来正确地匹配它的位置，这也可以视作尝试。清楚学生现在的技能水平对于判断哪些是尝试是很重要的。尝试是有明确目标的，意味着：（1）它与您作为目标的技能具有同样的功能但只是稍微不精确或不完整；（2）它在学生的能力范围内（学生是在明确地付出努力）。在接受合理的尝试和获得新技能的高期望之间进行平衡是重要的。这种平衡将在后文中有更多讨论，并且第三章"组成要素八：强化尝试"提供了更多合理尝试的例子。

> 尝试是与目标技能有同样的功能，但非准确或完整的正确反应的行为。

不适当的反应

有时学生不能够做出适当的反应。不适当的反应与互动是无关的（如自我刺激行为、谈论与教学活动不相关的事物/话题）或破坏教学环境（如哭、喊、跑开)。没有反应也属于这一类别。当您的学生给出不适当的反应，您应该提供一个能够在未来减少这种反应的后果（见"减少行为出现的后果"部分）。

一个看似适当的反应如果伴随无关联的或消极的行为，它实际上也是不适当的。例如一个学生在回答问题的同时在面前挥动自己双手进行自我刺激，这也是不适当的反应。如果这两种行为组合在一起得到了强化，她很难分清自己的哪一种行为得到了奖励。同样，一个没有言语的学生在哭的过程中将手指向门而获得了外出的奖励，这会让他习得哭可以让门打开。警惕伴随期望行为一同发生的多余的行为，确保您只奖励您希望增多的反应。

不正确的反应

一个学生还可能做出不正确的反应。例如，如果您问"这支蜡笔是什么颜色"并拿起一支红色的蜡笔，但学生回答"蓝色"，这是不正确的反应。即便学生有尝试，有注意，您也不能奖励不正确的反应。为了提供简要的参考，表 2.3 总结了多种学生可能的反应。

> 不正确的反应可能表明了学生注意力或动机的缺乏，也意味着这个学生需要额外的辅助才能做出正确的反应。

表 2.3　行为反应的类别

学生可能对您的线索做出不同的反应，以下举出了一些例子。

反应	描述	示例
适当的反应	在您所期望的技能范围以内。	根据指示捡起纸片，说"请再来一次"。
合理的尝试	与目标技能有同样的功能，但未能达到同样的准确性或完整性。	说"请"来表示他想要继续玩。
不适当的反应	与互动无关或具有破坏性；未做出反应。	大喊"不"并抢夺图片。
不正确的反应	不正确。	在您告诉他捡起蓝色纸片时他捡起红色纸片。

后果

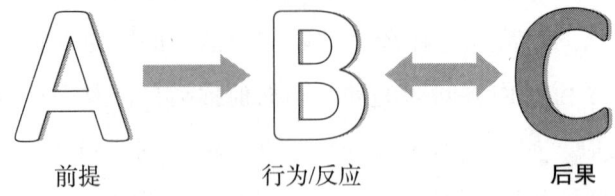

前提　　行为/反应　　后果

后果通常跟在行为之后，这个后果可以增加或减少未来该行为出现的可能性。

增加行为出现的后果

正强化（positive reinforcement）指的是在行为出现之后呈现能够增加该行为出现可能性的事件或物品。当期望行为出现时呈现您学生喜欢的事物是很典型的一种方式。这会增加出现强化物所跟随的行为的动机。例如，适当的行为出现后，给您的学生一个喜欢的玩偶、给予表扬或提供喜爱的食物，这些都可以作为正强化物，增加这个行为在未来出现的可能性。

负强化（negative reinforcement）指的是在行为出现后撤去一个您学生不喜欢的情境或物品，以此来增加这个行为在未来出现的可能性。通过负强化来保持的行为常常被称为逃避行为（escape behavior）或回避行为（avoidance behavior），因为继续这个行为的动机是逃避或回避一种不喜欢的经历。例如，一个孩子会在她需要上桌用餐而不能在电视机前用餐时发脾气。她的父母可以对她的行为做出要求她在桌前就座或允许她避免在桌前就座两种反应。如果在她在桌前发脾气后，她的父母让她在电视机前用餐，这小孩子在未来发脾气的可能性将可能增加，因为她认为可以通过发脾气的方式避免在桌前用餐这一她不喜欢的活动。

然而，负强化并不总是消极的！实际上，您可以使用这个策略来增加您的学生的恰当行为。例如，您可以允许一个不喜欢坐在自己课桌前的学生在完成一次写作作业后离座一次。通过被允许离开课桌这一他不喜欢的环境，他完成作业的行为得到了强化，因此在未来他会更倾向于完成他的作业。

减少行为出现的后果

惩罚（punishment）指的是在行为出现之后呈现您的学生不喜欢的事件或经

历,以此来减少行为在未来出现的可能性。例如,在美术课上,您的学生将蜡笔扔到地上,您要求她捡起蜡笔。如果捡蜡笔是您学生不喜欢做的事,扔蜡笔的行为将会减少。同样,如果您的学生不喜欢听到"不"这个词,在她做出需要减少的不适当行为时要说"不"。(需要指出的是"不"是一个常常被使用的信息量丰富的词语,不适合在很多场合中作为惩罚物。)惩罚物在我们的环境中随处可见,可用于减少危险或不适合的行为。一个摸热火炉而被烫伤的小孩当然不会在未来摸热火炉,因为摸热火炉这一行为之后跟随着惩罚。

还有另一种惩罚的形式用来减少行为发生的可能性。这第二种惩罚指的是您学生的行为造成了失去正强化的后果,这被叫作反应代价(response cost),或更多地被称为时间剥夺(time away)。如果您的学生在课堂上表现出破坏性行为,您可以将他安置在另一个接触不到教室中有乐趣的和他感兴趣的事物的地点。(当然,记住只有当身处该环境中具有奖励性质并且是为学生所喜爱时,时间剥夺才会有效。)反应代价作为惩罚形式的另一个典型例子是失去玩电脑游戏或看电视等特权。

消退(extinction)是第三种减少行为的方法。消退是指之前跟随行为发生的后果不再出现。我们可以以恃强凌弱者骚扰另一个学生为例。这个爱欺负人的学生喜欢另一个学生被骚扰后的反应并因此持续地找这个学生的麻烦。如果这个被骚扰的学生忽视他的骚扰并不再对他的言辞做出回应,那么原来的积极后果(学生对于骚扰的反应)便不再强化其骚扰行为,这个学生的骚扰行为也会停止。另一个例子是,如果您的学生学会了通过发出不适当的声音来吸引您的注意力,您可以通过不再注意他来减少这个行为。您通过不在他的不适当噪声行为后给予积极的后果(您的注意)来消退他的不适当行为。当您使用消退时有一点需要注意,学生的破坏行为会在变得更好之前有所增加。这被称为消退爆发(extinction burst),实际上这也表明您所做的工作正在发挥作用。我们继续看学生发出不适当声音的例子。发出不适当的声音可以迅速获得您的注意,这一现象已经持续了较长时间。当这些不适当的声音突然不再有用的时候,学生倾向于更加努力地发出更强烈的噪声或其他声音来吸引您的注意力。为了让行为彻底消失,在行为有所增加时继续对这一行为实施消退是很重要的。教授另外的、更多的适当行为（如举手）也会有所帮助，这样您的学生能够用有同样功能（引起您的注意）的适当行为替代不适当的行为。

关于后果需要记住的几个重点

当我们谈论惩罚时，我们指的是学生所不希望或不喜欢的事件或经历。这里所讨论的惩罚的类型都不是指疼痛或伤害。一个惩罚物可以是任何学生不喜欢的事件或经历，并通过它来减少它所跟随的行为。惩罚可以是一次皱眉、移开目光、不喜欢的任务或失望的表示。任何肉体上的惩罚都不应该在教室中使用。

> 后果的类型仅仅以事件对学生行为的作用来定义。

那些看似积极的事件或经历（如玩偶、在室外玩耍、一块蛋糕）实际上都可以作为惩罚物并用于减少它们所跟随的行为，这都取决于学生。例如，在自由玩耍时间您在学生面前拿起一个能发出声音的玩偶，并有所期望地看着他（前提），学生可能会指向玩偶（行为）并获得玩偶作为对这个请求的回应（后果）。我们可能会这样假设，玩偶是一个大家都普遍喜欢的事物，得到这个玩偶作为指物行为的回应会增加该行为在未来出现的可能性。然而，如果这个学生使玩偶发出声音，并发现不喜欢这个声音或这段音乐（如太吵、太快），这样一来，这个玩偶实际上成为一个惩罚物，因为在未来学生可能会减少指物行为来避免相似的不愉快的经历。看似消极的经历（如接受言语批评、被要求捡起扔掉的蜡笔）可能在实际中却是强化物并因此增加了它们所跟随的行为。时间剥夺是这一类中最为普遍的例子。如果您的学生在数学课期间表现出破坏行为，但是因为她不喜欢数学，在数学课期间获得时间剥夺实际上增加了她的破坏行为，因为时间剥夺允许学生逃避做作业的要求。换言之，时间剥夺在这个案例中实际上成为一个强化物，因为学生在未来更倾向于做出破坏性行为以此来避免做作业。通过后果对行为的影响来定义后果是很重要的，并且不要仅仅使用经历或事件的普遍定义（例如，糖果＝好的，时间剥夺＝坏的）来决定一个事物是强化物或惩罚物。表2.4对于学生行为的不同反应方式给出了示例。

表 2.4　后果的类型

一名教师在和两名学生共同完成一幅拼图。他们必须分享拼图片和拼图板。其中一名学生开始表现出不满，并用稍微烦躁的语气说道"该我了"。这张表显示了教师根据想要如何影响学生未来的行为，可以采取的不同的反应方式。

后果的类型	描述	示例
正强化	在行为后呈现期望的事物以增加行为。	让学生获得一次拼拼图的机会。
负强化	在行为后移去不期望的情境或事物以增加行为。	让其他学生退出拼图活动，这样学生不再需要和别人分享拼图。
惩罚	在行为后呈现不期望的情境或事物以减少行为。	从学生那儿拿走拼图。
消退	不再继续提供强化以减少行为。	允许其他学生可以继续玩拼图。

应用行为分析的误区

尽管人们常使用"应用行为分析"来描述某种特定类型的行为干预，但这是不准确的。当人们将孤独症儿童接受的干预与应用行为分析相联系时，他们联想到的是一种具有代表性的具体的、高度结构化的行为教学方式，即回合试验教学（DTT，详见第一章和第六章）。这种对应用行为分析这一术语的误解和误用阻碍了服务提供者和父母充分理解应用行为分析的广泛性及其基本原理。应用行为分析是一种以明确的研究设计和原理为特征的科学研究（见表 2.5）；它不是一种针对孤独症儿童的特定治疗方式。实际上，应用行为分析是为具有更广泛行为问题的个体提供的各种干预的基础。例如，涉及应用行为分析的研究领域很多，包括（并不仅限于）如何使青少年系安全带、如何让大学生有效地学习，以及如何使年长的养老院居民更好地支配休闲时光。

应用行为分析不是一种针对孤独症孩子或其他人的特定的教学方法。

表 2.5　什么是应用行为分析？

应用行为分析是对人类行为和环境的关系或环境中的事件和经历对未来行为的影响方式的研究。应用行为分析的任务是了解环境影响行为的规律，并使用这些规律来使行为向更好的方向改变。这张表提供了应用行为分析完整的技术轮廓，以及将某个科学研究称为应用行为分析所必须满足的标准。

标准	解释	示例
应用的	解决社交意义的问题并为人们的生活提供直接的益处。	研究如何组织环境来帮助孤独症孩子吃更丰富的食物。
行为的	检测如何使个体做（或停止做）一些事，这些科学研究需要精确、客观的测量。	研究如何拓展一个孩子游戏技能（做一些事情）并指定一个可测量的、客观的目标，如"在二十分钟内和四个玩偶玩耍"。
分析的	使用一套特定的研究设计，该设计能够清楚鉴定行为的改变是由特定的操作引起的，而非偶然发生的。	常常采用可以细致研究参与者个体的单一被试设计作为研究设计。
技术的	确定并且描述组成特定干预的技术细节，使得其他人也能实施该干预并取得同样的结果。	在本书中关键反应教学法的技术描述详细说明了需要完成的、清楚定义的步骤。
概念上系统的	使用普通原理的术语描述教学策略，并使用同概念出处的术语解释结果。	将陈述"安静地坐好，丹尼斯！"定义为"社会性强化"以确定该短语为概念系统的一部分。
有效的	在实践价值和社会意义的基础上评估有效性。	一项干预可以将撞击头部的自伤行为从一天一百次减少到一天十五次是有用的，但并没有实际价值。干预必须消除自伤行为以满足该条要求。
普遍的	证明受干预影响所改变的行为是持续性的（保持），在多种环境中出现（刺激泛化），并且/或传播到了其他相关行为（反应泛化）。	一个学生能够在一周后，在家并且/或在一本书上也能阅读一些常用词，这样才能说他学会了。同样，您会期望类似的、没有教的词语也出现在学生的阅读词汇中。

注：欲了解更多信息请参考贝尔、沃尔夫和里斯利（Baer, Wolf & Risley, 1968）的著作。

应用行为分析与关键反应教学法之间的关系

因为关键反应教学法是以应用行为分析的原理为基础的，对这些概念有一个基本的认识对于成功实施关键反应教学法是重要的。关键反应教学法具体的组成部分是以本章节所介绍的应用行为分析模型为基础的，并将在第三章中进行讨论。您会首先学到如何呈现一个反应机会，也就是前提。您会学到如何为您的学生提供不同类型的机会并为成功的互动设置环境背景。接下来您会学习如何观察您学生的反应，也就是您学生可能出现的不同类型的行为。最终，您会学习如何为学生提供反馈，也就是后果。您会学到如何使用特定类型的后果帮助您的学生更好地理解行动和环境间的关系。

关键反应教学法的准备工作

随着您继续学习关键反应教学法，您可以准备对您的学生使用这项干预了。最大化学生的动机是使用关键反应教学法的精髓之一。因此，您有必要对什么可以引起特定学生的动机有很好的把握。您可能知道一些所有学生都喜欢的事物或活动，但是每个学生会有他们个人的喜好和兴趣。我们推荐您使用两个基本的技术来确定什么可以激发您学生的动机。首先，从了解您学生情况的人那里获得信息。父母、教过她的教师、其他服务提供者会在他们所使用过的激发学生动机的技术和工具方面为您提供有价值的信息。本书列出了一份信息收集表来实现这一目的。您可以在第六章讲义3中看到一份完整的信息收集表的样表（见表6.3），并且我们在本书的第四部分中提供了一份空白的表格。接下来，您对学生所喜欢的材料和活动进行评估。偏好评估是收集一个学生喜好的一种正式的、系统的方法。我们在本书的后面章节中介绍了实施偏好评估的两种方法。请参看第六章中关于实施每种偏好评估的完整叙述，表6.4和6.5即这两种评估方法的完整样例。这两种评估方法的空白表格在第四部分讲义4和讲义5中均有呈现。

在继续阅读以下章节内容的时候要时刻把学生的动机记在心里。在您阅读第三章时，要想想您的学生、他们的兴趣、以及您现在是如何管理课堂的。这将帮助您为将关键反应教学法整合到日常工作中做好准备。

本章小结

关键反应教学法以应用行为分析的原理为基础,因而理解这些原理对于准确和灵活应用关键反应教学法是极为重要的。应用行为分析不是一种孤独症儿童专用的治疗方法;正确的说法是,它是一项以人类行为和环境间关系为内容的研究。像其他行为干预一样,关键反应教学法是以一种被称作行为的 ABC 模式的操作模式为基础的。在关键反应教学法中,前提是您呈现给学生的反应机会。有一些困难程度不一的言语的和非言语的方式可以为您学生做出反应提供线索。行为是您学生对于您所呈现的机会的反应。在关键反应教学法中,一个学生的行为可以被认为是适当且正确的反应、一次好的尝试、一次不适当的反应或一次不正确的反应。后果是您对学生的行为做出的回应。后果的类型决定了该行为在未来发生的可能性。一旦您理解了行为的 ABC 模式,识别能够引发学生动机的材料便成为一件重要的事,这样您可以有效地强化期望获得的技能。

第三章 关键反应教学法的组成要素

针对学生个体使用关键反应教学法

本章综述

关键反应教学法包括给学生呈现机会（前提），观察学生的反应（行为）和对学生的行为做出回应（后果）。每个部分都可以分解成特定的组成要素，这些组成要素是您与您的学生互动时可使用的策略。本章具体介绍八个组成要素，并提供实施关键反应教学法时需要的基本信息。

以下各部分的主要内容有：

发起阶段：前提策略

    组成要素一：学生的注意力

    组成要素二：清晰且恰当的指令

    组成要素三：难易结合的任务（保持性任务／习得性任务）

    组成要素四：分享控制权（学生选择／轮流）

    组成要素五：多重线索（扩大注意力）

观察发生什么：学生的行为

反应：后果策略

    组成要素六：直接强化

    组成要素七：依联的后果（及时且适当）

    组成要素八：强化尝试

现在您已经了解了关键反应教学法的行为基础，接下来学习干预中的特定组成要素。关键反应教学法有八个组成要素，它们分别属于前提和后果策略。

发起阶段：前提策略

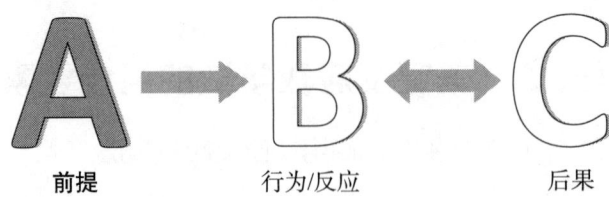

正如第二章所说，前提（您设置某种情境的方法，让该情境有助于学生做出回应）可以帮您教授新技能、激励学生，并鼓励泛化和提高学生的主动性。前提也被称为等待回应的线索或机会。您展现给学生的机会类型或线索需要根据学生的技能水平和学习活动而定。请记住线索可以是言语的或者非言语的，详情请回顾第二章前提部分中对线索种类的探讨。在表 3.1 中提供了前提类型的简要总结。关键反应教学法的前五个组成要素包含了对这些反应线索或机会的有效呈现。

表 3.1 前提的类型：反应机会

本表列出了对学生支持程度由多到少的前提。

机会的种类	定义
手势或游戏示范	示范期待学生表现出的反应。
言语示范（确切的或开放式的结尾）	示范学生要模仿的声音或词句，或者提供一段熟悉故事中的第一部分让学生完成整个故事的叙述。
指令	对学生要做什么给出直接精确的指令。
提问	直接向学生提问，根据问题的类型（如选择题或开放式结尾的问题）给出不同水平的支持。
面部表情	注意学生时期待地等着，当获得想要的材料或活动时扬起眉毛，睁大眼睛。
评价	当学生注意您时您给出主导性评价。
情境化线索	设置不完整或破碎的活动或情境以引起沟通。

（支持程度下降）

组成要素一：学生的注意力

在您让学生做某事或说什么之前，确保学生的注意力集中。

注意指的是学生被引导，使得他的注意力集中在某个地方。孤独症学生似乎对重要的刺激（例如一个老师的指令）给予太少注意，而将太多注意放在"错误"的刺激环境（如一个旋转的风扇或一辆车的轮子）上。因此，关键反应教学法的组成要素一要求，您应该确保您向学生提供一个反应机会之前，他将注意力集中到您在做什么或者说什么上。您可能需要积极地获取学生的注意力，否则，学生将不可能做出正确的反应。如果他集中注意力，他就更容易理解指令并参与活动。随着时间的推移，他对玩具、活动和人的关注不断增加，进而可以促进他对游戏和交谈的参与，这也将提高所有学生在小组中的注意力。

 如果对于您所给的机会，您的学生回应起来有难度，那么在您进一步提供更高级类型的机会前（期盼性的等待、情境化线索等），您或许需要提供结构性更强的机会（言语示范、指令）。

孤独症儿童可能难以维持她对老师或者活动的注意力，或者她是以某种不正常的方式注意您。例如，虽然目光接触是注意沟通的一种主要方式，但是孤独症儿童可能会觉得与您保持目光接触是一件很难的事情。当您的学生在学习目光接触时，您应该依靠她的其他行为来判断她是不是在注意您。这些行为包括身体朝向（她把身体转向您）、抓、指、模仿您的行为或声音、注意想要的东西，或者用眼睛的余光看您。图 3.1 显示了他们集中注意力时的一些指标。您应该识别出哪些行为反映了学生集中注意力。

集中注意力的指标
- 学生看着老师（可能是用眼角的余光看）。
- 学生看着教学材料。
- 学生把身体朝向老师或者教学材料。
- 学生没有表现出自我刺激的行为。
- 学生没有在玩其他物品。
- 学生伸手去拿教学材料或者玩具。

图 3.1　集中注意力的指标（有许多方式可以反映孤独症儿童集中注意力）

同样，识别出能表明您的学生注意力不集中的行为也很重要。学生注意力不集中有时是很明显的。例如，像哭泣、喊叫，或者专注于言语或非言语的刻板行为或自我刺激行为（如拍手）都能反映您的学生可能没有注意您。其他的一些行为可能更难以理解。一个面朝您但手里却握着一个喜爱的玩具的学生或者一个跟您挨着坐在桌前而眼睛却凝视着角落的学生，他们既有可能在注意您，也可能没有在注意您。在这些情况下，您应该依靠您对学生的了解并使用辅助来评估或者获得他的注意力。

使用以下这些方法可以增加学生把注意力集中在您身上的可能性。

选择能激发动机的活动

使用学生喜欢的玩具和活动很重要。语言、游戏、社交以及学业技能几乎可以用任何事物进行教授！您的学生可能会喜欢拼图或者赛车，他能够通过声音、单词或者短语来表达需求。一块积木最初可能用来教学生们构造性游戏或者词语模仿，后期可以把它当作一块饼干用以教授象征性游戏。甚至那些可能会引起自我刺激或刻板行为的活动也能激发动机。例如，如果您的学生喜欢看风扇转动，您可以要求学生打开它，让它转得更快，或者假装它是一个飞机引擎。

在圆圈时间提供如小模型、弹力球或者袜子木偶的操作材料可以大大维持学生的注意力和学生对活动的兴趣。

如果您的学生喜欢体育活动，他可能会想要站在椅子上旋转或者坐在一个球上弹跳。即使您的学生不能恰当地使用这些物品和活动，您也可以用它们进行教学。如果您的学生喜欢乱玩，您可以尝试给他们沙子、刮胡膏，或者指画颜料。为了识别出能调动学生积极性的活动，您可以在学生自己一个人的时候观察她选择做些什么，同时对她进行偏好评估。只有当学生们喜欢您使用的物品或进行的活动时，他们才会积极地加入活动并且集中注意力。

在第六章"识别能激发动机的材料"一节中查找关于如何进行偏好评估的信息，它可以用来识别能激发学生动机的材料。

亲近学生

保持亲近对获取注意力来说是很重要的一个方法。当您将要向学生提供一个机会时，要确保您在他身旁。相比于您在教室另一边向他提供一个机会，他更可能注意您在他身边提供的机会。您要与学生处在同一个高度，这样可以进行目光接触。如果您的学生坐着，就与他坐在一起。如果学生站着，但是他很小，您或许需要蹲下以获得他的注意。在开始互动的时候，您可能需要摸着学生的胳膊来获取他的注意。提供面对面接触的机会可以帮助您确保学生能够注意您的指令并且成功地回应您。如果您的学生对集中注意力和与他人亲近有很大的障碍，那么在一个较小的空间中使用关键反应教学法可能会有帮助。如果您在一个小组中，努力让您的学生们围成半圈，使他们都能面朝着您。一些学生可能坐在地板上，而其他学生可能需要坐在椅子上或者处于另一个成人的帮助下，这样他们能够把注意力集中到活动上。

 如果学生在关键反应教学法的互动过程中很难集中注意力，您一开始或许只能期待学生对您有短暂的注意，在学生逐渐参与进来后，再慢慢地提高期待。

有趣并且吸引人

您自己越乐在其中，学生越会喜欢跟您一起玩并且越听您的。尽管关键反应教学法一开始会有些挑战，但是一旦学生理解了您在期待什么，你们都会乐在其中。一些学生可能会对一个声音洪亮并且可笑的老师有更好的回应，而另一些学生可能会对一个平静的、说话轻声的并且动作缓慢的老师更加关注。当您更加了解学生时，您会开始理解什么水平的活跃性和音量可以使他们保持注意力。

保持幽默、可笑并且富有活力，然后观察学生们对您所做事情的反应。

自然

为了以一种自然的方式获取学生的注意力，需要消除刻意向学生教授保持注意力的技巧。努力避免重复地叫一个学生的名字或者要求他集中注意力（如"看着我"）。如果学生形成了等待您来获取他的注意力的习惯，这些辅助将来很难被去除。取而代之，您应该遵循上面列举的一些建议，通过这些方法自然地鼓励学生集中注意力。

在教学活动中对学生集中注意力的要求宽容一些

当您开始使用关键反应教学法时，学生集中注意力的时间可能会非常短。为了减少您和学生的挫败感，应该一开始只期待学生能保持短暂的注意力。短时的互动可以带来更长久的互动。在一天的教学日内，您可以从一些短暂沟通开始。然后，随着您的学生能够集中注意力的时间越来越长，逐渐增加您的期望。这可能包括完成游戏，做小吃，唱几首歌，还有一起讲故事。

表 3.2 给出了一些情境，它们可以供老师选择作为提供给学生做出回应的机会。注意如果一个学生在被提供机会后集中了注意力或者没有集中注意力，他所做出的反应可能不同。

表 3.2　注意力：样例

本表提供了一些判断学生在课堂上是否集中注意力的线索。

类型	情境	学生集中注意力时	学生不集中注意力时
游戏	在游戏中，您教萨姆听从一步的指令。萨姆在游戏区玩小汽车。	您坐在游戏区面对着萨姆。您把手放在萨姆的小汽车前并等着他看您。然后您让他把车放下来滑动轮子，他听从您的指令并且滚动车轮。	您一边接电话一边走过游戏区，同时观察萨姆玩小汽车。由于他正在学习遵守一步的指令，当您说"萨姆，把车放下来滑动轮子"时，他不会理会您的指令。
语言	加布里埃拉喜爱动物，同时她正在学习使用完整句发出请求。现在是玩耍时间而她正坐在阅读区。您拿着几本关于动物的书走过阅读区。	您坐下来和加布里埃拉保持一样的高度并且举着书。您一直等直到她指着其中的一本书，然后您问她："我们应该做什么？"她回答说："读这本书。"然后您继续说，"我们读关于企鹅的书吧！"同时翻到书的第一页。	您站在阅读区，手里举着书问道："加布里埃拉，我们应该读哪本书？"她不回应，所以您走近一些并重复指令。她仍然不回应，您继续问一次。她再次无视您的问题，所以您选一本书开始读，加布里埃拉听了前几页，然后就走开了。
社交	凯西在学习和他的同伴互动，因此您在促使凯西和一个朋友一起玩。凯西在用积木搭一个塔。当他去拿一块积木时，您让大卫递给他一块积木。凯西从大卫那儿接过积木加到塔上。然后您引起他的注意并对他说："凯西，给大卫一块积木。"	凯西无视了您的指令，然后准备把另外一块积木放在他的塔上。您迅速把手放在塔顶以阻止他的行为，然后指着大卫并重复您的指令。凯西把积木交给了大卫，大卫把积木放到了塔顶上。	凯西无视了您的指令并把另一块积木放到塔顶上。您再次重复指令，但是凯西却把塔推倒了。大卫变得厌倦并走开，不再进行互动。

组成要素二：清晰且恰当的指令

清晰且恰当的指令易于学生理解，且它处于或略高于学生的发展水平。

识别一个清晰且恰当的指令需要对学生的能力有充分的认识。一个学生能理解的指令可能对于另外一个学生来说很难理解。您应该了解每一个学生的语言能力、游戏能力、社交能力、集中注意力的整体能力，以及她是否学会了已教授的技能，甚至在指令提出当天她是如何表现的。

指令要连贯

清晰的指令须连贯。也就是说，如果您向一个学生提出了一条指令，不只是学生应该在互动过程中集中注意力，您也要集中注意力。在您能够观察学生的回应并且通过反馈进行辅助的时候，给出指令是至关重要的。在一个小组中，这可能意味着要对全组问同一个问题（例如，"今天是几月几日？"），并且要对回答合理的一个或一组学生进行回应。课堂上有时候会有某一个学生需要及时的关注或者其他的紧急情况发生；然而，在理想情况下，您应该对一个或一组学生给予关注直到他们给出回应。

> 不给出任何指令比指令没有执行下去要好。

清晰且合理的语言预期

孤独症学生可能会在语言回应的类型和理解语言的水平上有很大的差异。有些学生可能说话有困难，但是他们能够利用其他方式沟通（例如图片沟通、符号语言，或者手势）。一条通用的原则是，如果一个学生有口头表达的能力，那么试着让他用刚好高于他语言表达能力的语言来表达（例如，用比学生的表达水平高一等级的语言）。不能期待一个没有接受性语言的学生对一个两步或者三步的指令有所回应，例如，"把这些钢笔捡起来并把它们放到你的书桌里"。这个学生可能需要您示范把钢笔放进书桌的行为，或者需要您使用一个更简单的指令，例如，"把钢笔放进去"。考虑每一名学生现有的语言和技能水平来做出对学生来说可能清晰的指令。例如，如果一个学生的目标是回应一步指令，那么两步或者三步指令对他来说太难了。如果一个学生在学习使用单字,那么您的指令和提示应该是一到三个单字的长度。在表 3.3 中,将各个水平的沟通技能按照普通儿童的掌握顺序列出。

表 3.3 技能的发展过程

使用这个表格来帮助您确定向学生给出恰当水平的指令。

技能类型	技能水平	符合发展水平的指令举例	高于发展水平的指令举例
接受性沟通	手势	拿起一个水桶并指向其中。	嘴上说"转"或"进"。可能需要用手势辅助学生给出回应。
	单字	说"球"这个字,并张开双手提示。	"转球"或"把积木放进去"。
	短语表达	"坐在椅子上。"	"推绿色的球。"
	互惠性沟通	"到坐在书桌前的时间了。"	"拿到拼图并把它给乔。"
表达性沟通	前言语	举起球并示范指向它。	举起球并示范说:"球。"
	单字	举起球并且期待地等待。	举起球并示范说:"扔球。"
	短语表达	举起球并示范说:"转球。"	举起球并说:"您想要什么?"或"我有一个球"。
	互惠性沟通	举起球并说:"这个红球转得快。"	举起球并提示:"我要把球扔到桶里。"
游戏技能	感觉—运动	示范捏橡皮泥。	示范在一根钉子上套指环。
	功能性游戏	示范把球放进管子里或者完成一个拼图,并给出口头的指导。	示范喂一个娃娃,说:"喂这个婴儿。"
	早期假扮游戏(单步行为)	示范用一个玩具电话打电话,说:"跟妈妈讲话。"	示范从一个空的水罐里倒出果汁并且说:"婴儿也想要果汁。"
	多重假扮游戏行为	示范自己吃饭、喂娃娃、喂同伴,然后开车去商店买更多的快餐。	提供毛毯、盘子和杯子,并且说:"让我们野餐吧!"
	互惠性游戏	和同伴一起为角色扮演准备服装并说:"让我们扮演超级英雄吧!"	在自由活动时间为两个玩家提供需要轮流的桌面游戏。

清晰并且合理的游戏期望

孤独症学生在游戏技能方面也表现出极大的变化性。研究指出，与发展水平相适应的线索与新技能的获得有关。例如，一项研究表明当孤独症学生学习几项新的游戏技能时，他们倾向于更快地学会与发展水平相适应的游戏技能，能够更自然地表现，并且更容易迁移到新的玩具上。与此相反，孩子们学不会那些对他们来说太高级的游戏技能。因此，评估一个学生当前的游戏能力水平对于确定应该教授哪些新技能是很重要的。一条对学生清晰且合理的指令应该在学生能自己开展游戏的难度等级上，或者在难度略高一点的等级上。例如，对于一个从未把小汽车放到玩具车库里的学生，在游戏区设置一个含有一辆玩具车和一个玩具车库的情境并不是一个可以让学生产生回应的好机会。这个学生可能需要直接的指令和示范，例如"把小汽车放进车库"，这样他才会回应这个机会。在学生学会完成直接指令的任务后，情境设置对他而言才是一个清晰的反应机会，并且可以激发学生自发地开始游戏。表3.3中列出了游戏技能的等级关系，它们是按照普通儿童的掌握顺序排列的。通过使用本书第四部分的讲义2：客体游戏水平进展表，您可以对一个学生的游戏技能进行简要评估。

> "玩得开心很好，但是您必须知道如何能玩得开心。"——苏斯博士的《帽子里的猫》

许多孤独症孩子没有像同龄人那样学着玩一件物品。教授特定的游戏技巧可以增加学生自主活动的乐趣。最终学生会独立使用通过关键反应教学法学会的游戏技能。

增加期望值

当您的学生学习了新的技能并且达到了个人的学习目标，她的语言类型和她理解的社会性线索将会改变。在每个学生发展的早期，指令很可能非常短且直接，并且只针对您所教的回应。当一个学生开始理解语言和社会性互动时，您的指令可以包含长一些的短语和句子，以及一步以上（或多步骤）的指令，甚至可能包括评价。为了提供学生能够理解的指令，熟悉每个学生的语言综合能力是重要的。记住，所有的指令都应该在学生有积极性并且集中注意力（见组成要素一）的情况下进行。把难一些和简单一些的指令混合起来使学生保持高的积极性（见组成要素三），这也很重要。

陈述或提问

在您和学生沟通的过程中包含陈述和问题是自然而重要的。然而，您应该注意和沟通方式有关的特定词语和说话语调。当成人实际上在要求学生注意听指令或者重复一个言语示范时，他们有时会使用与提问有关的语言和语调。例如，您通常会问"你准备好打扫卫生了吗"，而非说"打扫卫生的时间到了"。您既是让学生注意您的指令也是在让他们回答问题，所以，如果您问"你们准备好……了吗"这样的问题，您需要准备好听到这样的回答——"没有！"此外，如果您想让学生在听到"你想要什么"后复述"汽车"这个词，您要确保用陈述的语调说这个词；否则，学生在回答问题时可能会用不适当的语音语调。

> 如果您想要学生按照您说的去做，那就使用陈述句，而不要用问句。

组成要素三：难易结合的任务（保持性任务/习得性任务）

提供难易结合的任务来增加学生的动机。

关键反应教学法既使用简单的任务也使用困难的任务，但不是持续增加任务难度。学生已经掌握的且能够轻松完成的任务叫作保持性任务（maintenance task）。那些对学生来说一直很难的或者新的任务叫作习得性任务（acquisition task）。把几项任务混合起来，通过游戏、沟通，学生获得执行简单一些任务（保持性任务）和难一些任务（习得性任务）的能力。尽管没有设定规则，还是要尽量用大约50%的时间进行保持性任务的训练。这点将依据学生（学习动机高的学生可能会在习得性任务中获益更多，而疲倦或受挫的学生可能需要做更多的保持性任务）或环境（当教室里有很多可能让人分心的事物时，学生可能需要更简单的指令）而有所改变。不同难度的任务混合很重要，原因有以下几点：

• 增加学生动机。加入一些简单任务可以维持学生成功的体验，同时您仍然可以帮助他继续学习新的技能。

• 符合发展的规律。在使用不同发展水平的技能方面，这与普通儿童一致，他们也使用不同水平的游戏和语言。例如，即使一个学生学习了假装，她也不会停止玩拼图。同样，一个学生不会仅因为学会说完整句，如"我可以吃一块饼干吗"，就停止做出更简洁的回答，如"我要饼干"。因此，孤独症学生在不同难度上的表现和回应是自然且合理的。

• 增加学生的自发性。依赖辅助或缺乏自然的回应，是在教孤独症学生时需要面对的最困难的几个方面之一。分散地使用保持性技能和习得性技能可以帮助您激发学生的自发性。教授新的、困难的技能需要更多的支持或辅助。然而，通过穿插使用简单一些的任务，您向学生提供了一个可以在没有您帮助的情况下自然地请求、做游戏或遵循指令的机会。这会使学生在使用技能时更加自信和自然。当学生可以自然地使用简单语言和做游戏，并且在您的帮助下能做得更好时，这可能是对他们进行奖励的最重要原因之一。

表3.4给出了一些老师向学生提供反应机会的情境。注意如果提供的任务是难易混合的或全部都是困难的，学生的回应可能不同。

表 3.4　简单和困难的任务：样例

本表提供了一些关于如何对简单和困难的任务进行混合的例子。

类型	情境	难易结合的任务	只有困难的任务
语言	汉斯正在玩一个落球游戏，并且在学习连接词语。您走到他身边并且在球每次从滑槽滑下时把球拿到。您拿着一个球，示范说"Red ball"（红球）来让汉斯重复。他这么做了，接着您把球给他。然后他指着您手中的另一个球说"Green"（绿色）。	您把绿球给了汉斯来奖励他自发地说出一个单词。又拿着下一个球并且说"Orange"（橘色）。汉斯说"Orange"（橘色）来回应您。您把橘色的球给他，然后他让球从滑槽滑下。下次时，在汉斯接近球之前，您要帮助他重复两个单词的短语"Orange ball"（橘球）。	因为您想让汉斯用两个单词，您通过示范说"Green ball"（绿球）进行回应。汉斯说"Green"（绿色），然后您再次示范说"Green ball"（绿球）。这样来回几次，汉斯变得沮丧然后走开了。

续表

类型	情境	难易结合的任务	只有困难的任务
学业	您给每个学生一个话题（如流行电影、户外活动，以及假期）清单，来让他们围绕这些话题写日记。卡拉在学习写带有主旨和结论的五句话段落。	在卡拉的话题单上，您在一些话题后面写了"段落"，并在其他的话题后面写了"三句"。这使得卡拉对完成整个列表仍具有积极性，并使她对新的任务用以同样熟练的技巧。	您告诉卡拉，她需要为单子上所有的话题都写五句话段落。她为前两个话题写了五句话段落，但接下来她开始分心并在纸上涂鸦。
游戏	史蒂文在用一个大象的小模型玩马戏团的游戏。他开始进行假扮游戏，如给大象洗澡并让它睡觉。您拿着一个猴子小模型，然后跟史蒂文在游戏区玩。	您示范着让猴子模型荡秋千并告诉史蒂文："让大象荡秋千。"他成功地做到了。接下来史蒂文假装喂大象模型，而您对猴子模型做同样的事情。然后您告诉史蒂文："给大象洗澡然后让它睡觉。"接着他这么做了。	您告诉史蒂文："让大象荡秋千并且亲它一下。"他成功地做到了。接下来您说："让大象快跑然后喂它。它饿了！"史蒂文让大象绕圈跑，但是然后他就失去了兴趣并开始去捡树干玩。

组成要素四：分享控制权（学生选择/轮流）

在学生的引导下分享控制权，提供活动和材料的选择，并与学生进行轮流活动。

控制学习环境包括选择材料、地点及学习目标。通常，老师掌控对学习环境的完全控制权。然而，在关键反应教学法中，和您的学生分享对学习环境的控制有助于增加学生的积极性。通常来说，如果人们可以选择主题或活动，他们会对学习有更大的积极性和更多的兴趣。例如，如果您喜欢摄影，那么相比于一本介绍橄榄球四分卫的书，您更可能读一本关于摄影的书。如果您发现了一项您喜欢的体育活动，如远足，那么您就更可能去实践这项活动。与此相同，孤独症学生在玩玩具、参与活动，或参与他们喜欢的话题时，他们会对互动有更大的积极性。因为许多孤独症学生对社交缺乏积极性，他们很难专注于老师和同伴。把学生的兴趣融入任务或互动中将增加他积极参与的可能性。因为注意力对学习来说是至关重要的，分享控制能够增加学生完成目标的总数。另外，记住这一组成要素仅强调共享的控制权，因此，保证您对材料的控制、对活动目标的清晰理解以及对学习互动的最终责任仍很重要。您可以通过以下一些方法，和您的学生分享控制权。

加入学生喜欢的材料

当您准备教一项新技能时，收集有助于实施教学的材料。例如，如果您教学生认识数字，您可能有数字卡片、工作表，或关于数字 1 到 10 的视频。当您让学生参与控制时，您要有意地找出学生喜欢并能用来教特定技能的材料。比如您教学生认识数字时，如果某个学生喜欢谜题，那就使用数字谜题；如果某个学生喜欢用蜡笔涂鸦，就可以用蜡笔在纸上写出数字；如果某个学生非常喜欢电脑，可以用电脑打出大字体的数字。

> 分享控制权的关键是至少在每个活动的一个环节上给学生提供选择的机会。

当教年幼的或重度发展迟缓的学生时，您可以观察他们，并推断出他们的喜好或进行偏好评估。但是，如果学生可以做出选择，就呈现一个选择的机会，如"电脑或着色？"从而您可以决定教学目标。您的学生通过选择用于该目标的材料或特定的活动实现了分享控制。

跟随学生的引领

允许学生帮忙决定什么时候从一个活动转向下一个。如果您的学生最初选择着色，那么就一直着色，直到她选择转向其他活动。这创造了学生表达她"全部完成"，或要求新活动的机会，并最大限度地激发了动机。为了让学生知道恰当的沟通可以获得期望的结果，您应该尽可能满足学生的要求。这也会提高动机。但是，孤独症学生经常在较快地改变或持续任务方面存在困难。

纳入"轮流"这一步骤

轮流是另一个与学生分享控制的方式。轮流包括学生与同伴或者成人间的一个"给—拿"的互动。因此，如果您的学生选择了玩一辆汽车，您可以跟他轮流开或比赛。轮流允许您给出合适的语言和游戏示范，展示"给—拿"的过程，并重新获得对教学材料的控制。当别人控制材料时，如果学生很难集中注意力，轮流可能会非常短暂。当轮到您时，表现得笨手笨脚或者把学生加入您这一轮里可以使学生维持注意力。当您与一小组学生一起轮流时，可以尝试在日常活动中进行，比如圆圈时间或点心时间。在点心时间，轮流包括等待同伴给更多的椒盐脆饼或其他零食。如果学生知道会得到什么并能容易地参与活动，这样会更容易获得他们的注意。

保证安全性和适当性

切记，要知道学生不应该得到完全控制权。不应该允许学生做出危险的（如攻击、自伤）或不恰当的行为。在这种情况下，您必须承担控制者的角色。有时候，在恰当和不恰当的指令之间有明确的界限。比如，刻板或自我刺激行为对学生来说有很强的动机，因此可以成为很好的教学工具。教一个喜欢跳的学生用连续跳7下的方式"数到7"。相反，对一个喜欢转动灯开关的学生来说，用这个来练习数数会干扰到教室里的其他人。

表3.5展示了师生分享控制与教师直接教学而不允许学生参与的区别。

表3.5 分享控制权：样例

这个表列出了在不同控制水平下会出现的不同结果。

种类	情境	分享控制权	不分享控制权
游戏	您和杰尔姆在玩昆虫拼图，他喜欢小虫子。他正在学习独立完成拼图，但他更喜欢把拼图粘在一起。在活动开始前您拿着所有的拼图片。	您拿着两片拼图片，杰尔姆指着其中一片，您把他指的那片递给他，说："嗡，嗡，嗡——小虫！"然后您示范把另一片放在拼图里，鼓励他把手里的那片放到正确位置。当他成功时，您允许他拼两片。这种交换模式一直持续到他完成拼图。	您要求杰尔姆把拼图片放在拼图里以获得更多的拼图片。他尝试放拼图片但并不理解这个任务，他很沮丧，扔掉拼图。
学业	您的学生正坐在座位上做数学作业。苏茜正在学习解答简单的乘法问题。	您为苏茜提供多种铅笔选择（"你想要一个心形铅笔还是绿色的铅笔？"），并让她选择先解决哪个问题。每隔几个问题，您示范一种解决方案并允许苏茜在她的纸上记下来。苏茜完成了所有的问题。	您给苏茜一个心形铅笔，因为您知道她喜欢心形。您指着第一个问题，告诉她："从这里开始。"苏茜完成了几个问题，您说："做得好！"但很快她变得越来越慢，并且需要重新指导。
语言	您与学生在吃零食，您为大家提供了不同种类的水果，并为每个人提供了果盘，要求他们相互沟通来获取自己想要的零食。	您拿着果盘问凯莉："您想吃什么？"她答："吃苹果。"然后您转向布赖恩，问："想要葡萄还是梨？"他答："梨。"接下来，您说道："我要吃苹果，真好吃！"然后给自己拿一片苹果。接着，您继续给其他学生提供水果。	您给所有的学生发苹果，并让他们根据自己的语言水平做出反应。

组成要素五：多重线索（扩大注意力）

使用材料和概念的多个例子以确保学生更全面地理解教学内容。

每学习一个新技能，都需要联合多重线索（multiple cues）。线索是物体或情境的特征，您可以用来收集信息和进行正确反应。您通过"四个轮子的运客工具"这一特征（如形状、声音、功能）可以学会把"汽车"这一词语和汽车实物联系起来。如果您看到一辆自行车却说"汽车"这个词，那就表明您不懂与"汽车"相关的线索。同样，您可以学到挥手和说"再见"联合起来表示某人正要离开。第一次见某人时，您会听到他的名字、与他握手，观察他的发色、眼镜和穿着。所有这些线索为认识这个新人提供了关键信息，这些信息可以帮助您在下一次见到这个人时认出他来。

☀ 当您理解环境中某个情境的两个或多个特征之间的联系时，学习过程就发生了。

因为学习需要把特定的反应行为与相关线索（或前提）联结起来，所以学生注意到环境中的多重线索是很重要的。尽管这种学习对普通儿童来说不是问题，但孤独症儿童对需要同时注意多重线索的学习存在困难。对一个复杂线索只关注其中一个组成要素的倾向就是所谓的刺激的过度选择（stimulus overselectivity）。可能您会回想起某个学生表现出这种注意缺陷的实例。下面是我们碰到的一些例子：

• 一个学生只在他爸爸戴眼镜的时候认识他。当爸爸摘下眼镜时，这个学生的反应就像爸爸是陌生人一样。很明显，这个孩子在学习"爸爸"是谁时只注意到了眼镜。

• 一个小女孩与她的老师在一起超过 6 个月并知道老师的名字。这个老师有一头长发，但有一天，老师决定把它剪短。于是在接下来那天上课时，小女孩走到老师面前问："您叫什么名字？"她不知道老师是谁。这个孩子已经学会了通过识别老师的头发来辨认她，当老师的头发发生改变时，孩子便无法认出她。

- 一位妈妈说每次她穿新鞋时，儿子就变得不开心并且很迷惑。

在所有这些例子中，儿童在学习时只关注一个线索（通常是一个无关紧要的线索）。这些例子中的孩子们没有注意对许多人来说更持久的线索（五官、体型、身高等），而正是这些线索使大多数人在别人的外形有一些细节变化后，仍能认出他们。

对于许多孤独症儿童而言，早期干预和使用不同的指令、材料和例子可以增加他们适当的关注和反应。因此，很重要的一点是教授同样的概念时使用不同的材料和方法。这就是为什么教学应该是在多样的情境和不同的活动中进行。例如，当您教学生加法时，如果只用特定的木块教加法的概念，那么学生可能认为只能在这些木块上做加法而不会用其他物品理解加法的概念。用木块、笔、千斤顶和球教加法可以拓宽学生的思路并让他们理解加法的意思。这同样适用于教新单词、短语和游戏活动。对于大多数的学生而言，这种类型的教学将使学生同时对多重线索投以足够的注意力，因为他们已经学到，他们需要这样做以理解课堂并做出恰当的反应。

然而，一些孤独症儿童存在严重的过度选择。这些学生可能需要更结构化的任务来学会扩大自己的注意力，从而能同时注意多重线索。对需要同时注意多重线索的任务进行反复的训练可以帮助学生注意到新任务中的多重线索。对于这些孤独症学生，训练使用多重线索可以使得他们的注意力得到整体扩大（或正常化）。教这些技能，您可以提供多重线索使其做出正确的反应，如形状、大小、颜色或纹理。这样的任务被称为条件型区辨（conditional discriminations）。

举例来说，让学生拿她的棕色外套时，她需要同时注意到颜色和物体才能做出正确的反应。因为她可能有很多棕色的衣服。另一个学生选择玩一组颜色、形状各异的积木，有圆形的、正方形的和其他形状的。您可以用条件型区辨的任务，要求学生拿特定颜色和形状的积木，来确保他学会了颜色和形状（例如，"我要一个红色的正方形"，或者"请给我一个绿色的圆"）。为了正确拿到要求的积木，学生需要同时注意到形状和颜色。考虑那些本身就要求对多重线索进行注意的材料是具有挑战性的。表 3.6 提供了使用一些您的教室中已有材料的方案。

表 3.6 多重线索教学的材料样例

您课堂上已经有很多材料可以用来教过度选择的孤独症学生进行条件型区辨。

材料类型	建议使用的匹配特征	材料举例
交通工具	类型和尺寸、类型和颜色	不同颜色的小、中和大型的公交车、小汽车和卡车
书本	科目和尺寸、颜色和尺寸	不同科目和颜色的大、小书
书写用具	类型和颜色	不同颜色的钢笔、铅笔、蜡笔和马克笔
娃娃/人物小模型	尺寸和身份	学生喜欢的大小不一的各种娃娃
动物小模型	类型和家庭成员	不同种类的动物妈妈和动物宝宝
积木	数量和颜色、尺寸和颜色、形状和颜色	不同颜色、形状和大小的积木
点心	材质和数量、颜色和类型	不同材质和颜色的一口大小的点心

表 3.7 展示了几个教师为学生提供反应机会的情境。这些例子可用来比较教师采用多重线索与只有单一的线索时学生的反应情况。

☀ 重要的说明：通常直到约 36 个月时，普通孩子才能对同时呈现的多重线索做出有效的回应。

请注意，使用多重线索来教发展年龄不足 36 个月的孤独症儿童是不恰当的。按照时间顺序，许多孤独症儿童在 36 个月大之后进入特殊班，但他们的发展水平或智力年龄均较低。使用关键反应教学法的最好方式是依据这些学生的需要，因此要着眼于该干预项目的其他要素而不是使用多重线索。

表 3.7　多重线索：样例

该表列举了教师在日常教室活动中对多重线索与单一线索做出反应的例子。

类型	情境	多重线索	单一线索
游戏	阿米尔选择了玩玩具车库。有几种不同类型的交通工具（例如卡车、公交车、小汽车），并且每种车型有不同的颜色。	阿米尔在车库周围开不同的车，轮到您时，您说："我开红色公交车。"您用绿色汽车堵住车库，并给阿米尔期待的目光。他说："把汽车移开！"您问："哪一辆？"阿米尔回答，"把绿色汽车移开！"您照做，这样他可以开他所选择的车辆进入车库。	当阿米尔在车库周围开不同的车时，轮到您时，您开了一辆公交车，然后用手堵住车库。阿米尔说："把手拿开！"您拿开手，这样他就可以驾驶他所选择的车辆进入车库。
学业	要求卡罗琳玩弹珠并把它们放到一个盒子里。弹珠盒里有不同颜色、不同大小的弹珠。您觉得这是一个教卡罗琳数数的很好机会。	您让卡罗琳把5个绿色的小弹珠放到盒子里。	您让卡罗琳把5个弹珠放到盒子里。
语言	丹尼斯喜欢玩拼图游戏并选择了一个有动物妈妈和宝宝的拼图。这个拼图有不同的尺寸（例如，大长颈鹿和小长颈鹿、母象和小象）。您注意到这是一个很好的机会，可以帮助丹尼斯学习介词"进"和"出"。	您拿出小象拼图片说："我拿出了小象。"然后您建议丹尼斯拿"出"大长颈鹿。用这种形式的互动，拿出或放进不同大小的动物拼图片。	您拿出虎宝宝拼图片说："我拿出了老虎。"然后您建议丹尼斯拿出小象拼图片。

观察发生了什么：学生的行为

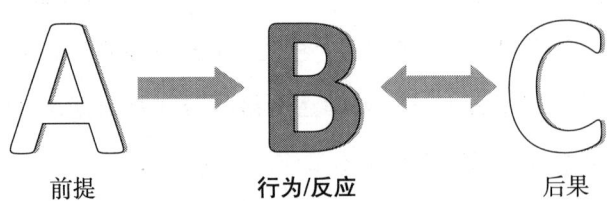

前提　　　行为/反应　　　后果

在您呈现一个反应机会后，下一步就是观察学生对该机会的反应。学生的反应方式决定了您下一步要做什么，因此需要仔细观察。观察学生可以有助于您对他的行为做出快速、准确的反应。在您观察学生的反应之后，您必须决定学生的反应对您呈现的机会而言是恰当的还是不恰当的。以下几种因素，包括环境、活动、学生能力和目标技能决定了学生反应的恰当性。学生的不同反应在第二章行为部分进行了更详细的讨论。表 3.8 简要总结了对学生反应进行分类的方法。

表 3.8 不同行为反应

这张表列出了学生对您呈现的反应机会做出的不同反应。

反应	描述
恰当的反应	落在您的目标技能的范围内。
合理的尝试	具有与目标技能相同的功能，但不具备相同的准确度或复杂性。
不恰当的反应	与互动无关或具有破坏性；没有做出反应。
不正确的反应	不正确。

 事先确定学生的哪些行为属于"合理的尝试"，这是非常有帮助的。

反应：后果策略

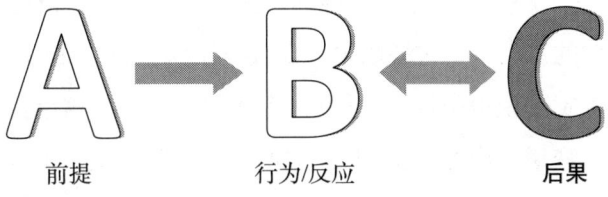

前提　　　行为/反应　　　后果

正如第二章描述的，后果（您对学生行为的反应）是您教授新技能、维持已有技能和减少不良行为的方式。后果是行为发生后立即发生的事件，后果的性质和及时性决定了它对行为的影响。后果如何呈现与后果类型同等重要。请参考第二章的后果部分查看后果的类型。表 3.9 展示了您可能对学生行为做出反应的方式。关键反应教学法的组成要素六、七、八包含了对后果的有效呈现。

表 3.9 后果的种类

本表列出了您根据学生的行为可能给出的后果。

后果	描述
积极强化	在学生行为之后提供一个学生想要的东西，可以增加学生的行为。
消极强化	在学生行为之后移除学生厌恶的情境，可以增加学生的行为。
惩罚	在学生行为之后呈现学生厌恶的情境，可以减少学生的行为。
消退	停止强化，可以减少学生的行为。

组成要素六：直接强化

提供自然的或与活动和行为直接相关的强化。

直接强化（direct reinforcement）与前提行为直接相关。例如，当学生想玩玩具汽车时鼓励他说"汽车"，此时玩玩具汽车就是一个直接强化。玩玩具汽车与学生说"汽车"是直接相关的。相反，间接强化（indirect reinforcement）中反应与后果不相关。如果教师拿着一张汽车图片，问："这是什么？"学生说："汽车。"然后教师说"很棒！"或者给学生一块饼干，这种后果与行为反应不直接相关。

使用直接强化可以大幅度增强泛化（generalization）（在其他环境中或使用其他材料时做出同一行为）并保持已习得的行为。想想在自然情境中语言学习和直接强化是如何相关的。去一个快餐店说"我要一个汉堡包，谢谢！"结果得到一个汉堡包。如果被称赞"说得很棒"，这反而令人很沮丧。在这个例子中汉堡包是直接强化，因为它与您说的内容直接相关。"说得很棒"不是一个直接强化，因为它与您说的不直接相关（如果在一个快餐店说"我要一个汉堡包，谢谢！"您很确定您会得到食物而不是被夸"说得很棒"）。使用间接强化的问题在于这不会出现在真实环境中。因此新习得的技能不会在环境中得到强化和保持。想要通过说话得到一颗糖或一颗金色的星星玩具的学生是不太可能在自然环境中说话的，因为在自然环境中说话通常不会使他们得到糖果和星星玩具。

> 儿童学习语言是因为这是一个改变环境的有效方式，并且自然环境会提供直接的强化。

需要强调的是间接强化在教新技能的时候非常有效。但是，这个技能可能只出现在教学情境中（提供间接强化的时候）。由于自然环境并不提供这些后果，这种行为可能会消失。用直接强化教授的技能由自然后果控制，可在自然环境中保持。

表 3.10 呈现了教师需要对某个特定学生行为给出后果的几个方案。注意区别与活动直接相关的强化和间接相关的强化。

表 3.10　直接强化：样例

本表列举了对学生直接强化和间接强化的区别。

种类	情境	直接强化	间接强化
语言	教拉克尔识别动作，您给她展示一个儿童跳的图片，然后问："他在做什么？"	拉克尔回答："跳。"并允许她在蹦床上弹跳几秒。	拉克尔回答："跳。"您对她说："好棒，是跳！"然后递给她一块饼干。
社交	您在教约翰尼问朋友一个问题。在休息时约翰尼对秋千感兴趣。您让约翰尼去找正在玩秋千的汤姆。	您帮助约翰尼问汤姆他是否愿意轮流玩秋千，汤姆同意了。您给约翰尼推秋千作为他成功问汤姆问题的奖励。	您帮助约翰尼问汤姆他最喜欢的颜色。您给约翰尼推秋千作为他成功问汤姆问题的奖励。
游戏	您教苏茜玩象征性游戏。她选择了玩玩具牧场，您教她用铅笔假装成一个栅栏。	苏茜用铅笔假装成栅栏，然后后果是您允许她玩她设计的牧场。	苏茜用铅笔假装成栅栏，然后后果是您让她选圆圈时间的歌。
学业	您教卡罗琳介词的用法，卡罗琳选择玩动物拼图，她选择的图案是公鸡拼图。	您把公鸡拼图放在盒子里，问卡罗琳："公鸡在哪里？"卡罗琳回答："在盒子里。"您给卡罗琳公鸡的拼图作为她回答正确的奖励。	您拿出拼图，告诉卡罗琳可以开始了。您给卡罗琳展示了宝宝在浴缸里洗澡的图片，问："宝宝在哪儿？"卡罗琳回答说："在浴缸里。"然后您给卡罗琳公鸡拼图作为她回答正确的奖励。

组成要素七：依联的后果（及时且适当）

根据学生的反应，立即给出后果。

关键反应教学法的另一个重要组成要素是依联的（contingent）后果，即根据学生的行为而定。依联的一个方面是指当行为发生后要立即呈现后果。后果的强度和有效性与它的及时性直接相关。反应之后出现的后果越被延迟，它的效果越差。后果的即时性如此重要，所以刚刚发生在后果之前的行为是最容易受后果影响的。

> 后果越快被呈现，它的效果越强。

后果并不总是即时发生的。但是，我们可以通过说"您今天课堂表现真棒"或"谢谢您昨晚把垃圾倒了"之类的话使得后果更有针对性。遗憾的是，许多孤独症儿童没有足够的语言能力理解跨时间的后果，因此后果的及时性就尤为重要了。举例来说，想象一个教师注意到学生在教室的另一侧有不恰当行为。她穿过教室到给出后果（说"威廉，不要这样做"），这个过程已经用了几秒了。当教师阻止学生时，他已经处于安静状态。这个时候呈现后果，她更像是惩罚学生的安静行为（在后果出现之前的行为），这会减少他的安静行为。在这种情况下，教师到学生身边后应当重新指导学生表现出恰当行为，并在他的下一次行为不端时马上给出后果。

依联同样意味着后果需要根据学生反应而定，即学生没有反应时不能出现后果。强化刺激随机呈现（即不根据行为来定）对行为改变是无效的。买彩票随机中奖不会使人更高效或勤劳工作，但出色工作所得的奖金将提高工作效率。同样，随机间隔对学生说"说得很棒"不会增加学生说话的可能性，但以有意义的方式回应学生的语言将促进学生讲话。

像教学指令一样，后果必须清楚呈现，这样学生才能把后果和行为联系起来，才能理解后果的本质。举例来说，想象您正在教谢拉画圆。尝试了很多次后，尽管谢拉很努力，但还是不会画圆。如果您用积极的声音说"不对，不对，但我知道你在尝试，你真可爱！"您说的话会让她感觉到困惑，因为这句话包含消极（"不对，不对"）和积极（"你真可爱！"）的评价。另外，您的声调很积极，学生可能将这个后果理解为对错误的积极强化。

☀ 依联的后果必须清楚呈现，根据行为而定，且在行为发生后马上呈现。

表3.11列举了一些教师需要根据特定学生的表现提供后果的情境。注意及时的、合适的后果与延迟的、不合适的（如不是根据学生反应而定）后果间的区别。

表3.11 依联的后果：样例

本表说明了及时的、合适的后果与延迟的、不合适的（如不是根据学生反应而定）后果间的区别。

种类	情境	依联的	非依联的
语言	您在圆圈时间读一个农场故事。您让每个学生模仿故事里动物的声音。您注意到在尼里发出牛叫的声音"哞"时，保罗也尝试说"哞"。这对保罗来说是非常少见的，因为他通常不沟通。	在注意到保罗的行为之后，您立即递给他一个牛的模型。然后，继续让其他学生说出动物名字。	您继续让所有在场的学生说动物的名字，然后您转向保罗，说道："保罗，我喜欢你说'哞'。"但保罗现在没有说话。
社交	上课时，玛尔塔没有留在她的位置上完成布置的任务，而是在教室里游荡并大声哼唱，破坏了课堂秩序。	在玛尔塔站起来准备走动时，您说："玛尔塔，请回到座位上保持安静。"然后有一个助教跟随玛尔塔回到她的座位，以确保她坐下来。	当您看到玛塔起来哼唱，您说："玛尔塔，你现在在做什么？"然后继续上课。玛塔停止哼唱但继续在教室里晃荡。
学业	您教乔伊将形状放在一个形状分拣机里以识别形状。当听到您说"圆"时，乔伊把圆放到了正确的孔里。	您欢呼道："是的，这是一个圆，乔伊！"在拿出下一个形状让他摆放之前可以让他在地板上用剩余的形状排一行来玩一会儿。	接下来您说："现在放正方形。"乔伊成功地完成了。然后您给苏茜一个三角形，说："放进去。"乔伊失去了兴趣，离开了这个活动。

组成要素八：强化尝试

奖励好的尝试来鼓励学生继续尝试。

关键反应教学法的最后一个组成要素是强化尝试（attempt）。正如第二章的行为部分描述的那样，尝试的行为跟目标行为具有相同的功能，只是没有正确的反应那么准确和复杂。

> 学生尝试正确回答时要给他强化，即使他的尝试不是他的最佳反应。

强化尝试会促进反应的增加。假设学生正在学习说出他最喜欢的玩具名称——卡车。偶然一次，他非常清楚地说出"truck"（卡车）这个词，但在有意尝试的时候，这个学生尝试几次后还只能发出"trrr"。"trrr"的发音对学习"truck"来说是一个有意义的尝试，因此要给学生玩卡车的奖励来减少他出现沮丧的可能性。当然，这个反应必须与学生已经达到的水平在合理的范围内接近。如果学生发出"bur"的声音，就不该给他强化物。因为"bur"并不能表明这个学生在努力尝试。强化一定范围的反应，而不是只强化那些比学生之前已经表现出来的行为更好的行为。通过强化尝试，可以鼓励他们之后不断尝试。

强化尝试非常重要，因为它增加了学生的动机。通过对合理尝试进行强化，强化的范围得到了扩大，强化的数量也保持在一个较高的水平上。对孤独症儿童不仅强化正确反应，还强化尝试，这会减少他们的挫败感，让他们更有动力、更开心，更少出现逃避的行为，比如哭、大叫和逃离教学环境。此外，强化尝试通常可以使学生更快地学习新技能。

表 3.12 提供了一些教师需要根据特定学生的表现提供后果的方案。注意学生在好的尝试得到强化和没有得到强化时，对师生互动的不同反应。

表 3.12 强化尝试：样例

本表列举了教师奖励学生好的尝试与只接受正确反应或奖励不足的尝试的情境。

种类	情境	强化尝试	不强化尝试
轮流	吉娜和肯正在学习分享。肯的语言能力比较强，可以说出"Turn"（轮流），吉娜在学习。当玩"土豆头先生"的玩具时，肯按照次序在玩具上装上眼睛。吉娜拿起嘴巴，想要装在玩具上。您提示吉娜说"Turn"。吉娜一直没说过"Turn"，但这次她说"Tah"。	您马上帮助肯把玩具给吉娜并表扬她的尝试。	您再次提示"Turn"，因为您想教会吉娜说出整个单词。吉娜重复"Tah"，然后去拿玩具。您第三次慢慢重复"Turn"，吉娜变得很沮丧，把玩具嘴巴扔向肯。
语言	您教萨米尔开口用一个名词和一个动词的组合来表达想要物品和活动。当看到萨米尔将手伸向一个鼓时，您提示他说"Play drum"（打鼓），萨米尔说"Pluh"，您以前听过萨米尔多次清楚地说出"play"（打）和"drum"（鼓）。	您等萨米尔给出一个更正确的反应，因为他喜欢鼓，有说的动机。如果萨米尔没有做到，您继续鼓励他，重复说"Play drum"。现在萨米尔说出"Pluh druh"，您把鼓递给他作为良好尝试的奖励。	您不等待萨米尔的正确反应便马上给他一个鼓。这样萨米尔下次可能不会被激发动机而做出最好的反应。（注意对吉娜和萨米尔的期望值不同，因为他们处于不同水平。）
游戏	希瑟喜欢玩环状堆垛机，但她把环放到挂钩上有困难。她更喜欢旋转环而不是将它们堆叠起来。在希瑟拿起红色的环之后，您说："把红的环放到挂钩上。"希瑟开始旋转环，您轻轻地打断她并把她的手朝挂钩移动。希瑟停止旋转环，并把它拿近挂钩。	您帮助希瑟完成剩余动作，把环放到挂钩上说："哇，您放上去了！"然后同意她可以旋转环而不是把环放到挂钩上。希瑟拿起另一个环，并把它移向挂钩。	您告诉她："不，把它放到挂钩上。"然后把环放回地上，让希瑟再试一次。她拿起环，又转动它，并拒绝继续听之后的提示。

本章小结

关键反应教学法有八个重要组成要素。其中五个组成要素在前提阶段，它们用于建立一个自然的机会让学生进行反应。前提策略包括：（1）获取学生的注意；

（2）给出清楚合适的指令或机会让学生反应；（3）混合简单和难的任务期望来增强学生动机；（4）使用分享控制权技术，比如允许学生选择材料或活动、同伴或教师轮流示范行为，以及获得教学材料的控制权；（5）用多个例子（不同的材料和指令）来帮助学生学会在环境中注意多重线索。一旦学生出现行为，关键反应教学法提供了三种后果策略，通过教师的反馈使学生学习动机最大化。这些后果策略包括：（6）提供与教学活动直接相关的强化；（7）提供及时的、根据学生行为而定的后果；（8）奖励指向目标的尝试来保证学生继续尝试。这些策略在同时使用时可以增强学生的学习动机，鼓励他们将新技能运用到不同情境中、不同的材料上和与不同成人的互动中（泛化），并促进他们在以后继续使用（保持）。

第二部分

走进关键反应教学法

第四章 使用关键反应教学法进行团体指导

本章综述

最初的关键反应训练是在一对一的场景中使用并发展而来的。然而关键反应教学法的组成要素在个别以及团体的教学环境中均适用。本章的目的在于帮助您在一天中的不同课堂中使用关键反应教学法。研究者已知晓如何在团体教学的环境中通过教师间的合作来调整关键反应教学法的步骤从而将其实施。本章提供了允许您在两种不同情境中使用关键反应教学法组成要素的活动示例。对于每个组成要素,我们提供了在团体活动中对学生个体进行训练的示例,也提供了整个团体共同实施活动的建议。

以下各部分的主要内容有:

组成要素一:学生的注意力
　　在团体中以学生个体为目标
　　团体指导

组成要素二:清晰且恰当的指令
　　在团体中以学生个体为目标
　　团体指导

组成要素三:难易结合的任务(保持性任务／习得性任务)
　　在团体中以学生个体为目标
　　团体指导

组成要素四:分享控制权(学生选择／轮流)
　　在团体中以学生个体为目标
　　团体指导

组成要素五:多重线索(扩大注意力)
　　在团体中以学生个体为目标
　　团体指导

> 组成要素六：直接强化
> 　　在团体中以学生个体作为目标
> 　　团体指导
> 组成要素七：依联的后果（及时且适当）
> 　　在团体中以学生个体作为目标
> 　　团体指导
> 组成要素八：强化尝试
> 　　在团体中以学生个体作为目标
> 　　团体指导

一旦您掌握了如何对学生个体使用关键反应教学法，您就可以开始在学生团体中使用同样的方法。虽然最初将关键反应教学法的所有组成要素整合在一起，同时管理团体中的学生是有挑战性的，但是在不同的活动中持续地练习这些技能将加强您使用关键反应教学法的能力。在团体中使用关键反应教学法，从单一的能够高度激发学生动机的日常活动开始将会有所帮助。您在同样的场景中通过重复的操作可以改善技能。无论怎样开始，您会发现关键反应教学法是一个在团体活动中实现学生个体目标的有价值的方法。

组成要素一：学生的注意力

在您让学生做某事或说什么之前，确保学生的注意力集中。

保证团体中学生的注意力比保持一个学生的注意力更加困难。第三章中有关吸引注意力的方法也可以用于团体指导。

开始在团体中实施关键反应教学法之前，确保您完全理解并能得心应手地对学生个体实施关键反应教学法。（请参阅第三章）

在团体中以学生个体为目标

选择能激发动机的活动

当您以团体为对象时，使用学生喜欢的玩偶、话题和活动仍然很重要。当您在小的团体中实施教学并要求学生单独给出反应时，您可以进行个别化活动来增加学生的动机。例如，在日历活动中，每个学生有一次机会到前边来对日期、天气和其他内容做出反应。如果萨曼莎喜欢数字，就让她来辨别日期并将数字放在日历上以增加她在圆圈时间保持注意力的动机。让其他学生先完成活动并在萨曼莎有较好注意力时，给她提供机会，这将进一步提高她参与整项活动的能力。同样，一组学生可以围着一张小桌进行书写练习。写与喜欢的卡通片相关的字或者词将增加学生从事这项活动的动机。在以粗大运动任务为训练目的的障碍训练中可以让一个学生跳蹦床，让另一个学生翻越支撑垫。

亲近学生

在团体环境中亲近学生仍然很重要。当您要求每个学生做出反应时，保证您接近学生并让他清楚您期望他给予反应。

有趣并且吸引人

您越是享受这个过程，您的学生也越喜欢和您玩耍且越听您的话。当您需要学生做出反应时，您可以对每个学生变化声音和动作。傻傻的表现或者表现出惊讶，这会让学生觉得他们自己的反应有趣，以此来让其他学生持续关注活动并能从中学习。

自然

进行团体教学时要使用自然的声调，并避免重复叫学生的名字或者要求其集中注意力。

在教学活动中对学生集中注意力的要求宽容一些

为了减少您和学生的挫折感，在开始团体活动时可以仅仅期望其保持短时间的注意力。每个学生不需要在整个团体活动过程中一直保持注意力。也许其中一个学生在不直接要求其给予反应的情况下很难集中注意力。轮到他完成学习任务时，送他到桌前，在他完成任务后满足他离开课桌的要求。接着在他能够更长时间地集中注意力时增加他和学生团体共处的时间。就像在个体干预中一样，随着学生注意力集中时间的增加，您同样可以提高对他的期望。

团体指导

选择能够激发动机的活动

在一个大团体中选择能够激发动机的活动是具有挑战性的，因为所选的活动要能够激发所有学生的动机。允许轮流和提供操作机会将有助于保持学生的参与度。例如，在读一本书时让学生选择书中有代表性的人物，或者让学生演出书中的故事情节，都能够极大地调动学生的积极性。可以在为粗大动作任务设计的跨越障碍训练结束前让学生玩蹦床来鼓励学生完成其他的任务。观察您班级成员和他们喜欢的东西的类型，试着将这些东西融入学生感觉到困难的课程中。教室主题同样有助于激发学生的兴趣（详见第六章"在以学校为基础的标准下使用关键反应教学法"部分）。

 选择您班级团体中所有学生都感兴趣的材料可以提高学生的注意力。比较学生们偏好评估（详见第六章）的结果来找到能够激发共同兴趣的材料。

亲近学生

当您在带领一个大团体时，您要位于学生的面前或者将他们安排在都能清楚看到您的位置。将最难集中注意力的学生安排在最接近您的位置或者安排辅助人员来帮助他们集中注意力。

有趣并且吸引人

在面对一个大团体时保持有趣并且有吸引力对于帮助保持所有学生的注意力尤其重要。持续保持幽默、可笑以及有创造力，再观察学生对于您表现的反应。使用动作、音乐和精彩的动画能够保持团体的注意力。记得将您的反应建立在学生的基础上——有的学生可能不需要那么活泼，就能保持安静和投入。尝试鼓励他们重复单词、模仿手部动作以及给其他人递材料来使他们积极地参与活动。

建立结构化环境

使用环境支持能够帮助团体更加自然地参与活动。例如，方块地毯或者椅子可以帮助学生了解他们应该在什么地方。您还可以减少走廊或者其他教室空间对学生注意力的干扰。

在教学活动中对学生集中注意力的要求宽容一些

再次强调，学生可能需要从在大团体活动中仅参与一小会儿开始进行训练。人数较多的团体活动对于一些学生而言压力很大。重要的是不要允许他们离开不喜欢的团体活动来强化学生的不良行为。取而代之，您应该为不能保持足够注意力的学生提供一个请求离开活动的方式，或者允许学生在较难的行为发生前离开。这样可以在保持学生注意力并鼓励良好行为的同时，增加您期望学生待在团体中的时间。

组成要素二：清晰且恰当的指令

清晰且恰当的指令易于学生理解，并且它处于或者略高于学生的发展水平。

因为对于不同学生而言"清晰且恰当的指令"是不同的，您需要根据团体中每个学生不同的需要来改变线索或者指令（关于如何使指令匹配每个学生的发展水平，请查看第三章中"组成要素二：清晰且恰当的指令"）。

在团体中以学生个体为目标

指令要连贯

当您的教学对象是学生团体时，干扰和分心更容易发生。因此，您需要特别注意持续性地关注每个学生。有一些保证学生在团体活动中不被干扰的有用策略。其中之一是使用一个提供指导的模式，这样一来学生便可以预期什么时候轮到自己。例如，如果每个学生被要求用同样的节奏数一种自己喜欢的物品的数量，他们会较容易地预期自己何时应该如何给出反应。同样，其他学生会在轮到他们时对观察和做同样的事情而感兴趣。另一个策略是安排一项全部学生都能参与并持续一段时间的活动，在这期间您可以在团体中来回给予指导。例如，让每个学生命名颜色和形状，并且描、画或者给形状着色（取决于学生的技能水平），然后继续对下一个学生提出同样的要求。

避免您所能感受得到的干扰同样重要。如果您专注于朱莉安娜的反应，皮特在一旁坐立不安，这时最佳的做法是仅仅专注于朱莉安娜的反应而不是去责备皮特，这样做可以避免反复而又无法提供清晰后果的责备和指示。皮特可以因为注意力集中以及在活动中的其他时间安静地坐着而得到奖励。当然，干扰也会发生。当它发生时，如果您可以继续，再次提供指导或者机会便可。

清晰且合理的期望

继续对每个学生进行清楚的指导。例如在点心时间，一些学生可以使用完整的句子来要求一块饼干（"苏，把饼干递给我"）；其他学生可能使用一个手势或者图片来要求饼干。在数学教学时间，一个学生需要完成一个加法问题，而另一个学生可能仅仅需要认识数字。

即使当您在团体环境中工作时，也能够对教学进行调整从而使其适应于学生们不同的技能水平。

同样，当您在进行游戏技能的教学时，同样的玩偶可以适用于不同技能水平的学生。例如，当学生在玩火车组合玩具时，唐娜可以假装修理火车上一个坏掉的车轮，清洗它，将它放在轨道上，或者让洋娃娃开着它去商场。当火车来到商场时，可以要求米凯拉将火车沿着轨道开回，而不需要用洋娃娃假装成司机。杰奎琳可能会将火车车厢放入一个唐娜假设为车库的盒子里。在互动中学生可以学着轮流模拟不同水平的但对于每个学生而言适当的游戏方式。

 请参阅第三章的表 3.3 以了解语言和游戏技能的等级排序。

团体指导

指令要连贯

当您向一个人数较多的学生团体提供机会时，对注意力的打断和干扰可能来自团体内的个别学生。您需要准备好在获得团体的注意力前进行指导。就是说，您不想学生在活动开始前等待一段较长的时间。如果某个学生具有破坏性行为，较有利的做法是继续完成和团体中其他学生的互动，然后对表现出很好反应的学生进行适当的强化，再单独地处理有破坏性行为学生的事务。如果可能的话，当您继续开展团体工作时忽略有破坏性行为的学生，或者让一个教学助手来帮助您。这样会减少有破坏性行为学生因不适当行为而受到关注的机会，保证对于团体中的大多数学生的指导不被打断，并且对有适当行为的其他学生进行奖励。如果干扰来自于团体以外（如电话铃或者家长），要尽可能在离开团体前先完成互动。

清晰且合理的期望

即便是在一个大团体环境中，指导也可以适用于不同技能水平的学生。例如，要求学生围绕最喜欢的电影写一段话。您可以首先使用言语指导要求那些有较好语言技能的学生写一段关于电影的文字。对于其他一些学生，您可以提供班内流行电影的图片作为例子，并提出一些关于这些电影的问题。而其他学生只需要选择一幅喜欢的电影的图片并抄写电影的名称。在圆圈时间，您可以问学生团体一个问题（例如，"今天是星期几？"）并对给出适当回答的学生进行反馈，或者在有必要的情况下让更多学生回答。针对理解语言有困难的学生，下一个问题会更简单，"今天是……"（并指向"星期一"这个词）。

通过不同方式提供指导很有必要，例如在团体指导时同时使用听觉和视觉线索。

同样，当您以游戏和社交技能为教学内容时，团体活动也可以适用于不同水平的学生。例如，如果班级要玩足球的游戏，有的学生（能够充分理解这项游戏的学生）会被安排在特定的位置上。其他学生需要和一个同伴一起玩，或者被安排一份特别的任务，例如掷边线球或者在一个特定的位置踢球。有的学生可能需要轮流玩一个玩偶，与此同时其他人可以学着买卖玩偶。学生同样可以以一种合作的方式玩玩偶，例如一个学生将玩具车"开"去加油站，而另一个学生为车"加油"。

组成要素三：难易结合的任务（保持性任务/习得性任务）

提供难易结合的任务来增加学生的动机。

无论是对学生个体还是团体，都应该结合使用容易和困难的任务而不是持续地增加任务难度。

在团体中以学生个体作为目标

组成要素三在个别教学和团体教学中的使用方法类似。我们需要提供给学生对他们来说简单的任务（保持性任务）和更加困难的任务（习得性任务）。如果一个学生在团体中工作有困难，增加保持性任务将有助于保持其动机。团体环境为学生提供了较好的模仿其他同学的机会，对于一个学生来说困难的任务可能对于其他学生是简单的。在具体任务中具有较高水平的学生可以在该任务期间作为团体带领人。例如，在点心时间，贝蒂可能需要在她第一次提出要求时问："斯奈德先生，我可以要一块饼干吗？"（习得性任务），在第二次时说："请再给我些。"（保持性任务）。另一个学生吉莉安，则受益于贝蒂的示范。对于吉莉安，老师要求她交替使用"请再给我些"（习得性任务）以及"饼干"（保持性任务）来表达获得点心的请求。

团体指导

保持性和习得性任务对于教室里每一个学生而言都是不同的，这使得在人数较多的学生团体中使用这一策略具有挑战性。然而，对于学生团体这个整体，指导可以更简单也可以更难，以提高动机和团体活动的自发性。例如，如果团体任务是玩"西蒙说"的游戏，一些指导需要包括语言、其他手势或者图片。可以要求学生团体完成一次合作任务，例如用积木搭出点什么，您可以让学生搭出较容易或者较难的结构。这为团体内的每一个学生都提供了成功的机会，同时也鼓励了他们学习新技能。具有更高技能的学生可以帮助需要协助的学生，这也增进了每个人的社交技能和胜任感。

组成要素四：分享控制权（学生选择/轮流）

在学生的引导下分享控制，提供活动和材料的选择，并与学生进行轮流活动。

在团体环境中进行分享控制可能是微妙的。但可以用创造性的方法来帮助学生享受控制，以此增加他们参加团体活动的动机。

保证安全性和适当性

就像在个人训练中一样,安全是第一位的。此外,在您允许学生做选择时要考虑所有学生的需要。这个关键反应教学法组成要素并不适用于所有的团体课程和情境。

在团体中以学生个体作为目标

加入学生喜欢的材料

当您在团体中以学生个体为目标时加入学生喜欢的材料也是相对容易的,然而这需要做一些准备。在点心时间,这意味着有几种食物和饮料的选择;在训练使用剪刀的技巧时,您可以根据学生的兴趣提供不同的图片和形状给他们剪。在其他时间,学生可以在活动范围内选择具体的事物——例如,用他们喜欢的颜色的铅笔,数他们喜欢的物品,发出他们喜欢的动物的声音,讨论他们喜欢的图片。记住,如果一个学生对于具体的物品或者材料持续感兴趣,您常常可以使用这些材料鼓励他们做出更复杂的行为。

在团体中加入每个学生喜欢的材料。

跟随学生的引领

当您的工作对象超过一个学生时,允许学生来帮助决定什么时候从一项活动转向下一项活动似乎更加具有挑战性,因为每个学生停留于一项活动的愿望是不同的。同样,这也是一个鼓励学生说"我已经做完了"或者教一个学生说"等一会儿"的交流机会。在有可能的情况下,您需要允许学生离开团体活动(如果增加学生在团体中的时间是您的目标之一,这可以发生在他成功完成一项任务之后)来满足他的要求,或者为这个学生提供一个其他的活动或者该活动内的其他选择。例如,想象学生团体正学着认识单词,每个学生选择了一幅喜欢的图片来匹配常用单词。皮佩不想再匹配图片和单词了。首先,为她提供不同图片的选择(也许包含一些更简单的单词来帮助她获得成功)。如果皮佩不感兴趣,就让她收集团体中其他同学的图片作为她的一项替代活动以休息一小会儿。让她成功地完成词语

"火车"和火车图片的匹配为她提供了更加清晰的强化。最终，如果您不能在这项活动中保持她的兴趣，提供两个替代活动供其选择（例如，玩电脑上的单词识别软件，或者和助教一起读书识字）。再一次强调，让学生学会坚持完成活动需要花一定的时间。

纳入"轮流"这一步骤

在学生间安排轮流可以增加对适当行为的示范、保持学生注意力以及在轮到某个学生时为其提供更多选择他们喜爱事物的机会。例如，当学习拼图时，每个学生可以有机会将他们最喜欢的一块拼图拼入。学生甚至可以帮助其他学生想出特定的拼图片应该放在哪里。或者一个学生可以拿着很多拼图片，其他学生需要向她要自己需要的拼图。在烹饪活动中，学生可以轮流完成称重和冲洗工作。您可以在团体活动中很好地使用轮流安排来示范适当的或者更加高级的行为和语言。

团体指导

加入学生喜欢的材料

当整个团体需要参与到同一活动中时，如果可能的话要允许学生进行个别选择，但这会变得很有挑战性。对于许多课程来说，让学生团体选择活动或者活动中的某些部分是有可能的。例如，团体可以在圆圈时间选择故事或者歌曲。可以合作完成，也可以学生轮流选择。您可能发现像烹饪、最新的电影或者宇宙飞船等特定的活动或者话题是班里大多数学生所喜欢的，这些主题便可在之后的团体活动中使用。如果您不能够将学生的选择合并到特定活动中，您需要考虑对于该项活动关键反应教学法是否是一项适当的策略。

跟随学生的引领

上面列举的策略总有一些可以在某一个学生想要改变活动时使用。然而，如果学生团体开始出现对这项活动失去兴趣并且许多学生不再集中注意力，那便是做出更大范围改变的时候。这可以通过改变活动实施的方式、增加活动性、允许学生选择活动的一些方面，或者开始一些新内容来实现。能够预期改变的需要是重要的，这使得团体不会因不适当的行为而获得奖励。保证整个团体能够作为一个整体恰当地要求改变。这可以通过观察学生而轻易做到；然而，您也可以教学生发出要求改变的信号（在之前教授过），例如举起一张卡片。如果一个学生要求改变，可以让所有学生通过使用手势进行投票来决定是否做出改变。这允许学生在上课的同时要求做出改变。

纳入"轮流"这一步骤

> 您可以参加团体活动来为学生团体示范适当的行为。

无论是创作一件艺术作品还是吃点心或完成数学作业，教师参与轮流活动能为学生提供适当行为的示范。此外，人数众多的活动可以提供更多合作的机会而不是进行传统的轮流安排。例如，整个团体可能需要遵循指示来玩降落伞的游戏（即儿童围成一圈，一起举起一个大块的用降落伞布制成的圆形彩布）。团体成员可以共同合作，用彩布接住弹起的球或在彩布下挖一条通道好让自己通过。学生可以选择先摇晃降落伞还是先从隧道中通过，接着再进行轮换。同样，由一个学生或者助教带领的小分组也可以进行轮换活动。例如，每个小分组可以代表一种动物，并轮流发出他们扮演的动物的声音和做出动作，或者轮流观察其他同学这样做。通过轮流一个团队可以完成数学问题或者演出一个故事情节。

组成要素五：多重线索（扩大注意力）

使用材料和概念的多个例子来确保学生更全面地理解教学内容。

团体活动提供了一个使用多种教学材料和概念的绝佳机会，因为您不会对每个学生使用相同的物品组合。尽管需要做一些计划安排，对选择过度的学生使用的多重线索（例如，条件型区辨）策略也适用于团体指导。

在团体中以学生个体作为目标

使用多重示范

您可以很容易地将某一材料和概念的不同的例子加入团体活动中。有的变化早已自然地融入您在教室中所使用的材料中。例如，如果您让一个学生在美术活动的过程中使用剪刀，您可能会有许多把看起来不完全一样的剪刀。通过每次给学生一把不同的剪刀，拓宽她对于剪刀作为一个用来剪东西（所有剪刀都有的特征）的工具这一概念的理解，而不是仅关注剪刀某些无关特征（如把手的颜色、大小）。此处，可以使用同样的材料来教授多重概念，让学生学习对适当的要素做出反应。如果在一个小团体中学生在玩积木，您可以让一个学生数积木的块数，之后再让她按颜色把积木分类。这样，在保证学生能够对这些不同的要素做出反应的情况下，您使用同样的一组材料教授了数数、颜色和分类。

加入条件型区辨

您可以采用对学生个体所使用的相同方式对小团体中的每个学生使用多重线索。在小团体中，常常有的学生已经准备好学习多重线索，而有的学生还没有准备好（例如，有的学生的发展年龄低于36个月）。对于那些已经准备好的学生，您可以提出一项与整个团体活动相关的任务，要求他们对多重线索进行反应。例如，如果您在一次艺术活动中面向小团体开展工作，可以要求一个学生在有红色、蓝色和绿色以及大小不同的纸片中选择一个红色的大号纸片递给同伴。当学生在圆圈时间学习认识天气时，学生可以简单地选择一个雨滴表示雨天。更高水平的学生可能需要认识天气和数量之间的关系。例如，一个雨滴表示小雨，一堆雨滴表示大雨；一片云的图案表示天空中的一片云，而很多云的图案表示天空中有许多云。您还可以给出指令要求学生在多重线索的基础上做出反应。在读一个正在给自己穿衣的男孩的故事时，要求纳吉指出一个穿蓝色衬衫的同伴。因为有不同颜色的上衣、裤子、袜子和鞋子，纳吉的选择必须建立在对颜色和衣物的认识上。

团体指导

使用多重示范

在团体中针对同一活动或者概念给每个学生提供略微不同的材料是将多种例子加入团体活动中的不错的方式。例如，在学习识别美国地图上不同州时可以给团体中的每个学生提供略微不同的地图。为学生提供不同的材料还可以创造锻炼社交技能的实践机会，因为他们将和其他人分享自己的材料的不同之处。另一个拓宽注意力的选择可以是针对材料的多种特征提出不同的问题。例如，您可以问一个学生她喜欢什么颜色的纸，问另一个学生他喜欢大纸还是小纸。

加入条件型区辨

进行团体教学时，当大多数学生都发展到了能够接受多重线索这一教学水平时，使用这一策略是最为合适的。可以交替使用游戏和活动来提供包含多重组成要素的指导。例如，可以使用一项"音乐形状"的游戏，要求学生在音乐停止时站在蓝色方块上（不是蓝色圆圈或者红色方块）。当要求学生在纸片上写上自己的名字时，可以让他们从桌上的许多颜色的蜡笔和铅笔之中选择绿色的铅笔。

组成要素六：直接强化

提供自然的或与活动和行为直接相关的强化。

在团体中以学生个体为目标

在学校的一天中，您有很多机会为学生的行为提供直接的或者自然的强化。例如，一个学生想从柜子里拿几把剪刀，想去休息室，或者玩一个放在高柜子上的玩偶。这些都是为适当地使用语言提供直接强化的机会。对于学业任务而言找到直接的强化物更为复杂。在任务中加入学生喜欢的事物将会有所帮助。例如，学习数火车可以获得玩火车的机会。抄写一部喜欢的电影名称可以奖励他与同学讨论这部电影。在说出数字后将日期放在日历上对于一些学生也是一种奖励。

团体指导

与跟随团体的引导和提供选择所面临的困难一样，找到能激发整个团体动机的直接强化物需要一些思考。例如，如果您的学生喜欢运动，您想教关于数数的内容，全班学生可以数一个学生跳绳的个数，然后奖励所有参与了数数的学生跳相同的数量。如果班级成员选择了一个包含他们喜欢的角色或者主题的故事，如果他们在您讲故事的时候认真听了，就要奖励他们。

☀ 思考您的学生喜欢什么，以及您怎么使用这些活动来奖励您希望他们学到的技能。

组成要素七：依联的后果（及时且适当）

根据学生的反应，立即给出后果。

无论是个别指导还是团体教学，您的反应应该是根据学生行为而定的。在活动开始前要让学生个体或者学生团体清楚地知道潜在的奖励。

在团体中以学生个体为目标

当团体中的一名学生做出正确的反应或者合理的尝试时，您应该为她提供奖励。反之您可以让她再尝试一次或者保留奖励。如果团体中另一名学生（并不是您正直接面对的）做出了适当的反应（例如主动要求一支新蜡笔），这个学生也可以得到奖励。同样，不应该奖励不适当的行为，即使这也是集中注意力的表现。

如果您因为您正在处理另一个学生的事情而无法立即提供奖励，您应该表明您知道了并在您可以的时候立即去完成。

团体指导

当整个团体都做出了恰当的行为时，需要向整个学生团体提供迅速并且清晰的强化，就像对学生个体那样。例如，如果每个人都参与到了拼字比赛中，他们可以观看一个电影中拼字比赛的节选片段。如果整个团体没有全部做出正确反应或者做出不适当的行为，就不能给予奖励，并且要求他们再次尝试。如果只有几个学生做出了正确的反应，就奖励这些做得好的学生。接着再给整个团体一次尝试的机会或者提供一项新的奖励。那些因为适当的行为受到强化的学生为其他学生提供了一个很好的示范。如果一个学生有特殊的困难，就需要有额外的辅助或者支持来增加她在团体中取得成功的机会。

组成要素八：强化尝试

奖励好的尝试来鼓励学生继续尝试。

在团体中以学生个体为目标

如果您希望团体中每个学生给出一个特定的反应，要奖励合理并以正确反应为目标的尝试。例如，一个学生正学着写字母并尝试写出字母 A，但比较潦草，您依然要奖励他的努力，并帮助他进行下面几次更接近正确反应的尝试。当然，对于这个学生而言好的尝试（一个潦草的 A），对于已经可以很好地书写字母并开始尝试书写单词的其他学生而言便算不上一次好的尝试了。在学生团体中，当他们的技能处于不同水平时，可以为不同学生的不同行为提供奖励。

> 记住尝试是和目标技能有同样的功能但并不像正确反应那样是准确或者清晰的行为。

团体指导

当整个团体都在尝试做出适当的反应时，一些学生可能可以非常好地进行反应（例如，在一首歌曲中模仿手部动作），而另一些学生表现可能没有那么好（例如，仅能跟着做出一半的动作）。如果学生很努力地尝试，他们可以获得和团体其他成员一样的奖励（如站在您面前领唱这首歌曲）。如果学生团体在进行一项合作性的活动，例如制作班级展示的标语，学生在努力尝试后仍然需要一些帮助来把字写清楚，您应该在他们共同努力推进任务的时候强化每一个成功的小步骤，并告诉他们"努力得不错"来奖励他们的好的尝试。

本章小结

关键反应教学法的组成要素可以适用于团体活动，应用行为分析的理论基础同样有效。当您面对多个学生时，需要有一些附加的安排来使关键反应教学法的组成要素适用于活动。继续使用动机激发策略，例如允许学生作为一个团体选择活动，或者调整活动来提供活动中的多个选择。在团体环境中，集中注意力对于一些学生是有困难的，因此可以允许学生逐渐建立起自己对于团体活动的忍受性或者求助于另一个成人来协助您对个别学生提供专门且清楚的指导，以此来调整您的期望。根据团体中不同学生的需要，改变您对不同学生技能水平的期望，同时让技能水平不同的学生相互成为榜样。如果可以的话，您在学生间安排轮流活动。观察班级中大多数学生可以获得乐趣并愿意参与的活动，并在不同的课程中运用这些材料或者活动。即便不是每一个学生都完成了任务，也要奖励全部学生为了实现共同的目标所进行的合作。关键反应教学法的众多好处之一是在学生团体中激发全体学生的学习动机，这将有助于学生集中注意力并且更好地参与到活动中。

第五章 使用关键反应教学法实现个别化教育目标

本章综述

关键反应教学法可用于实现个别化教育计划（IEP）以及课程领域的一些目标和标准。教师可将关键反应教学法纳入现有教学目标中，也能根据关键反应教学法制订新的教学目标。使用关键反应教学法可能会对教学目标较为相似的学生有很大的帮助。关键反应教学法可用于教授沟通、客体游戏、社交互动和学业等技能。

以下各部分的主要内容有：

使用关键反应教学法实现个别化教育计划和课程目标
  编写个别化教育计划的目标
  实现个别化教育计划的目标和课程领域目标
沟通技能
  从哪儿开始教
  何时教
  如何推进
客体游戏技能
  从哪儿开始教
  何时教
  如何推进
社交互动技能
  从哪儿开始教
  何时教
  如何推进
学业技能
  从哪儿开始教

> 何时教
> 如何推进

既然您已理解关键反应教学法的步骤，也知晓如何对学生个体和团体实施这些步骤，那么该是考虑使用关键反应教学法教授一些具体技能的时候了。关键反应教学法可用来教授各种各样的技能。本章关注使用关键反应教学法教授不同技能的实践层面。

关于这些策略在教授每个课程领域方面有效性的研究证据，请参阅第九章。

使用关键反应教学法实现个别化教育计划和课程目标

个别化教育计划（IEP）的制订是为了满足有障碍学生的特殊教育需要，这也是美国 2004 年《残疾人教育促进法案》的规定。虽然个别化教育计划目标的编写有一些基本准则，但由于编写目标的方式不同，个别化教育计划之间也存在差异。您可能会发现班上的每个学生有着不同的学习目标，而这些学习目标需要在个别化教育计划中呈现，并以不同方式实施和测量。这些因素使您的工作变得复杂而困难！

除了实现个别化教育计划的目标之外，学生还需要在课堂中学习基于标准的课程。我们提供了一些课堂关键反应训练的范例，使孤独症学生学会沟通、客体游戏、社交互动和学业等技能。

编写个别化教育计划的目标

随着您对关键反应教学法的使用越来越得心应手，当您为学生的进一步学习制订个别化教育目标时需要考虑这些策略。

- 为最终实现泛化编写目标。训练的最终目标是学生将习得的技能应用于不同的情境和人群中。关键反应教学法主要用于自然的学习环境，并利用学生所处的环境中的自然线索。例如，若学生的需求包含在对"是—否问题"进行恰当反应这一目标里，那么这对学生来说就是一项存在自然强化物的功能性技能，你可以想想能够使这一技能发挥功能的人。相较于回答询问事实的"是—否问题"（如"那是斑马吗？"或"凯文穿的是蓝色的衬衫吗？"），回答可以表明需求的"是—否问题"是对这一技能更为自然的使用（如"你需要去卫生间吗？"或"你想玩吗？"）。这将会促进技能的泛化，然后学生便可以在家和社区里使用这项新技能了。

• 为学生能够自发、独立地使用技能而编写目标。关键反应教学法的目标之一就是所有学生能够自发、独立地使用习得的技能。最初，为学生学习新技能提供支持是有益的，也是必需的。然而，将自发、独立地使用技能包含在目标中也是十分重要的。这是学生能够在教室之外独自、功能性地使用技能的最好证明。例如，您可能希望通过让学生使用一个形容词和名词来提高他们发出的请求和做出的评价的复杂程度（如"一只大狗""公主贴纸"）。编写目标需要关注学生对视线范围内物体的独立反应。您应该将学生学会自发要某个物品以及描述环境中的物体作为最终目标，而不是以回答"你想要什么"或"你看到了什么"等问题为最终目标。

• 为教学活动能够取得较好的课堂效果而编写目标。对于关键反应教学法何时能最好地融入日常课堂活动，您可能已经有自己的想法和思考。为学生制订具体的目标时，请牢记这一点。如果一个学生需要学习与同伴互动，并且您在点心时间和户外游戏时间也在帮助他和正常发展的同伴一起玩，那么您就要制订在这些活动中需要实现的目标。例如，在点心时间您可以教学生独立地请求同伴给予更多果汁，以及对索要更多葡萄干的同伴给予回应。如果您每周都会与学生一起完成烹饪活动，那么您可以用一种更自然的方式教学生分数的减法运算。如果您打算提问，"根据这个食谱，我们需要 1/2 杯面粉，我刚加入 1/4 杯面粉，我还需要加多少？"您所制订的目标可以是："迈克尔在学校的一天时间内能够演示分数的基本加法和减法运算，并且准确率在 80% 以上。"

实现个别化教育计划的目标以及课程领域目标

多个学生不同技能水平的教学目标可通过关键反应教学法加以实现。关键反应教学法能够并且应该在学校的艺术课、圆圈时间、用餐时间、识字课、数学课以及其他教师主导的活动中全天使用。表 5.1、5.2 和 5.3 展示了三组学生的资料和相应的目标。把这些学生的资料和目标作为您班级学生的一个样本。和这些表格一起呈现的大纲能够告诉您如何将所有学生的目标整合到小组活动中（首先浏览整个图表，然后再看大纲）。对于每一个例子，我们都假设学生有孤独症的教育诊断，并且事先确定了强化活动和强化物。这些学生分为不同的年龄组：学前（表 5.1）、幼儿园至一年级（表 5.2），以及二年级至三年级（表 5.3）。

学前：米歇尔、布赖恩和卡里拉（表 5.1）

在圆圈时间使用关键反应教学法

活动：圆圈时间

材料：动物玩具、印有学生姓名的卡片、带有学生照片的袖珍图表、带颜色的书和相应的物品

"你好歌"：教师首先唱"你好歌"，歌里含有一些动物的叫声。她轮流唱出每个句子的第一部分，然后停顿一下让学生填唱动物的叫声（对米歇尔和布赖恩来说是习得性技能，对卡里拉来说是保持性技能）。当他们都成功地完成了任务，教师就会让他们玩动物玩具，让动物玩具发出叫声（直接强化物）。

卡里拉：然后教师要求卡里拉单独唱最后一行（习得性技能；目标1）。卡里拉唱："……我说你好！"教师欢呼："你刚才唱得太好了！"并且允许卡里拉选择下一首歌。

考勤表：教师拿起带有学生照片的袖珍图表和他们的姓名卡片，并说道："我有一些图片。"

布赖恩：布赖恩举手。教师说："布赖恩，你想要什么？"他回应道："轮到我了。"（目标1）教师为奖励布赖恩这一保持性技能，让他选出自己的姓名卡片贴到图表上他的照片旁边。

米歇尔：等布赖恩回到座位上以后，教师便问米歇尔："你想要继续做吗？"米歇尔不回答。教师试图获得米歇尔的注意，再次提问。米歇尔拍拍自己胸脯，回应教师她想要轮流。教师示范发音"Turn"（轮流），米歇尔说

表 5.1 情境 1：学前

该表展示的是学前班里三个学生的资料和相应目标。

学生资料	个别化教育计划目标或课程领域目标
米歇尔是一个 3 岁的女孩，在全日制幼儿园特殊班上课。她目前无语言，但能够用图片交换想要的物品，也试图模仿一个单词的发音。她可以指着物品索要，也能在没有图片的情况下使用一些声音或这个单词的近似单词来帮助获得物品。米歇尔喜欢音乐，尤其喜欢圆圈时间的数字歌，这也是一天之中米歇尔最喜欢的活动。她喜欢看时钟和数字，并且刚开始尝试学习计数。她只能指着数字机械地计数。她能与同伴一起等待、轮流，最多能在座位上坐 15 分钟，喜欢选择圆圈时间。目前米歇尔在学习颜色和形状。	1. 在 5 天中的 4 天里，米歇尔要能通过语言、手势或图片交换表达她想要在活动中轮流的要求，正确率达到 80%。 2. 在连续测量的 4 天里，米歇尔有 5 次能使用一个近似的单词要求物品、食物和玩耍的机会。 3. 当给予数数的机会时（在教室或操场），在 5 次机会中米歇尔有 4 次能用近似的单词独立数到 5。 4. 10 次机会中，米歇尔有 8 次能独立分类、配对、指着命名颜色和形状。
布赖恩是一个快 4 岁的男孩，他的语言技能正在快速发展。他能使用很多的单个单词表达要求和需要，但很难使用两个单词表达。他大多时候需要视觉辅助才能用言语表达。他与 6 个同伴在全日制特殊班就读。布赖恩喜欢汽车和卡车，如果将汽车或卡车给他，他能玩一天。他喜欢拼图、绘画、玩培乐多彩泥。当他知道了颜色和形状的名称后，会一直重复说这个颜色或形状。他能机械地数到 10，但不理解数量的意义。布赖恩喜欢独自玩，如果有同伴试图加入他的游戏，布赖恩会有攻击性行为。	1. 在学校的 5 天时间中，布赖恩有 4 天至少 10 次能自发使用单个单词或两个单词要求物品、玩具或活动。 2. 在 5 天中的 4 天里，当成人要求时，布赖恩能够独立命名 10 种颜色和 5 种形状，正确率达到 100%。 3. 在给予适当物品（最多 5 个）的 10 次机会中，布赖恩有 8 次能使用正确的数字表明得到物品的数量。 4. 3 天以上每天至少有 10 分钟布赖恩不反对并且能允许同伴在他旁边一起玩，与这个同伴分享物品或玩具（成人在附近提供和创造参与的机会）。
卡里拉是一个 5 岁的女孩，一周有 4 天在全日制幼儿园特殊班就读。她掌握很多前学业技能和较大的单词量；她也能独立使用单个单词或两个单词表达要求。卡里拉试图在音乐课和圆圈时间中跟唱歌曲，但她跟唱时经常随便使用目前知道的单词，而非准确的歌词。她喜欢花，会一整天都要求欣赏花。她经常把自己的仿真花送给其他学生一朵。她开始"闻"花或"浇"花，但还没有把步骤连起来做，也没有在假扮游戏中使用其他玩具。她能数到 20，也理解数量匹配数字的意义。她喜欢绘画和着色。卡里拉不会使用形容词描述自己想要或看到的物品。卡里拉能在成人的指导下轮流，但不知道如何让其他同伴跟她一起玩。	1. 在 5 天中的 4 天里，卡里拉能在圆圈时间准确唱出 2~4 首熟悉的课堂歌曲的歌词，正确率达到 80%。 2. 5 次机会中，卡里拉有 4 次能独立使用 2 个或 3 个单词的短语即形容词 + 名词，如 "the blue car"（蓝色的汽车），来要求物品或描述她看到的事物，正确率达到 80%。 3. 每天呈现适当的刺激或社交情境 4 次，卡里拉至少有 3 次能发起与其他同伴的互动，并有 2 次交流以维持互动。 4. 在 5 天中的 4 天里，卡里拉有 80% 的机会自发参与只有 2 个步骤的象征性游戏，并使用喜欢的材料。

"urn"（习得性技能；目标1和目标2）。教师给米歇尔姓名卡片，及时强化她的尝试。

故事：然后教师拿出一本带颜色的书和相应颜色的物品，将这些物品摆在地板上。她一边摆一边命名物品：一个红色的软球、一个蓝色的发光玩具、一个紫色的毛绒玩偶和一个绿色的塑料蜥蜴。她每翻开书的一页，就唱"（物品名称）是（颜色）……"

米歇尔：教师让米歇尔挑出与红色书页的颜色相同的玩具（目标4）。教师拿出两个不同的物品，米歇尔从中选出红色的球并把它放在红色书页上。教师说："对，这就是红色。"然后将红色软球作为强化物递给米歇尔。

布赖恩：然后教师询问谁还想要继续玩。布赖恩说："轮到我了。"教师示范这个短语的发音让布赖恩重复"轮到我了"。当布赖恩仿说完，教师才让他配对颜色。之后，教师指着下一页（蓝色）问布赖恩："这是什么颜色？"布赖恩回答道："蓝色。"（目标2）教师就把一个蓝色的发光玩具作为强化物递给布赖恩。现在轮到教师配对一种新的、学生没有学习过的颜色了。教师说："看，我把棕色的小熊贴纸贴在棕色的书页上了。"

卡里拉：当教师配对时，卡里拉试图抢书。当卡里拉坐好，教师才重新看向她，问道："你想要什么颜色？"卡里拉回应："紫色。"教师把紫色的毛绒玩偶作为卡里拉的强化物递给她，奖励她的尝试。然后教师翻到下一页，对卡里拉说："你想要什么颜色？请读出整句话。"卡里拉说："我想要绿色的那个。"（目标2）教师表扬了卡里拉，并给她一个绿色的蜥蜴作为强化物。当卡里拉玩了一会儿之后，教师收回所有的玩具，并评估学生的动机，"谁还想玩颜色配对游戏？"

在艺术时间使用关键反应教学法

活动：艺术时间
材料：不同形状的彩色贴纸、画在白纸上的相应形状
从圆圈时间过渡：圆圈时间结束了，请围坐到艺术桌旁边。

卡里拉：教师对卡里拉说："到艺术时间了，跟你的朋友说，一起来到艺术时间。"卡里拉只是看了米歇尔一眼，什么都没说。教师示范说："米歇尔、布赖恩，来艺术时间！"卡里拉说："来艺术时间。"（目标3）教师让卡里拉带领同伴走到艺术桌旁边，并让她挑选座位。

在艺术桌旁：教师让布赖恩坐在卡里拉旁边，这样卡里拉就可以把材料递给布赖恩，布赖恩也可以与卡里拉分享物品（目标4）。教师告诉学生，这一天的活动是配对形状。所有学生都必须用言语向教师要他们需要的彩色形状贴纸，并把贴纸匹配到白纸的相应形状上。所有学生都喜欢贴纸，因此这个活动本身就是一个内置的自然强化物。教师向学生展示白纸上的形状，并命名不同颜色的形状。然后教师又向学生展示贴纸，再向学生命名颜色和形状。她用手中的白纸轮流示范颜色和形状的发音，并介绍这个活动如何进行。

布赖恩：教师递给布赖恩一张白纸，问布赖恩想先要什么颜色的形状。他回答："绿色。"教师问："绿色的什么？"他说："我想要一个绿色的圆形。"（目标1和目标2）教师递给他想要的贴纸。

卡里拉：教师让卡里拉问布赖恩，他正把什么颜色的形状粘贴到白纸上。卡里拉看了看布赖恩，叫了一声布赖恩的名字。教师问："布赖恩，这是什么形状？"卡里拉模仿教师，问布赖恩拿的是什么形状（目标3）。布赖恩跟卡里拉说，它是正方形。教师提示卡里拉说："太棒了，布赖恩！"然后，卡里拉选择想要粘贴在白纸上的形状。

米歇尔：教师要求米歇尔从三个摆放的不同颜色的形状中指出正确的一个（目标4）。米歇尔指出了正确颜色的形状，并把贴纸粘贴到白纸上。

卡里拉：教师让卡里拉告诉米歇尔白纸上的颜色或形状的名称（目标2）。卡里拉正确命名了蓝色的三角形，然后她把得到的蓝色三角形粘贴在自己的白纸上。最后，教师帮助米歇尔举起两个贴纸，卡里拉指着其中一个。教师问她想要哪个。卡里拉回答："我要粘贴黄色的圆形。"（目标2）

活动还在继续，只要贴纸仍然能激发学生的动机，学生就会在教师的帮助下轮流选择带颜色的形状。布赖恩首先对形状贴纸失去兴趣，所以教师给了他喜欢的动物贴纸。然后，教师要求布赖恩命名他粘贴的动物贴纸的形状，而不是要求他命名从教师那里获得的动物贴纸的形状。

注意：如果这对班里的学生来说是一个适合的技能，您同样可以在此活动中轻松地教授对多重线索的区分。

在点心时间使用关键反应教学法

活动：点心时间

材料：杯子、纸巾、苹果汁、盛放彩色金鱼饼干的干净盒子、葡萄干、苹果片和椒盐脆饼

在点心餐桌旁：学生坐在点心餐桌旁，教师则坐在他们对面，学生面前放着一个杯子和一张展开的纸巾。教师首先示范说："好吃，我要吃苹果。"

卡里拉：教师看向卡里拉，等着她说。卡里拉说："吃金鱼饼干。"这是卡里拉自发要求的，因此教师给了她一个金鱼饼干。然后卡里拉又伸手够金鱼饼干，教师问她："你想要什么？"卡里拉回答："绿色。"（保持性技能）教师接着问："你想要绿色的什么？"（习得性技能）卡里拉对教师说："请给我一个绿色的鱼！"（目标2）教师微笑地看着她说："给你绿色的金鱼饼干。"

布赖恩：教师看向布赖恩，问他想要什么。他说："葡萄干。"教师接着问："要多少？"布赖恩说："很多！"然后教师拿出一些葡萄干，一个一个地摆在布赖恩面前，让布赖恩数摆在桌子上的葡萄干。他数道："1，2，3，4，5。"（目标3）教师把这些葡萄干递给他，对他说："5个很多。"

米歇尔：米歇尔伸手够盒子里的椒盐脆饼。教师向她示范"Pretzel"（椒盐脆饼）的发音，米歇尔仿说"Pretz"（目标2）。教师给她一个椒盐脆饼强化她的尝试，然后说："数一数，数对了就给你椒盐脆饼。"教师把三个椒盐脆饼放在米歇尔面前，让她指着椒盐脆饼大声数出来（目标3）。

幼儿园至一年级：若泽、萨拉和达伦（表5.2）

在语言艺术课上使用关键反应教学法

表 5.2　情境 2：幼儿园至一年级

该表展示的是幼儿园至一年级班里三个学生的资料和相应目标。

学生资料	个别化教育计划目标或课程领域目标
若泽是一个 6 岁的男孩，在幼儿园至一年级过渡的全日制特殊班就读。当他要求物品以及发言时，他能说出很多单词、短语，但他从未使用过句子。他能配对大写字母，但不能命名。若泽刚刚学习阅读常用词，处于初级水平。他能数到 20，并在 12～15 次机会中至少有 10 次能做到给予他人物品，准确率达到 80%。若泽需要视觉辅助以促进学习。若泽很难与其他同学互动，在午餐时间和操场上经常是独自一个人。	1. 5 次机会中，若泽有 4 次能做到当大写字母随机排序呈现时进行命名，正确率为 100%。 2. 5 次机会中，若泽在视觉辅助的支持下有 4 次能完成个位数的加法。 3. 一学年之内，在学校的 8 天时间里有 6 天，若泽能在一天内自发使用简单的句子 5 次。 4. 若泽能够加入适合的小组（通过自发地挥手、问好以及要求等一起玩），在学校的 5 天中若泽有 4 天在小组活动和午餐时间与其他学生待在一起，保持 15 分钟。
萨拉上一年级，与若泽在同一个全日制特殊班里。她是一个 7 岁的女孩，能使用含有 5～6 个单词的句子，但有时不能很好地表达自己的意思以使需要得到满足。萨拉知道所有的大小写字母，也知道每个字母如何发音。她这段时间在学习辨认书上简单的单词。她能（用计算机）打出自己的姓名。萨拉能运算个位数的加法。目前她在练习个位数的减法。虽然萨拉有很多朋友，但在班级活动中她还是不能与同伴分享物品。	1. 当各种书面材料呈现在萨拉面前时，5 次机会中有 4 次她能解码 10 个中的 8 个包含辅音—元音—辅音的单词。 2. 在学校的 5 天中，萨拉有 4 天能独立运算个位数的减法，正确率至少为 80%。 3. 在学校的 5 天中有 4 天，萨拉在一项有很多玩具的活动中能自发地与同伴分享至少 5 次。
达伦上一年级。他主要使用手势来交流，有时会错误地使用单个单词。他能使用图片交换沟通系统在成人的辅助下表达需求。达伦能机械地哼唱 ABC 字母歌（发音较为接近），但并不能辨别这些字母。达伦能机械地数到 5（发音较为接近），但还无法识别数字。达伦与同伴一起参与活动，但几乎不与他们互动。他经常独自一人，不理会身边的同伴。	1. 5 次机会中达伦有 4 次能在呈现两套字母时配对大小写字母，正确率为 100%。 2. 5 次机会中达伦有 4 次能根据成人的要求指出 10 以内的数字，正确率达到 100%。 3. 在学校的 5 天中有 4 天，达伦能在一天内没有任何辅助的情况下用单词或图片要求物品或活动至少 20 次。 4. 在教师的帮助下，达伦在 3 天中 70% 的情况下能在结构化游戏中通过轮流和在日常活动中通过分享物品与同伴互动。

活动：字母和单词辨认

材料：字母卡片、人物贴纸、学生使用的写字板和配对板、动物玩具

学生若泽、萨拉和达伦与教师一起坐在小圆桌旁。教师通过向学生展示并命名所有的字母卡片来跟学生一起回顾所有的字母。

若泽：教师向若泽呈现了一个字母卡片。她举起字母"S"卡片问："若泽，这个字母是什么？"若泽看了一眼说："S。"（目标1）教师说："很好！"然后把字母"S"卡片递给若泽，这个卡片上面有超人贴纸（若泽喜欢超人）。

接下来，教师示范更高级的技能。她在白板上写下"all"（所有的）这个单词，将字母"B"卡片放在"all"前面，拼成单词"ball"（球）。

萨拉：萨拉正在看带有"at"的单词，如"bat"（球拍），"cat"（猫）和"hat"（帽子），白板上"at"前面有一个空白区。教师问萨拉，如果字母"B"卡片放在"at"前面能否组成一个单词。萨拉看着白板，把字母"B"放在"at"前面。"萨拉，这个单词怎么读？"萨拉回答道："B——at. Bat！"（习得性技能，目标1）教师说："很好！拼成了bat！"然后教师问萨拉是继续玩，还是将字母"B"卡片分享给达伦。萨拉选择将字母给达伦。（目标3）

达伦：达伦有一个用于与大写字母配对的配对板。他把萨拉给他的字母"B"卡片放在相应的正确字母旁边。（目标1）他得到一个选择动物玩具的奖励机会，但这个动物玩具名称的首字母须与配对字母是一致的。

教师继续按照这种方式上课，让若泽命名字母（给他的奖励是一张嵌入式的贴纸），让萨拉逐一测试它能否与"at"匹配成功（给她的奖励是可以选择下一个活动或选择分享），达伦则将大写字母匹配到自己的配对板上（给他的奖励是一个名称首字母与配对字母相匹配的动物玩具）。教师在整个阶段中根据学生的需要进行示范，并及时给予表扬。

在数学课上使用关键反应教学法

活动：认识数字、加法—减法

材料：数字卡片、加法—减法文件夹模板（三个正方形，中间水平地印着运算

符"+"或"-",以及"=",形似□+□=□或□-□=□）

老师向学生呈现并命名了数字卡片上的数字,允许学生在她读完之后选择是大声或小声地跟读（保持性技能）。她认为"当老师"可以激励班里的所有学生,因此她在数学课上使用这一角色强化学生的行为。

达伦：教师举起两张数字卡片（数字3和5）："达伦,告诉我们这些是什么数字?"（目标2）这两个数字达伦都命名正确,然后教师给他相应的数字卡片："好,达伦现在就是老师了。"教师帮助达伦分发数字卡片,达伦把数字3发给若泽,把数字5发给萨拉。（目标4）接着,教师又举起两个数字（数字1和数字2）,问达伦："哪个是数字2?"达伦拿起数字2的卡片,微笑着递给萨拉。（目标2和目标4）教师想奖励他自发的分享行为,对他说："达伦,你真棒!你选择了正确的数字,还在没人要求的情况下与萨拉分享你的数字卡片。现在你可以选择两个动物玩具。"

萨拉：萨拉的文件夹中前两个盒子之间有一个减号。教师对萨拉说："把数字5拿到这儿（指着第一个盒子）,把数字2拿到这儿（指着第二个盒子）。"教师指着第三个盒子问："答案是?"萨拉说："5减去2等于3。"教师给予表扬："棒极了!现在萨拉是老师了。"在教师的帮助下,萨拉发给若泽数字2的卡片,并告诉若泽来解答这道题。

若泽：若泽无法解开数学题,但他很好地尝试阅读了文件夹里的数字。（目标2）教师表扬了他的努力,允许他用手指轻弹数字卡片。教师说："现在该我了。"然后解答了另一个文件夹里的加法题。

教师继续以这种方式上课,直至下课。

二至三年级：马克斯、帕特里克和乔伊（表5.3）

在社会技能活动中使用关键反应教学法

活动：与同伴做游戏

材料：一些装在桶里的触觉球、围成圆圈的椅子（椅子比学生多）、将彩色的动物图片粘贴在椅背上

表5.3 情境3：二至三年级

该表展示的是二至三年级班里三个学生的资料和相应目标。

学生资料	个别化教育计划目标或课程领域目标
马克斯是一个7岁的男孩，在二至三年级过渡的特殊班就读。他能用完整的句子表达需求，但很难保持目光接触，也很少回答问题或表达意见。马克斯喜欢阅读，虽然他很难与人谈论阅读过的内容或回忆细节，但他的阅读水平远高于年级平均水平。在空闲和休息时间，马克斯经常阅读，而忽视别人想要跟他沟通和一起游戏的邀请。	1. 每天在学校的10种情境中，马克斯至少能在8种情境中用句子对教师或同伴表达意见或回答问题5到10次。 2. 5次机会中马克斯有4次能在言语交流时配合适当的目光接触。 3. 当给定一个符合其年级水平的故事时，5次机会中马克斯有4次能说出故事的两个主要观点。 4. 在学校的5天时间中马克斯有4天能通过加入对话或一起活动来回应同龄人的邀请，并维持至少10分钟。
帕特里克上三年级，与马克斯同在一个班级。他能较好地表达自己的需要和意见，但他经常喃喃自语或语速过快使别人听不清楚，以逃避社交情境。帕特里克的阅读能力处于年级平均水平，正在学习辨别不同的句型。帕特里克很难独立完成任务，并且在完成任务的过程中时常需要监督。虽然他对观察同伴很感兴趣，但他经常离开需要直接与同伴互动的活动。	1. 在学校5天时间的5次机会中，帕特里克有4次能发音清晰且语速适当地说出句子。 2. 在学校的3天时间中，帕特里克能在年级阅读水平测验中准确判断陈述句、感叹句、祈使句和疑问句，每种句型的10个句子，至少有8个判断正确。 3. 在学校的3天时间中，帕特里克在教师的指导下在1分钟内开始工作，然后在仅有视觉辅助的情况下继续工作10分钟。 4. 在学校的5天时间中，帕特里克有4天能与一群学生待在一起，参与互动活动10分钟。
乔伊是一个8岁的女孩，喜欢动物。她只喜欢说动物，对其他主题很难说出扩展句子。她经常会不合时宜地介绍动物，而对他人的非动物主题不予回应，尤其是教师叫她回答问题的时候。她喜欢讲故事，但她讲的故事经常没有任何意义或不合逻辑。当乔伊能主导活动时，她会与同伴互动，但乔伊很难参与有具体规则、需要听从他人指示的结构化游戏。她的阅读能力低于年级平均水平，难以把握故事的细节。	1. 乔伊在80%的情况下能通过挑选、维持、结束教师或同伴选择的对话主题来适当地参与对话。 2. 在学校5天时间的5次机会中乔伊有4次能回答或尝试回答各种主题的开放式问题（与动物无关）。 3. 在学校的3天时间中，乔伊能识别故事的开头、中间和结尾。 4. 在学校的5天时间中，乔伊有4天能在需要合作参与的结构化游戏中遵守规则，并维持至少15分钟。

动物游戏：当学生们走到圆圈旁，每个学生选择一把椅子或一个动物。然后教师宣布，"今天我们要玩一个新的球类游戏！"

乔伊：教师向乔伊展示了桶里的球，问："乔伊，我们应该用哪个球？"（目标2）乔伊说："绿色软球！"教师让乔伊把球拿出来递给她。

教师把球向空中扔了几次以获取学生的注意力。她举起一个小白板，上面写了一些游戏规则，她大声念每一个步骤：

1．抓住球。
2．找到一个朋友。
3．让你的朋友找到一种颜色和动物。
4．等朋友找到正确的椅子。
5．等朋友看着你说："给我球！"
6．选择任何一种方式（从高处或低处扔、滚动球、拍球）把球给朋友。

帕特里克：教师宣布游戏开始，"帕特里克，坐到红色的大象椅子上！"帕特里克坐到红色的狮子椅子上。教师说："帕特里克，你找到了红色的狮子椅子，红色的大象椅子在哪儿？"教师同时指向正确的椅子。帕特里克一坐到正确的椅子上，教师就用期待的眼神看着他，直到帕特里克看着她小声说："给……球。"她把球扔给帕特里克，强化他的沟通尝试。然后帕特里克说："马克斯，黄色的椅子。"但他没有理解游戏规则，而且语速太快。教师慢慢地说："再试试。"帕特里克慢慢地说："马克斯，坐到黄色的青蛙椅子上。"（目标1）

马克斯：马克斯没有理会帕特里克，教师走到马克斯旁边指向帕特里克。帕特里克重复说了一遍，教师接着走到正确的椅子上坐下来。马克斯跟着教师找到了正确的椅子。（目标4）帕特里克等着马克斯向他要球（目标2）。帕特里克把球拍到马克斯那里（直接强化马克斯的下一步动作）。教师看着马克斯说："发生了什么？"马克斯回答："他扔球了。"（目标1）然后轮到马克斯做游戏了。（直接强化）

帕特里克：经过几轮游戏之后，教师问帕特里克是否在下一轮游戏结束后需要休息一下，因为帕特里克在这次活动中都表现很好（目标4）。帕特里克拿到球说："史密斯老师，坐到红色的狮子椅子上！"教师坐到椅子上，说："帕特里克，把球扔给我！"她拿到球，帕特里克则离开活动坐到椅子上休息。

乔伊：教师说："乔伊，坐到橙色的海象椅子上。"乔伊回答："不，我想坐到黄色的青蛙椅子上。"教师提示乔伊坐到正确的椅子上（目标4），说："你可以选择扔一个新球，还能选择坐在哪把椅子上扔。"将其作为完成整个活动的结构化部分的奖励。乔伊选择了一个新球和一把椅子，说："椅子上有一个青蛙，青蛙是两栖动物，而且……"教师说："你想谈论青蛙，但我们都在等着你的球。"乔伊回答："我们正在扔一个蓝色的发光球。"（目标1）然后把球扔给同伴，完成了这一轮游戏。

游戏以这种方式继续进行，每个人轮流玩游戏（包括教师）。对学生的奖励是游戏的一部分，他们可以选择材料、扔球的方式以及提问等，这根据他们的动机而定。

在读书活动中使用关键反应教学法

活动：阅读小故事

材料：一些故事书、与故事有关的玩具

学生坐在阅读桌旁，教师则坐在他们对面。

乔伊：教师问乔伊："我们今天应该读什么书？"然后举起几本书，让乔伊选择（目标2，保持性技能）。乔伊选择了《青蛙和蟾蜍是好朋友》，教师拿出青蛙和蟾蜍弹力玩具。

马克斯：教师问马克斯："谁来读第一页？"马克斯指着帕特里克。（目标1，保持性技能）然后教师说："很好，帕特里克来读第一页。"接着把书递给帕特里克。

帕特里克：帕特里克开始读起来，声音很大但是语速太快，教师用手盖住书，拿出一张写着"慢"字的卡片。然后她把手拿开，让帕特里克继续读（目

标1）。帕特里克由于班里的另一个学生而分心，停止了阅读。教师拿着书在帕特里克视线里晃了晃，充满期待地看着他（目标3）。帕特里克多读了一句，教师让他选择了一个相关的弹性玩具。另一个学生开始大声读起来。在这个学生读完"小青蛙，为什么是那样呢"之后，教师说："等等，帕特里克，告诉我们蟾蜍说的句子是什么句型？"帕特里克回答："疑问句。"（目标2）她对帕特里克说："对！"然后问他是想再读或还是玩弹力玩具。他选择了玩具。

乔伊：然后教师问乔伊："故事开头发生了什么事？"（目标1和目标3）等乔伊回答了问题，教师便让她选择一个学生继续读故事。乔伊选择了马克斯。

马克斯：教师问马克斯："这个故事讲了什么事？"（目标1和目标3）马克斯说"蟾蜍很伤心"，这是正确的却不是故事主要讲述的情节。教师决定强化马克斯这次回答问题的尝试，因为马克斯的目光接触做得很好。她说："青蛙和蟾蜍在学习放风筝。"然后把书递给马克斯让他读，因为马克斯喜欢大声朗读。

活动以这种方式继续进行，每个人（包括这教师）轮流大声朗读。教师为注意力很难集中的学生提供弹力玩具，这使学生能继续进行活动，也能强化学生参与活动。之后当学生更加喜欢这一活动时，这些弹力玩具强化物会慢慢减少。

学生资料和小组活动已经说明如何根据学生的不同能力水平在课堂教学中使用关键反应教学法。既然您已经了解个别化教育计划的目标如何编写，并牢记如何使用关键反应教学法组织课堂活动，那么您就可以开始关注如何使用关键反应教学法培养具体的技能类型。以下四个部分分别讨论沟通、客体游戏、社交互动和学业等技能。

沟通技能

从哪儿开始教

由于本章将讨论所有技能，因此您需要了解每个学生的优势和弱势。当您决定为每个学生制订具体的目标时，发展性评估是一个很好的帮助工具。您可以回顾以前学校心理学教师或言语与语言病理学教师所做的评估，并且要求家长完成沟通检核表。还可以在不同情境下观察学生的沟通技能。训练沟通技能最好基于学生的发展水平，并且在学生愿意学习的情况下开展。这有助于提高学生的动机，减少学生失败的机会。例如，如果一个5岁的学生只有12个月婴儿的沟通水平，那么关键反应教学法的习得性目标就是对高频词汇的声音模仿和早期单词模仿，保持性目标包括咿呀学语和伸手够喜欢的玩具。而如果一个10岁男孩的言语技能为5岁，那么他可能需要学习适当的谈话技巧、如何提问和回答问题以及学习适当的代词用法。

无论何时，谈话的主题和内容都要与年龄相符。例如，一个10岁的男孩可以谈论电子游戏、运动或喜欢的音乐，而不是只玩火车玩具或黏土，即便他认为这些"小孩"玩具依然很有趣。谈话的主题和内容适当，这有助于促进他与同伴之间积极的社会互动。然而为了激发学生的动机，也需要适当的平衡。

何时教

在学校，沟通技能可以被纳入任何活动中。因此在成人的计划和指导下，学生可以一整天都练习沟通技能。将强化物分成更小的、可用的奖励物品，将优先强化物置于高处。甚至当学生不想做某事时，他们也能与教师沟通，会说"对不起，谢谢"、打手势离开桌子或要求换新活动。在一对一教学、小组或团体活动、点心时间里，在操场甚至走廊上也能教学生沟通，总有办法在活动中帮助学生使用沟通技能。请牢记，沟通不仅仅是单词的使用。学生可以使用手势、肢体语言、图片和声音表达他们的需要。

> 学生总是需要一些东西，因此您可以装着听不懂，让学生向您要他们需要的东西。

 更多关于沟通技能发展的信息详见 www.childdevelopmentinfo.com/development/language_development.shtml.

如何推进

一旦学生掌握了具体目标的第一步,你便可以要求稍微难一些的反应。然而,加入一些简单(保持性)任务以确保学生能体会成功感,当学生很努力地完成任务时给予奖励(即便他做得并不是特别好),这两点十分重要。一个常见的问题是,当训练更复杂的沟通技能学生进步很快时,教师会要求他模仿高于发展水平的沟通技能,而不奖励处于掌握水平的自发沟通行为。例如,学生有时能自发使用10~20个单词,因此教师可能会让他继续学习模仿两个单词的短语。如果教师总是要求学生使用两个单词的短语,也不奖励学生自发说出的单个单词,那么学生很有可能停止自发地沟通,然后等待教师的辅助。对于孤独症学生来说,发起自然的沟通非常困难。在期望过高和期望不足之间有一个平衡。您将通过体验如何推动学生进步而不使其沮丧来学习平衡期望过高和期望不足。表 5.4 包括了个别化教育计划和课程领域的目标,对于处于不同沟通水平的学生应当从哪儿开始教,以及当学生完成了最初的目标之后应如何推进等信息。

表 5.4 沟通技能

该表提供了在使用关键反应教学法训练沟通技能时的目标、训练起点以及如何推进的样例。

年度个别化教育计划和课程领域目标的样例	训练起点	如何推进
乔伊:在小组活动情境中,10 次机会中乔伊有 8 次能使用早期沟通策略(如伸手够、用手指以及有目的的发音等)以获得想要的物品。	教师给学生物品之前需要教学生早期沟通技能。让乔伊认识到动作和声音是具有沟通性的,因此使用大量的保持性任务并加大对乔伊尝试的强化,直到他清楚地理解行为和强化物之间的联系。	一旦乔伊清楚地理解行为与获得的强化物(如一个物品,或与教师和同伴一起玩的活动)之间的联系,教师可以经常要求乔伊发音,然后纠正发音,同时在剩余 50% 的时间里继续奖励乔伊用手势表达的行为。
玛尔塔:玛尔塔会使用 5 个新的音标 /b/、/m/、/o/、/e/ 和 /l/,在 80% 的情况下能用单词第一个字母的发音来要求喜欢的物品(如发出 /b/ 代表 ball)。	从玛尔塔最容易发出的音标开始,将与她发出的音标相对应的物品作为奖励。然后强化她发音的尝试,使之一步一步地接近正确的发音。	玛尔塔学会音标的发音后,要求她对想要的物品正确发音(或发音近似)。您可以在奖励她的尝试之前,要求她多发几次,以便纠正发音。

续表

年度个别化教育计划和课程领域目标的样例	训练起点	如何推进
索尔：课堂的10次机会中，索尔有8次能用适当的方式获得听者的注意力（如轻拍或叫听者的名字，等待听者回应）。	首先，抬起索尔的手帮助他轻拍您，然后在他使用沟通技能要求和表达意见之前要先获得他的关注。	当索尔可以通过轻拍别人获得关注后，在回应他之前稍微等等。在索尔要求之前，您可以让他在和您沟通以及叫您名字的时候看着您，从而使技能变得更复杂。
朱莉娅：朱莉娅每月能够学会命名5～10个新单词，并且至少在两种情境中对两个不同的成人或同伴使用这些新单词。	确保在多种情境中都有学生喜欢的物品，确保每个物品都有多个样例（如多个小汽车、不同类型的书签等）。要求朱莉娅在不同的情境中命名这些物品。确保不同的成人和同伴一整天都在期望朱莉娅表现出此沟通水平。	通过对朱莉娅已经掌握的物品的进一步运用，让朱莉娅命名日常生活中不常见的物品，或者做出期盼性的等待的表情来鼓励她自发地使用已经学会的词语来增加这一技能的复杂性。例如，使用不同颜色和大小的积木、不同类型的交通工具或新动物玩具。
彼得：当给彼得一个视觉提示（如手势、图像符号）时，他在80%的情况下能通过回答"是—否"问题（如"你想跳吗？"）来表明他的需要和要求。	一天多次提问"是—否"问题，如果您知道正确答案（如您知道彼得不喜欢咸菜），使用他知道的手势、图片卡或适当的面部表情（如皱鼻子）辅助他做出正确的反应。请记住，如果彼得的回答不正确，那么确保自己根据彼得的反应提供或保留强化物，这样他就会学到沟通的自然后果。	当彼得掌握这一技能时，减少辅助——从减少图片到手势，再到期盼性的面部表情，最终使彼得做出自发的反应。
阿米尔：在学校的5天时间中，在教师的语言或视觉辅助下，阿米尔能在三个活动（如圆圈时间、结构化游戏）中说出3～5个单词的短语以实现各种沟通性的目的（如要求、命名、打招呼等）。	当阿米尔想要某一物品或发表意见时，您需要至少等待一段时间，让阿米尔说出3～5个单词的短语。刚开始时，这些较长的短语需要通过语言或手势来辅助。一定要奖励阿米尔的尝试（如1个或2个单词的短语），而且分散安排保持性任务以维持阿米尔的动机。	阿米尔掌握短语的使用后，再次减少辅助。注意短语的多样性以及使用有意义的单词，减少刻板的回应，如"我想要红苹果，请拿给我"，而不是"把红苹果拿给我"。

续表

年度个别化教育计划和课程领域目标的样例	训练起点	如何推进
梅伊·莱恩：5次机会中，梅伊·莱恩有4次能与别人交流自己的感受和他人的感受，并能解释原因，持续5天以上。	首先识别较简单的感受（快乐或悲伤）。让梅伊·莱恩识别真人或照片上人物的感受。在她掌握真人或照片上人物的感受后，再添加新的感受让其识别。	一旦梅伊·莱恩能识别他人较为明显的感受，便让她向您示范感受并自己识别。与她一起识别她的感受，并帮助她解释原因（只有在您知道的情况下）。试着使用可以描述感受的书、玩具或活动，并将这些物品作为强化物。例如，问她："告诉我故事中小老鼠在遇到猫时有什么感受呢？"当她回答正确或尝试回答时，允许她看书中自己喜欢的图片。
卡罗琳：连续听或阅读一个故事两次后，卡罗琳能复述这个故事，包括人物、问题以及解决措施。	首先一起阅读故事的第一页，让卡罗琳复述故事的主要内容，然后根据卡罗琳所讨论的书中的图片或主题，选择一个她喜欢的故事继续。	在卡罗琳复述故事之前，逐渐增加她需要听或阅读的页数。当她这一技能掌握得更好时，选择更多故事让她阅读和复述。确保让她选择能够激发动机的故事或主题。

客体游戏技能

从哪儿开始教

研究已经证明，关键反应教学法的结构化程度足以帮助学生学习由简单到复杂的游戏技能，其灵活性也足以让学生在游戏中一直发挥创造性。一些孤独症儿童的游戏研究表明，当儿童身心发展达到所需的水平时，他们会更快地学会特定的游戏技能。所以，再次强调，评估和观察学生技能的水平会提示你从哪儿开始教。

选择学生喜欢的活动，且该活动所需的游戏技能处于或略高于学生的发展水平。

此外，想一些与学生年龄相符的活动或者对学生喜欢的活动进行调整来满足每个学生的技能水平。新活动和主题可以与学生喜欢的玩具搭配，以鼓励学生尝试玩新玩具或做出新的行为。当使用关键反应教学法训练游戏技能时，可以同时提供因果游戏和高水平象征性游戏以适应不同技能水平的玩具，从而增加游戏的复杂程度。例如，能够发出真实噪声的消防站玩具可用来假装灭火。

当您使用关键反应教学法教学生游戏技能时，您可以用与教导沟通技能一样的步骤。与之不同的是，您不是期待学生通过手势或言语表达获取物品，而是期待学生能够完成游戏这一行为。关键反应教学法可用于教导大量的游戏技能，从早期操作性游戏到社会戏剧性游戏等（游戏技能阶段的列表，见表5.5）。

 使用第四部分的讲义2"客体游戏水平进展表"来评估学生目前的游戏技能水平。

表5.5 游戏技能水平和范例

该表按照由简单到复杂的顺序对游戏技能水平进行了排列，此外还提供了大量利于针对具体的游戏技能的玩具。

游戏技能的类型	范例	可用的玩具
操作性游戏	• 推玩具 • 放玩具 • 操作玩具 • 构造性游戏（积木） • 拼图 • 激烈的格斗游戏	• 声音大的玩具 • 发光的玩具 • 旋转的玩具 • 有坡道的汽车玩具 • 弹球 • 泡泡机 • 拼图 • 触觉材料（如沙子、玻璃珠、剃须膏、黏土）
情景再现游戏	• 自我假扮游戏（如梳头发） • 每天发生的事件 • 单一活动 • 现实生活中的提示 • 对自己和他人进行假扮游戏（同一动作），然后开始对洋娃娃进行假扮游戏 • 护理宝宝的游戏 • 两个玩具一起玩或在两个人身上表演动作	• 汽车和车库 • 食物或锅碗瓢盆等 • 医药箱 • 娃娃屋 • 带有娃娃的玩具，以及带有好玩的操作性部分的玩具（例如，可以打开的门、能够让东西滑下来的斜坡）

续表

游戏技能的类型	范例	可用的玩具
象征性游戏	• 跟洋娃娃聊天 • 定期发生的个人事件；情绪 • 某个主题下的一些动作（洋娃娃在浴缸中、洗澡、擦干） • 开始使用物物交换 • 给洋娃娃配音 • 孩子见过或听过但没有经历过的事件 • 与时间相关的短序列活动 • 不是很逼真的道具 • 做动作的洋娃娃 • 发展的事件 • 给每个人物多种角色 • 用因果序列设计的活动	• 能够情景再现的玩具 • 任何能够情景再现的玩具，加上一些没有用的物品 • 小木箱 • 细绳 • 海绵 • 电影人物 • 茶具等 • 积木
社会戏剧性游戏	• 充满丰富想象力的主题 • 扮演一个人物角色 • 多个计划的序列 • 熟悉又新颖的奇幻主题	• 象征性游戏的材料 • 道具服装 • 消防员装备 • 医药箱 • 洋娃娃宝宝与食物、床以及小推车等 • 很多功能性的玩具（如食物、收银机等） • 家居用品
规则性游戏	• 靠运气的棋类游戏 • 需要运气和技巧的游戏 • 技巧性的游戏 • 需要团队合作和计分的协作游戏	• 坡道和梯子 • 糖果乐园 • 鳄鱼牙医 • 钻进裤子里的蚂蚁 • 不要打破僵局 • 有儿童喜欢的电影人物的游戏 • 有组织的体育活动

使用关键反应教学法的具体步骤教学生玩象征性游戏时，首先让学生选择一组玩具汽车（选择）。通常学生是功能性地玩汽车，完成洗车、加油或停车等操作步骤。您给学生一块积木，问他："这些玩具我们怎么玩？"（习得性技能）您希望学生象征性地使用积木，如把积木当作海绵来"洗"车。如果学生没有任何反应，您可以示范象征性行为（轮流），并配以适当的言语："洗车。"然后再把积木还给

学生。如果学生还是没有反应，但仍对汽车很感兴趣，您可以直接指导、使用手势或手把手教学生洗车以确保学生能成功完成任务。当学生（独立地或在他人的帮助下）洗车时，给他一组汽车，让他以任何方式玩（对新行为进行有针对性的直接强化）。学生也可能以刻板方式玩汽车玩具。轮到您时，您还可以向他示范更复杂的游戏技能，或者选择新的玩法。

正如您教学生沟通技能一样，游戏技能水平的目标制订取决于学生的发展水平。一个学生可能需要学习完成拼图或绘画，但另一个学生可能需要学习假装开车去动物园看动物，并在那儿进行野餐。通过关键反应教学法学生能学习规则性游戏、粗大动作游戏和精细动作游戏等。与沟通技能一样，当正常发展的儿童习得新游戏技能时，他们不会忘记原来的简单游戏技能。为了保持游戏的自然性，您可以把各种水平的游戏联系起来。这使得教学时易于分散安排保持性任务和习得性任务。

何时教

在学校的一天中，腾出时间游戏对孤独症学生来说非常重要，因为即便是那些学业成绩较好的孤独症学生，仍在日常生活中的社交互动和休闲技能方面存在困难。教师可在休息时间、午餐时间和点心时间教学生游戏技能。此外，学校可能在学习活动、到校或离校期间有专门的游戏时间或课堂游戏时间，教师可利用这些时间来训练游戏技能。不论教师何时教，游戏活动中习得的游戏技能应泛化到在校的其他时间。例如，学习排列游戏动作与组织短语是有关系的。腾出时间训练游戏技能是非常重要的，因为这也会促进学生沟通和其他方面的发展。

游戏技能可以训练学生轮流以及问题解决能力。

如何推进

一旦学生掌握了实现某个目标的第一步，你便可以要求稍微难一些的反应。加入一些简单（保持性）任务仍然很重要，这能确保学生获得成功感，也能奖励学生有益的尝试。对大多数孩子来说游戏很有趣，但对孤独症孩子来说游戏是一个非常复杂困难的技能；否则，我们根本不需要教。如上所述，游戏技能的发展遵循一个发展进程,要从适合学生发展水平的技能开始。一旦学生掌握某一技能水平,能够泛化到各种物品和不同的情境中,并开始独立地使用游戏技能,那么你就可以进入下一游戏技能阶段的训练了。这可能涉及从箱子上按按钮到积木搭建,或从一步象征性游戏动作到两步动作。当学生自发游戏时,他们需要在不同水平的游戏技能中转换。请记住,要使游戏有趣!毕竟,你也会一起玩。表 5.6 包括了个别化教育计划和课程领域的目标,对于处于不同游戏技能水平的学生的训练起点,以及当学生完成最初目标后应如何推进等信息。

表 5.6 客体游戏技能

该表提供了在使用关键反应教学法训练客体游戏技能时的目标、训练起点以及如何推进的样例。

年度个别化教育计划和课程领域目标的样例	训练起点	如何推进
乔伊:在教室游戏时间,乔伊能将积木、齿轮、拼图或球作为材料独立地进行简单的操作性游戏,并保持10分钟。	给予乔伊物品之前,需要教导他早期操作性技能。从获取他的注意力开始。用积木轮流完成新行为(放进杯子里;叠加)。帮助乔伊把积木放进杯子里(新行为)。将允许他以任何方式玩积木作为强化。	在允许乔伊独自摆弄玩具之前,要求他增加适当玩玩具的时间。开始介绍一种新的游戏活动。先将乔伊已掌握的、喜欢的活动与新活动结合起来以奖励乔伊使其获得成功感,并帮助他熟悉新玩具。
玛尔塔:玛尔塔与小组成员一起坐在桌子旁独立操作不同的材料(如黏土、剃须膏或沙子),并保持5分钟。	首先找到玛尔塔喜欢的材料,使其与其他不太喜欢的材料一起作为活动需要的材料。例如,玛尔塔喜欢球,先让她在玩球之前用黏土捏一个球。要轮流示范适当行为,让它看起来很有趣!以玩球的机会对玛尔塔进行强化。	在玛尔塔熟悉了所有的材料后,让她更多地接触这些材料。例如,把她最喜欢的玩具埋在沙子里让她挖出来,而不是让她在沙子上滚球。慢慢增加并定期分散安排保持性任务。
索尔:休息时间里索尔能在中等程度的支持下参与两个步骤的玩汽车和火车的动作,并保持10分钟。	索尔倾向于给玩具汽车和火车排队,而不是玩。首先示范(轮流)、口头指导或手把手帮助索尔把汽车从斜坡上开下来、将汽车停到车库里或让火车在轨道上行驶。一旦他完成第一步,他便可以得到玩玩具的奖励,以及允许他下次游戏开始之前给玩具排队。	一旦索尔独立或自发要求完成一个步骤的动作,这时就要求他做两个步骤的动作以获得自由玩汽车和火车的奖励。确保你要轮流并且示范两个步骤的动作。也需要确保变换你要求索尔做的动作,避免使其变得刻板。轮流和延迟奖励的时间来延长索尔独立玩游戏的时间。

续表

年度个别化教育计划和课程领域目标的样例	训练起点	如何推进
朱莉娅：朱莉娅每月能学会5个情景再现游戏动作，并使用至少三个步骤的新动作。	朱莉娅喜欢玩洋娃娃，老是带着洋娃娃到处走。她能自己假装在电话中聊天。首先让朱莉娅完成一个玩洋娃娃的新动作（如用汤匙喂洋娃娃），然后奖励她玩洋娃娃。在教师的支持下选择1～3个动作训练，直到朱莉娅能独立完成。跟朱莉娅一起玩游戏，使其更加自然，同时允许模仿新行为并进行轮流。	一旦朱莉娅能独立做出1～3个新动作，如上述例子所言，就可以让朱莉娅进入下一阶段了。再次强调，使游戏尽可能自然，期待她表现出不同类型的动作和完成更为复杂的任务（如让洋娃娃"表演"或让宝宝洋娃娃"哭"），从而鼓励更多象征性游戏技能的发展。
彼得：在80%的休息时间里彼得能在操场上适当地使用游戏设备、沙滩玩具和球等。	彼得喜欢户外活动，但经常做出自我刺激行为。他更喜欢拔草和筛沙子。首先用彼得喜欢的活动，如沙滩游戏。要求彼得用铁铲挖几次沙，然后奖励他筛沙子。允许彼得在沙滩上将球滚到朋友那里，再让他的朋友轮流把球滚回来。让彼得在草地上推自行车，然后再推回道路上，最后奖励他回草地上玩。延长能够得到强化的时间。您可以将其他策略与关键反应教学法一起使用，如使用图片日程表帮助彼得浏览操场时间的各种游戏活动。	继续增加彼得需要在操场上适当玩耍的时间，然后允许他自己玩或做自我刺激行为。将彼得最喜欢的活动与新活动创造性地结合。当他逐渐熟悉新活动，他很有可能会独立参与这些活动，因此自我刺激行为也会逐渐减少。
阿米尔：在最少的支持下，阿米尔会与同学一起参加有组织的踢球游戏，并保持至少80%的游戏时间。	阿米尔很难坚持参与有组织的活动，他喜欢扔球和踢球，但不喜欢跑。允许阿米尔选择自己喜欢的颜色的球来踢。在允许他踢球之前首先要求阿米尔跑到本垒。让阿米尔尝试真正的游戏之前，首先进行一对一或小组活动。当他跑得越来越好时增加垒数，然后奖励他扔球（即便没有这项规则）。当他准备好开始真正的游戏时，如果改变游戏会让其他同学感到不安，你便可以联合一些策略以及外部表扬或强化。只要阿米尔参与游戏，便允许他拿着球。在外场将他安置在需要扔球的位置。	在所有可能的情况中，最好的一种情况是随着阿米尔越来越熟悉游戏，他开始喜欢踢球。如果他发展成熟到可以学习团队游戏或运动，这种情况就最容易发生。延长阿米尔获得强化所需的游戏参与时间。创造性地找到激发阿米尔参与游戏的内在动机的直接强化物。例如，他喜欢数字，您可以让他数场外的人数或场内有多少球员踢球。

续表

年度个别化教育计划和课程领域目标的样例	训练起点	如何推进
梅伊·莱恩：梅伊·莱恩能轮流完成一个棋盘游戏，并独立遵守游戏规则。	让梅伊·莱恩选择喜欢的游戏或找到一个包含她喜欢的人物角色的游戏。梅伊·莱恩可能会从不同角度玩游戏：把棋子放在棋盘上、数空格、掷棋子、命名颜色等。创造性地寻找方法奖励梅伊·莱恩，以鼓励其从另一种角度正确地玩游戏。例如，您可以将她喜欢的人物角色或图片纳入游戏。首先从操作性游戏开始能提高她的兴趣，如"不要打破僵局"或"钻到裤子里的蚂蚁"。当轮到你的时候，向她展示游戏的玩法。	随着梅伊·莱恩逐渐熟悉新游戏，试着用原来的游戏材料代替她喜欢的人物角色，减少其出现机会。当她开始喜欢游戏本身时，就可以这么做了。增加她在获得强化物之前需要轮流玩游戏的次数。在游戏中加入一些有趣的部分，例如，若梅伊·莱恩喜欢绘画，可能她在玩"对不起"游戏时，会使用与她所在的方块颜色相同的钢笔绘画；或者梅伊·莱恩玩"糖果乐园"游戏时您可以在方块上放一些真正的糖果。当游戏中包含直接强化物时，随着奖励和支持的撤离，梅伊·莱恩更有可能开始喜欢这个游戏本身。
卡罗琳：当与同伴在教室里一起玩时，卡罗琳能参与有10~20个步骤的社会戏剧性游戏。	首先让卡罗琳选择一个活动或游戏主题，如去动物园、玩过家家、扮演医生或坐火车。游戏需要纳入她喜欢的一些物品（可能是动物玩具、洋娃娃或玩具汽车）。卡罗琳能通过表演社会戏剧性游戏的几个步骤，获得喜欢的物品或选择自己喜欢的主题。例如，让卡罗琳假装和朋友组装一辆公交车，一起开车去动物园喂动物（获得的奖励是允许卡罗琳玩动物玩具）。然后打扫动物住的笼子，看一场动物表演（玩更多的动物玩具），吃棉花糖，最后回到车上，开车回家。轮到她玩的时候，让她的朋友示范游戏的新玩法。	当允许卡罗琳选择游戏活动，并将其喜欢的玩具纳入游戏时，虽然很难，但她应该会喜欢这个游戏。您可以使用一些保持性任务，并奖励卡罗琳的尝试以保持她继续参与游戏的动机。当然，同伴可能也想选择活动，因此当卡罗琳在假扮游戏中做得好些时，她可以允许同伴选择游戏。对卡罗琳来说，更困难的任务是假装成他人（如消防员），而不是简单地假装自己玩游戏。

社交互动技能

从哪开始教

教孤独症学生社交互动技能时,从早期基础技能开始进行教学尤为重要。相较于认知和沟通技能,孤独症学生理解和参与社交互动的能力可能会更低。社交互动十分复杂,个体的能力往往建立在与他人的交往基础之上;因此,教导基本的技能尤为重要,就像搭建底层积木一样可为之后更复杂的互动做准备。关键反应教学法已被证明对孤独症学生的社交技能有促进作用,包括早期共同注意技能、回应同伴的发起以及向同伴和成人发起交往等。

 更多证明关键反应教学法在促进社交技能发展方面有效性的研究,请参阅第九章。

让我们先从共同注意技能的教学步骤开始。共同注意(joint attention)是指通过注视、用手指或手势与他人分享体验,确保对方也看到某物的过程。图5.1呈现了共同注意的发展阶段。共同注意对学习至关重要,孤独症学生通常延迟发展或缺乏这项技能。共同注意的第一阶段包括回应他人的关注要求。这包括向学生展示玩具或海报,或将其注意力吸引到白板上。教这一技能时,首先你应该使用学生附近的物体,并用手势或语言直接吸引学生的注意力。所有共同注意的教学都需要使用你知道学生会感兴趣的物品。

- 当有人指着附近的物体时,要进行注视。
- 当有人指着远处的物体时,要进行注视。
- 当有人看着房间里有趣的物体时,要进行注视。
- 向他人展示物品或其他事物(如向别人展示手里拿着的玩具或完成的作品)。
- 指着附近有趣的事物。
- 指着远处有趣的事物。

这些活动都需要孤独症学生与同伴之间的共同注意。

孤独症学生很难与同伴分享注意。对孤独症学生的共同注意进行早期教学尤为必要,这能帮助他们在共同注意这一领域早日进步。

图 5.1 共同注意的发展阶段

教孤独症学生注视别人注意的新物品（回应共同注意）时，需要遵循以下步骤：

1. **转移注意力**。当学生手里拿着其他物品时，教师可以把学生的手放在新物品上（如当她使用蜡笔时，让她拿不同颜色的钢笔）。当学生关注并使用新物品时，奖励她其中一个物品作为强化（新物品或她已有的物品均可，这取决于她的想法和要求）。逐渐撤离把学生的手放在物品上这一辅助，转而轻拍物品，再到仅仅举起物品向学生展示来辅助她。

2. **增加目光接触**。一旦学生能较为容易地转移注意力到新物品上，那么在强化他的行为前让学生与你目光接触，以使学生之前简单的反应更加复杂。

3. **使用目光接触来获得注意**。当你与学生的目光接触变得频繁时，你便可以用目光接触来获得学生的注意力，让她的注意力转移到新物品上。从附近的新物品开始，然后期望学生能够跟随你对较远物品的指向。下一步，则指向房间里有趣的图片和物品，奖励学生继续玩已有的物品或讨论你指向的有趣物品（可能是她最喜欢的电影或同伴），从而强化学生的反应。

你可以遵循这些步骤系统地教学生回应共同注意。这一技能对于进一步学习有至关重要的作用，因为它能帮助学生通过观察他人收集信息，还能促进模仿技能的发展。

相较于回应共同注意的教学，发起共同注意的教学更难。这一技能需要激发学生想要与他人分享信息、变得社会化的内部动机。孤独症学生往往没有和别人一样的与他人分享信息和成就的动机。例如，学生可能不会向你展示他画的画或向你指操场上飘着的热气球。如何对共同注意的发起进行强化也是一项挑战，因为你需要确保能够将评价和分享同表达需求区分开来。当学生通过观看或指向某物品表达需求时，便可给予学生此物品作为奖励。然而，如果学生使用相同的行为来分享一段经历（发起共同注意），那么奖励便只是你对他的关注。这意味着如果学生指向一个有趣的物品（如墙上的画）让你看，那么你不能把画拿给他，因为这样就不是分享信息了，而是学生的要求；强化物应该是你的关注。这一技能需要更多有效地结合应用行为分析的策略，如直接强化物的使用。但如果能使用自然强化物，泛化效果会更好。

专门为发起共同注意的教学创造机会十分重要，这样学生便能学到自己的行为如何带来不同的积极后果。

教孤独症学生与他人分享有趣的事物（发起共同注意），需要遵循以下步骤：

1. 当他人要求的时候进行展示。首先要求学生向你或者同伴展示自己的物品、正在做的工作或其他有趣的东西。确保她眼睛注视着这个将要向其展示物品的成人或同伴。同样，你可以先使用语言辅助或肢体辅助，然后逐渐撤离支持，直到学生能独立展示物品。

2. 指向某物表明兴趣。下一步是教学生仅为了分享信息而指向有趣的事物（这就是所谓的以手指物）。为促进这一步骤的实施，教师可以把一些学生可能会注意或讨论的新颖有趣的物品或图片放在教室里。同样，开始时可以使用语言或肢体辅助，但要逐步撤离。当学生参与喜欢的活动时，即便撤离辅助她也能继续进行活动，并将活动本身作为强化。在不同的情境如教室、校园以及野外旅行中需要多多练习以泛化这些新技能。

3. 将用手指和目光接触相匹配。最后一步是当学生分享注意时，要求他们目光接触。当学生指向某物后，你需要走入学生的视线，以此来帮助他们实现目光接触。随着学生由看物品到与你目光接触这一过程越来越熟练，你便可以慢慢撤离提示。

一旦学生打下共同注意的基础，你便可以投入日益复杂的社交技能教学中。图 5.2 呈现了社交互动的发展阶段。很多高级的社交互动技能教学可以使用自然强化物。例如，一个学生要求轮流参与活动，他便能得到参与活动的机会。如果学生在学习轮到别人时让别人先来，其他人的参与应该较为简短，这样学生不需要额外反应，并且很快就能再次轮到他（他因在别人进行活动时能够耐心等待而得到奖励）。给同伴分发点心并问他们想吃什么的行为，能得到的奖励可能是选择一个点心或喜欢的物品。对于一些学生来说，教师允许他们做助手便是强化，所以只要他们继续做着应该完成的任务，他们就可以继续帮忙。

- 单独：独自玩，几乎没有与他人互动。
- 旁观：观察其他学生，但不跟他们一起参与活动。
- 平行：在其他学生附近独自玩。
- 联合：开始用简单的合作在游戏中与他人互动。开始建立友谊。
- 合作：与拥有共同学习目标的同伴一起玩。在游戏中能够支持其他学生。理解游戏规则。

随着学生的发展，其游戏类型从单独走向合作。

图 5.2　社交互动的发展阶段

何时教

社交互动技能教学的具体时间有所不同，这取决于想要教什么。例如，共同注意随时都可以教，比如当学生有机会向您展示完成的工作表、喜欢的玩具或窗外的拖拉机时。与同伴一起玩洋娃娃很有可能发生在结构化的游戏时间。练习对话技能可发生于圆圈时间、午餐时间或在讨论国家首都的时候。即使是非常简单的互动，对孤独症学生来说也是十分困难的，所以让学生收集工作表或分发铅笔能帮助他们练习社交技能。正确完成这些活动的奖励可能是选择一支特别的铅笔或计算完成的工作表的数量。学生完成这些工作的情况可能有所不同，这取决于他们的发展水平。例如，有的学生可能需要您递给他每一支铅笔，然后指向他需要将铅笔转交的学生。而有些有口语的学生可能拿着这些铅笔，问同伴想选择什么颜色的铅笔。

如何推进

社交技能可能是孤独症学生教学工作中最难的。他们似乎也更难以自然地使用这些技能。当你推进的时候，观察学生对新社交技能的使用情况。如果学生互动不自然，或行为没有泛化到其他情境或人群中，不要过快地进入下一阶段，您需要更加关注其行为的自发性和灵活性。与学生社交互动的时候，要有意地设计您的社交互动方式，使您的声音更自然，并使用不同的辅助和反应。例如，当学生想表达轮到自己时，他们可能会使用不同的方法：举手说"该我了"，说"把它给我"，问"我能试试吗"或直接说物体的名称来索要。学习维持对话的学生可以练习以各种方式讨论他们最喜欢的主题。观察没有社交技能障碍的同龄学生，以学习适当多样的互动方式。表 5.7 包括了个别化教育计划和课程领域的目标，针对不同社交技能水平学生的训练起点，以及当学生完成最初目标后应如何推进等信息。

因为社交互动十分复杂、令人困惑，因此您可能发现相较于其他领域的目标，学生在社交领域进步缓慢。

表 5.7　社交互动技能

该表提供了在使用关键反应教学法训练社交互动技能时的目标、训练起点以及如何推进的样例。

年度个别化教育计划和课程领域目标的样例	训练起点	如何推进
乔伊：在教室里和操场上的小组活动中，教师最少提示的情况下，乔伊能与同伴之间保持10分钟近距离（0.6米内）。	首先提示学生要一直处于小组情境中。起初让乔伊在需要和同伴待在一起的情境中少待几分钟，例如在圆圈时间、桌子边以及游戏时间。奖励是允许他继续参与喜欢的活动。较高的趣味性能确保学生继续进行团体活动。例如，若乔伊喜欢泡泡，那便以能够吸引其他学生一起玩的方式在操场上吹泡泡。	一旦乔伊能适应短期时间与其他学生待在一起，那么便增加他参与小组活动的时间长度。您还可以扩大小组规模。继续在小组情境下开展乔伊喜欢的活动。一旦他能成功地待在喜欢的小组活动中，不论是坐着倾听还是玩其他活动，都要奖励乔伊喜欢的物品以强化他的行为。
玛尔塔：休息时间里5次机会中，玛尔塔有4次能与同伴一起参与追逐游戏5分钟，如果需要的话可以给予动作和语言辅助。	通常粗大动作或追逐游戏对孤独症孩子来说是十分有趣的，并能为同伴互动建立良好的开端。玛尔塔需要轻轻拍打同伴，跑到不远处，然后教师提示同伴追她（玛尔塔的强化）。下一步，同伴轻轻拍打玛尔塔，然后教师再提示玛尔塔追同伴。这本身就很有趣（强化），或者同伴有玛尔塔喜欢的物品，玛尔塔需要通过追逐游戏来获得。	经常发生的一种情况是，当学生学会了玩某一游戏，这个游戏本身却成为强化物。减少对玛尔塔的辅助，看她能否自发地玩追逐游戏。如果她喜欢这一游戏，您可以教她更为结构化的标签游戏并进一步减少辅助。
索尔：5次机会中索尔有4次能在教师的支持下，与一两个同伴参加互惠游戏活动，说"你好"、"轮到我了"以及请求某物品。	首先找到索尔喜欢的材料，让同伴在活动中使用同样的材料。当索尔加入活动时，教师需要提示索尔挥手或说"你好"、"轮到我了"或请求某物品。因为社交互动时使用语言可能对索尔来说有些困难，他可以使用手势或图片指明他想要轮流玩游戏。如果轮流玩游戏有困难，他可以先学习交换玩具。	索尔学会交换玩具以及轮流玩游戏后，可以增加他的同伴参与活动的时间长度。在索尔得到想要的玩具前，同伴可以给索尔提供一些建议。在活动中添加玩具汽车和卡车能帮助索尔学会喜欢其他同伴感兴趣的玩具。

续表

年度个别化教育计划和课程领域目标的样例	训练起点	如何推进
朱莉娅：在学校一周时间的5次机会中，在最少（1个或2个）辅助下，朱莉娅有4次能与同伴参加一个熟悉或预演过的假装主题游戏，并使用与主题相关的适当语言发表观点、表达需求以及进行协商。	因为朱莉娅正在学习如何自己独立玩，以及与同伴一起玩。期待朱莉娅能够与同伴一块玩洋娃娃。要求朱莉娅给洋娃娃喂食或让同伴给洋娃娃喂水。奖励朱莉娅玩洋娃娃。鼓励学生相互询问能否喂其他洋娃娃。跟他们一起思考下一步如何做，同时尽量保持他们进行独立游戏。	在朱莉娅得到强化物玩具之前，增加朱莉娅让同伴做的动作数量，或她需要完成的交换数量。此外，要求她谈谈下一步想怎么做，或问她的游戏同伴朱莉娅下一步想做什么。在这一游戏场景中，语言、游戏和社交互动目标都是相关的，可以同时进行训练。
彼得：与他人互动的10次机会中，彼得有8次能保持适当的个人空间距离。	当同伴与彼得互动时，首先告知他们应该保持的个人空间距离。只要他不跟同伴的距离过近，就允许彼得谈论喜欢的话题。	一旦彼得与教师和其他成人互动时能成功控制个人空间距离，那么教师可以鼓励他与同伴练习这一技能。必要时以一个微妙的手势提醒他保持距离。与他人互动激发了彼得的动机；如果他不能保持适当的距离，便暂时让他中止互动。
阿米尔：阿米尔将参与一个需要与同伴至少独立互动4~5次的、有组织的游戏。	因为阿米尔喜欢扔球和接球，首先让他参与追逐同伴的游戏。奖励是包含在游戏本身之中的。只要阿米尔与朋友玩追逐游戏，他便可以继续扔球和接球。	随着阿米尔与同伴一起互动得越来越好，教师便可以开始增加同伴的数量以及游戏、互动的复杂程度。玩几分钟"四个方块"游戏，然后阿米尔才能接球。

续表

年度个别化教育计划和课程领域目标的样例	训练起点	如何推进
梅伊·莱恩：在连续3天的实验中，每天有5次机会，梅伊·莱恩有4次在不同的游戏和课堂活动中能独立使用并回应提问、评价以及指令来维持与几个同伴在几轮（3~5轮）游戏中的对话，同时伴随适当的目光接触。	让梅伊·莱恩选择喜欢的游戏或话题。如果这一游戏或话题恰好是其他同学都喜欢的，教师最好以此为出发点制订全班同学的目标。给予梅伊·莱恩语言或视觉辅助以维持几次对话，确保她在交谈中的目光接触是适当的。她可能在提问和等待其他同学发言的时候需要教师的帮助。强化物则是她喜欢的物品或继续让她谈论最喜欢的话题。如果她的目光接触不恰当，您可以改变对话的主题，直到她尝试或成功地使用恰当目光进行接触。	逐渐增加梅伊·莱恩想要得到最喜欢的玩具或继续谈论喜欢的话题所需要的目光接触的次数。最后，当她在谈论同伴提出的主题时，可以适当延长一些时间。
卡罗琳：在5次机会的4次中，卡罗琳能用5~10个单词的句子来回应成人或同伴、进行提问以及恰当地评价，从而来维持对话。每次保持至少5分钟，持续5天以上。	首先让卡罗琳选择一个活动或游戏主题，如她近期的动物园之行、她的宠物猫或喜欢的电影。如果卡罗琳能继续维持与同伴的对话，那么她将可以得到相关玩具（动物）或继续讨论喜欢的话题作为奖励。例如，让卡罗琳告诉朋友她的宠物猫这周末做了什么傻事。然后她必须问朋友是否也有宠物（开始卡罗琳需要辅助才会问这个问题）。她需要对朋友的话做出适当的回应（"哎呀，你们家有宠物狗吗？我也喜欢狗"），然后她可以继续谈论她的宠物猫（"我们家的猫喜欢喝牛奶"）。	逐渐增加卡罗琳谈论的话题种类，将新话题与她喜欢的话题结合起来。例如，您可以引入游泳这一话题。卡罗琳可以谈论她的宠物猫是否喜欢游泳，并问同伴是否喜欢游泳以及在哪里游泳等。需要再次说明的是，你要奖励她继续谈论最喜欢的话题。理想的情况是，同伴的关注随时间推移能够逐渐成为一种强化。如果您的关注对卡罗琳来说也是一个强化，那么当她成功维持对话或努力尝试时，您也可以加入他们的对话之中。

学业技能

从哪儿开始教

使用关键反应教学法教学生学业技能可能需要一些创造力以及对平时课程进行一些小的调整。关键反应教学法中的一些组成要素很容易整合到教学任务中，如获得学生的注意力、提供清晰适当的线索。其他组成要素可能需要你对课程进行调整，并创新性地使用材料。例如，学生选择、轮流、多重线索和直接强化等，这些组成要素在教学生学业任务时并不经常考虑。对于任何技能的训练，首先需要评估学生课程领域的当前技能水平。例如，学生的数学、阅读和写作技能目前处于什么水平？教师需要使用州或学校课程标准判定各个具体领域合适的训练起点和进度。

> 虽然关键反应教学法的策略并不适于所有的学业任务，但在很多案例中确实能够有效激发学生动机，并提升学习水平。

学业技能教学的第一个挑战是为学生提供增强动机的机会。一个简单的方法就是让他们有更多的选择。例如，您可以让学生选择需要完成的工作表、需要阅读的书籍或主题，以及选择座位（如坐在桌子边或安静的地方）。小组合作的学生也能进行选择，如他们想阅读哪个部分，用哪种颜色的记号笔在白板上写字等。您还可以提供多种颜色和类型的文具，让学生在写作任务中达到多重线索目标。涵盖学生喜欢的话题或使用他们喜欢的人物的贴纸，这些都能使得学习更加有趣。例如，通过"米老鼠环游欧洲"，可以帮助学生学习地理。需要再次说明的是，要有创造性！在一些教授学业技能的案例中，选择可能要比教学生游戏或社交技能时少些。但您仍然能跟着学生的思路，最终达到教学目标。例如，一个学生可能在地理课上带来了法式土司，您可以利用这个契机引导学生们去调研"法式土司"这一名字是从何而来的。学业技能教学需要结合学生的兴趣，例如有的学生喜欢海豚，那让他们用地图画出海豚的居住点及其迁徙路线。教师应允许学生共同制作日程表，以及选择何时做英语或数学作业等。主要精力应集中于最大化地激发学生动机，这需要针对学生个别化兴趣以及对学习环境进行分享控制。

回顾第四章的"组成要素四:分享控制权"部分,获得如何在小组内部提供选择的建议。

另一个重大挑战是如何找到完成学业任务的直接强化物。解答一道数学题的直接强化物是什么?这取决于学生自身。一个学生可能每解答完一道数学题之后都会获得荧光笔作为强化物(尤其是他只能在数学课上才能得到荧光笔)。另一个学生则可能选择数珠子作为强化,而数珠子则与刚才数学题的答案相关。然而还有学生认真完成数学题之后,他的直接强化物是下一个活动(如选择一本书阅读或到户外玩)。有时独立完成任务本身也是一种强化。例如,当任务是常用词和相应图片配对时,对一些学生来说能够正确的配对也是一种奖励。有的学生可能更喜欢在小组内比赛,看谁的正确答案最多,或和提前设置好的计时器比赛。而有些学生可能更喜欢把配对完成的卡片放置在"邮箱"里。学写字的学生可以描绘或书写自己想要某一物品的要求(如写"把牛奶倒在黄色杯子里递给我")。还可以在纸上写出常用词贴在抽屉上让其他同学阅读,然后教师给予他想要的物品。这些都是为您提供的想法。您可以与教室里的其他教师或助教一起进行头脑风暴,判定为学生提供强化物的最佳方法。请牢记,强化物需要基于学生的反应,并与需要完成的学业任务相关。

在学生不那么喜欢的活动或课堂上拿出学生非常喜欢的材料以供使用,这是一个把直接强化物纳入学业任务中的好方法。

在小组活动的情境下,一定要监控每个学生的反应。如果学生在桌子边独立完成任务,要检查他们的任务进展。再次监控那些完成任务有困难或注意力不集中的学生,奖励那些完成部分任务的学生。在活动中提供一些选择是必要的,如应该先完成哪个问题。轮流以及示范解答问题对教学和强化都是有益的。奖励尝试仍然是保持动机高水平的重要途径。

花几分钟时间记录一些对学生直接使用强化物的最佳方法。

何时教

关键反应教学法可以在小组教学和个别指导的情境中随时使用。在有趣的活动中，如烹饪，您可以通过关键反应教学法教学生测量、排序以及阅读常用词。在一般的任务中，使用学生感兴趣的话题或物品可以激发他们的动机。如果您选择其他策略教学生一项具体的学业技能，关键反应教学法能帮助学生利用新习得的信息并使其具有功能性，而且能使学生习得的技能泛化到其他领域。

如何推进

相较于其他抽象技能，何时继续推进学业技能的训练可能更容易确定。例如，一旦梅伊·莱恩学会独立、正确写出单词，这时就应该让她尝试写2个或3个单词的句子。在您认为学生掌握了某一技能之前，学生能在不同情境中使用不同工具独立地操作新习得的技能，这是非常重要的。卡罗琳可能在教室中会判断东西南北方向，但她仍然需要在地图、操场、家里以及社区中判断方向。对于学业技能，教师需要遵循学校为每个年级和学业领域制订的指导方针。别忘记分散安排简单任务和复杂任务以提醒学生每年度学业目标需要达到的基础技能。这不仅有利于保持动机水平，还有利于技能的长期使用。表5.8包括了个别化教育计划和课程领域的目标，以及对处于不同学业技能水平的学生的训练起点，以及学生完成最初目标之后该如何推进等信息。

表5.8　学业技能

该表提供了在使用关键反应教学法训练学业技能时的目标、训练起点以及如何推进的样例。

年度个别化教育计划和课程领域目标的样例	训练起点	如何推进
乔伊：在2天以上的试验时间里，乔伊能在教师的语言辅助下完成3个区域中的5个物体配对任务（图片、颜色和形状），正确率达到90%。	先选择乔伊喜欢的物体。根据他的技能水平，您可以先从相同的物品开始，之后再使用不同物品的多个例子（一些不同类型的装着果汁或牛奶的杯子）以促进泛化。从一个杯子开始，让乔伊配对与之一样的杯子。他获得装有果汁的杯子作为奖励。当他再次开始时增加难度。您也可以将乔伊不喜欢的物品纳入任务中，把他喜欢的物品先放在"区域3"。让乔伊先配对，然后才能基于其正确反应选择想要玩的物品。请记住轮流配对，并为其示范正确配对方法。	一旦乔伊能一直配对成功，您可以使用相同的策略让他开始配对图片。唯一的区别在于乔伊能用配对正确的图片换取他想要的物品。颜色配对可以在活动情境中开展。例如，在乔伊选择画什么之前，他能匹配相同颜色的钢笔和纸。当他能够配对积木的颜色（或不同形状的积木）时，奖励他想要的物品。随着他越来越熟练地掌握这一技能，他需要将汽车按照颜色或者类型分类以获得玩汽车玩具的奖励。

续表

年度个别化教育计划和课程领域目标的样例	训练起点	如何推进
玛尔塔:在80%的情况下,玛尔塔能正确临摹垂直线和平行线、圆形和正方形。	如果玛尔塔喜欢绘画或使用记号笔,允许她选择记号笔的颜色,并奖励她自由画画。但若玛尔塔不喜欢绘画,您需要将绘画纳入其他活动中。或许她会在想吃的点心或想唱的歌曲名称下面画线或在名称上画圆圈。如果她的动机受到同伴互动的积极影响,让她模仿同伴的绘画作品以参与到绘画游戏中来。如果她喜欢计数,她可以画一条线将数字连接起来。首先帮助她学习绘画,使其体验成就感。分散安排简单任务(在书上画点)和复杂任务(画一条垂直线)以保持动机。	使用相同的策略继续增加任务难度(画圆、加号和正方形)。
索尔:在小组活动的阅读故事时间,当教师阅读故事时,索尔能关注教师。	首先短期内让索尔选择故事或让他帮助朋友选择故事。奖励是让索尔发挥积极作用(如翻页)或给他一张从故事书中剪下的图片。找到故事中他喜欢的部分,并让他表演。其他学生也可以轮流表演,为索尔提供正确的示范。	在获得直接强化物之前,增加索尔集中注意力的时间。一旦他能做到,便允许他在选择故事之前对其他学生选择的故事给予一些关注。
朱莉娅:朱莉娅能计算、辨别,正确配对数字1~20,并且学会物体的数量与数字1~20的一一对应关系。	初步评估表明朱莉娅开始学习认识数字,并能背到数字10。帮助她学习一一对应关系,您可以先教她数喜欢的物体,如拼图片的数量、她在点心时间吃的咸饼干的数量、最喜欢的书籍里的图片的数量。朱莉娅计数行为的直接强化物是获得她计数的物品。同样她也可以在小组活动中,匹配喜欢的物品数量的数字。	使用上述列出的增加复杂程度的相同策略以提高朱莉娅的计数能力和数量判定能力。她可能喜欢做教师的助手,把纸或铅笔分成20(教室里学生的数量)份发给同学。在匹配数字和数量时,她可能会选择自己即将使用的操作工具。
彼得:彼得能基于植物、哺乳动物、鸟类、鱼类等种类辨别并分类物种,正确率达到80%。	很有可能学生正在学习植物和动物之间的差异或不同动物种类之间的差异。如果彼得的动机水平受到同伴互动的积极影响,对物体图片进行分类的小组游戏可能是教动植物之间差异的有趣方法。如果彼得喜欢在水里玩,他可以将分类	一旦彼得在您设置的情境下能较为容易地进行分类,那么教师便可以在其他情境下训练他的分类技能。如果他想加入操场上的踢球游戏,您可以在他加入游戏之前问他青草是植物还是动物。您

续表

年度个别化教育计划和课程领域目标的样例	训练起点	如何推进
	的物品放在盒子、水台、罐头或杯子里。每次他正确分类5个物品，就能在水里拿着物品和盒子玩。他可以与其他喜欢玩水的学生组成小组一起玩分类游戏，这样可以同时实现他的社交目标。	可以积极将他纳入听故事时间或课堂，让他对故事中的人物或动物进行分类。其他学生可能穿有动物、鸟类的衬衫或有动物和鸟类的贴纸，在彼得与同伴玩之前，他需要先分类。
阿米尔：在学校和社区情境中，阿米尔能命名以及了解货币的单位价值，正确率达到80%。	为达到这一目标您需要让阿米尔完成配对任务。让阿米尔匹配硬币和纸币，使其货币价值相等。他可以用硬币"买"他想要的物品。让其他学生拥有阿米尔喜欢的物品，让阿米尔用配对好的硬币"买"。	当阿米尔学习匹配货币时，他能认识到货币的单位价值。他能用硬币"买"想要的物品，而你需要把这些物品贴上价格标签。
梅伊·莱恩：在2天以上的实验时间里，当让梅伊·莱恩用完整的句子回答书面问题以测量她的能力时，她能在此功能性情境中在教师的帮助下较为独立地完成书写。	首先梅伊·莱恩学会书写自己的姓名和常用词。她能在纸上书写自己的姓名，以及命名自己想玩的物品。她可以使用其他书写的词语要求想要的物品（如球、汽车、游泳、饼干）。这些可以与教师交换她想要的物品。她能从文章或书籍中摹写句子，而这些句子与她喜欢的话题相关，教师给予的奖励是允许她谈论那个话题。	梅伊·莱恩能通过书写完整的句子来回答书面问题，或要求她想要的物品。
卡罗琳：在2天以上的实验时间里，卡罗琳能学会查看地图，找到东西南北方向及美国首都，正确率为80%。	当卡罗琳走在回教室或去操场的途中，让她学习方向。例如，如果她想离开课桌到艺术区，她需要查看教室的地图，并告诉你如果想到达目的地，她需要往东、西、南还是北走。	为学习美国地理，卡罗琳可能会首先从美国的地图拼图开始，以帮助她确定每个州的地理位置。她可能需要寻找每个州的有趣信息，然后在地图上将其匹配起来。例如，她十分喜欢一个电视节目，她能找到所在州的地理位置及其特征。如果她喜欢冰激凌，她能找到哪个州消费或生产冰激凌最多。可以让她与其他学生组成团队研究这些问题，以提高卡罗琳的动机水平和合作学习能力。

本章小结

可以使用关键反应教学法有针对性地实现班中学生的个别化教育计划和课程领域目标。同时它也可用来在同一个小组活动中满足不同技能水平学生的需要，并且能在学生学习过程中帮助其保持较高的动机水平和参与度。在不同的小组活动中能够使用关键反应教学法策略有针对性地训练学生的沟通、游戏、社交以及学业技能。请牢记，教学应基于学生的目标和发展水平，还要腾出时间训练游戏和社交技能，因为这将为其他领域的学习打下基础。关键反应教学法策略十分灵活，也能与校本课程或州标准一同使用，以实现班级学生的多样化目标。

第六章　把关键反应教学法整合到课堂中

本章综述

　　现在您已经对关键反应教学法的组成要素有了清晰的认识，下一步您要准备学习在课堂中使用关键反应教学法的策略。使用关键反应教学法有一个巨大的挑战，即如何将它整合到您当前的课堂要素中，例如课程、学校标准和其他干预方法。关键反应教学法本身并不包含课程，因为设计初衷就是把它作为一种教学工具运用到更广泛的内容中。很多针对孤独症儿童的干预方法都和关键反应教学法是一致的，在这一章节中我们将讲述如何最恰当地把这些策略整合到您的课堂中。为了实现持续的教学，评估指向目标和标准的进步十分重要，因此在使用关键反应教学法时我们会就多种收集数据的方法进行讨论。我们还就如何通过偏好评估辨别动机材料，如何鼓励技能泛化到不同的场景中进行了综述和讨论。最后，为帮助您把关键反应教学法整合到课堂中，本章将会提供一些解决问题的建议。

　　以下各部分的主要内容有：

在以学校为基础的标准下使用关键反应教学法

　　　　在其他课程中使用关键反应教学法

　　　　在课堂主题教学中使用关键反应教学法

把关键反应教学法整合到其他干预策略中

　　　　保持实施的忠实度

　　　　与关键反应教学法一致的干预方法

　　　　如何整合多种干预方法

识别能激发动机的材料

　　　　收集信息

　　　　进行偏好评估

在实施关键反应教学法的过程中收集数据

　　　　准备

> 数据收集表格
> 使用关键反应教学法鼓励泛化
> 疑难问题解答

在以学校为基础的标准下使用关键反应教学法

当决定在课堂中引入某种课程时，您会参考很多因素。您可能有能力自己选择一门课程，或者需要教授学生一些既定的标准。由于每个学区的课程和标准都不一样，因此关键反应教学法本身并不推荐具体课程。

关键反应教学法的组成要素能够普遍适用，并且与您当前的课堂教学目标相关。

在其他课程中使用关键反应教学法

因为关键反应教学法没有具体的课程，所以我们最好把关键反应教学法看作教授已选课程的一种方法。就像我们可以改变关键反应教学法中的活动来实现个别化教育计划的目标一样，同样，如果关键反应教学法适当的话，我们也可以修改具体的课程活动来适应它。对于那些在标准化教学方法指导下没有取得进步的学生来说，关键反应教学法可能会特别有效，因为使用关键反应教学法的原理来指导活动会更容易激发那些需要额外支持的学生的动机，教学也能更加清晰。

在课堂主题教学中使用关键反应教学法

除了标准化的课程，很多教师也使用主题教学作为课堂计划的一部分，关键反应教学法的策略同样能够轻易融合到这些主题活动中。

在主题教学中使用关键反应教学法需要思考一个主题的哪些方面能够激发整个班级和特定的学生，使用关键反应教学法的原理也能够帮助您决定一个主题应该持续多长时间。例如，学生喜欢了解不同的职业，因而他们对"社区助手"这个主题有兴趣，那么我们就可以拓展这个主题，把它整合到社交、客体游戏和学业技能的教学中。如果班里的大多数学生对"社区助手"已经没有兴趣了，那么您就需要改变您教授这个主题的方法了。您可以缩短这个主题的教学时长或者再引入其他活动来激发学生的动机。例如，引入每个职业所使用的交通工具，这可能会激发那些喜欢玩汽车但现在又对"社区助手"这一主题感到厌倦的学生的兴趣。

第四部分介绍了两种辨别动机材料的形式——"讲义4：基于时间的偏好评估"和"讲义5：配对选择的偏好评估"，我们将在这一章进行进一步讨论。

把关键反应教学法整合到其他干预策略中

很多老师会在课堂中使用不同策略来最大限度地满足学生的需求，只使用单一的方法来满足所有情境下所有学生的需求是不现实且不合适的。因此，可以将关键反应教学法作为您课堂教学的备选方法之一。然而，在整合不同方法时要小心，保护好每种方法的完整性。

保持实施的忠实度

实施的忠实度（fidelity of implementation）就是实际干预与预定干预之间的一致程度。不论在研究还是临床治疗方面，测量实施的忠实度都特别重要。关键反应教学法已经得到了相当多研究的支持，这意味着它经过了重复检验，并且在帮助学生学习方面取得了巨大成功。然而，取得成功的前提是必须要准确、全面实施关键反应教学法，也就是说干预要有很好的忠实度。当只运用了关键反应教学法的某些组成要素或者没有正确运用这些组成要素时，我们并不清楚学生能否从关键反应教学法中获益。所以当研究支持了一个像关键反应教学法这样的干预方法时，它实质上意味着把若干组成要素结合在一起并正确使用才会对学生有益。基于这个原因，在整合不同教学方法之前，对所实施的每项干预进行全面理解非常重要。

与关键反应教学法一致的干预方法

关键反应教学法是一种自然的行为干预方法。基于应用行为分析的原理，关键反应教学法逐渐发展为一种在自然情境中使用的干预方法。很多其他被广泛运用的、得到研究支持的干预都是基于行为的，例如，回合试验教学（Discrete Trial Teaching, DTT）就是众所周知的孤独症儿童行为干预方法。DTT更强调结构化，和关键反应教学法在本质上并不一样；关键反应教学法运用于自然学习环境下，并通过自然的方式进行强化。从这个方面来看，图片交换沟通系统（Picture Exchange Communication System, PECS）和情境随机教学（Milieu and Incidental Teaching）与关键反应教学法更为相似。图6.1列出了多种自然行为干预方法。如果您准备好使用这些方法或者与之类似的方法，那您就会发现将关键反应教学法与这些方法结合会很容易。一些发展性或基于人际关系的策略，例如丹佛模式（Denver Model）、地板时光疗法（DIR/Floortime）也与关键反应教学法有共通之处，如跟随学生的引领、依次轮流、对目的性沟通进行回应（鼓励尝试）、使用自然强化等。这些行为和发展干预方法可能在结构化水平和具体的步骤上有差异，但在许多方面都存在相似性。

 见第二章中对应用行为分析原理的完整描述。

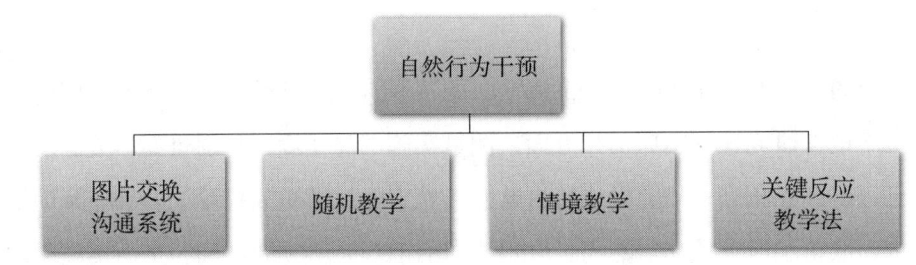

上述所有方法在策略上都有相同之处，并且可以在日常课堂活动中实施。

图6.1　自然行为干预的样例

您也可以使用其他具体的策略，这些策略也许并不是某个正式干预项目的一部分。例如，一些学生能够从额外的环境支持中受益，比如利用图片时间表来管理自己一天的时间，或者用歌曲作为转换的信号。尽管这些策略不是关键反应教学法的组成部分，但它们与关键反应教学法并不冲突。学生可以使用选择板来选择自己喜欢玩的玩具，然后老师使用关键反应教学法来扩展学生对这些玩具的应用。老师可以选择使用回合试验教学来帮助学生认识班中每个学生的照片，然后在点心时间用关键反应教学法教他们喊同伴的名字来吸引注意。

您如何向自己和其他教室工作人员清晰解释应该在什么时候使用什么策略，这是需要仔细考虑的。因为不同的干预策略仅在一些方面有所共通，还有一些并不相融的要素，这也许会让您的学生感到迷惑。例如图片交换沟通系统和关键反应教学法在概念上非常类似，但是前者使用图片来训练沟通技能，而关键反应教学法通常训练语言或手势沟通能力。如果您同时使用这两种干预策略，您需要让学生知道您希望他们在什么时候使用哪种沟通方式。另一个例子是回合式教学与关键反应教学法。尽管这两种干预策略都以行为为基础，但回合式教学主要依靠间接强化，而关键反应教学法使用直接强化。如果您交替使用这两种干预，您一定要有合适的强化物。有时候可能在教某个孩子某个特定技能时，一种干预的效果比另一种好得多。

第三章的"组成要素六：直接强化"部分对活动的强化物设计有完整叙述。

如何整合多种干预方法

本文介绍了三种整合多种干预的方法，以下将逐一描述。

在不同活动中使用不同策略

一些教师发现在某些活动中使用某项具体的策略效果最优。例如，在艺术活动中，你可能使用图片交换沟通系统；在圆圈时间、一对一教学或游戏时间中，您可能使用关键反应教学法。或者，您可能会发现当在教学生学习自助技能或需要死记硬背的新概念（例如乘法表）时，回合式教学会特别有效。您还会发现在同一教学活动的不同部分运用不同的策略会非常有效。当您向学生讲述一个数学概念时，您会因为学生集中了注意力而直接运用强化策略，例如代币制（并不属于关键反应教学法的一部分）。然而，在他们独立学习数学时，您可能会使用关键反应教学法，例如提供一些可选择材料、轮流解决问题，或分散安排简单和困难技能等。

对不同的学生使用不同的策略

另外一种整合干预的方法是在活动中对不同学生使用不同的策略。例如，您会发现一部分学生可能利用关键反应教学法能够学得更好，但还有一些学生可能在使用回合式教学时会有更积极的反馈。在结构化活动中，您可能会运用不同的方法与这些学生互动。例如，在操场上活动时，您可能会运用回合式教学来教约翰，运用关键反应教学法来教诺厄。如果您教学生从较低的跳台上跳下来，您可能会允许约翰基于游戏结构选择另外一项活动（直接强化）来强化他努力跳跃的行为（尽管他跳得并不好）。当诺厄从平台上走下来而不是跳下来的时候，您告诉他"再试一次"并且帮助他爬上跳台。经过多次尝试，诺厄跳起来了，所以您和他击掌并给他最喜欢的人物贴纸。尽管活动内容相同，但在活动之前您就已经决定好要针对两个学生使用不同的干预策略。如果您在教学生一项特定的技能时发现使用关键反应教学法效果并不好，这并不意味着关键反应教学法对所有学生都无效，在教授其他技能时关键反应教学法仍然可能是一种最有效的策略。随着您对新学生的熟悉，您自会判断一种干预方法对他是否有效。

针对不同的目标或不同类型的目标使用不同的策略

最后一种整合干预的方法是针对不同类型的目标采用不同的策略。对于一些学习目标，我们很自然地就会使用关键反应教学法来实现，而另外一些目标仅用这种方法实现起来可能较为困难。例如，关键反应教学法强调运用直接强化和轮流策略，而这些策略在教授自助技能时，如如厕训练中则不太恰当。如果一个学生在如厕训练中觉得无趣或没有动机，那您就需要间接强化了。

图 6.2 强调了在课堂中运用多种干预方法的最佳方式。

> 您会发现关键反应教学法是在不同的教学环境下教授大多数学生的理想方法。然而，在课堂中您很有可能将关键反应教学法和其他教学策略结合使用。

1. 自始至终自信地独立使用每一种干预方法。
2. 尝试按目的实施每一种干预方法（一起运用所有要素）。
3. 策略性地考虑您在何时面向何人进行干预。

该图强调了您在课堂中整合多种干预方法时需要注意的重点。

图 6.2　整合多种干预方法

识别能激发动机的材料

在关键反应教学法的应用中，一个基本内容是最大限度地激发学生的动机，因此评估每位学生喜欢哪种活动、材料、声音、材质、点心是非常重要的。当您第一次欢迎学生进入课堂时，就有许多途径可以辨别学生喜欢的东西。因为学生的偏好可能会随着时间变化，所以在整个学年都要定期评估他们的偏好。

收集信息

家长、前任教师和其他服务提供者都会给您提供一些运用哪些技术和工具来激发学生动机的有用信息。您要了解每个学生喜欢的材料、活动或谈话内容。不要忘记学生的一些刻板或自我刺激的行为本身也可以作为一种强化物。

☀ 找出学生喜欢的材料、活动或谈话内容。

需要注意的是不仅要决定使用哪种材料作为奖励，而且要考虑如何进行强化，有时候如何使用材料进行强化比材料本身更重要。例如，您学生的父亲可能会告诉您该生喜欢飞机模型，然而在观察配对游戏时发现她喜欢的是父亲将飞机飞到她的肚子上挠痒痒以及她用身体撞击飞机的行为。另一个需要考虑的是学生怎样才会喜欢自己玩玩具，您可能认为把一片拼图放在整个框中是一件很有趣的事情，但学生可能会认为把拼图一片一片地拿走或者把整个拼图倾倒在桌子上更有趣。此外，您的学生可能会对某种材料或者点心有特别的兴趣，她可能会喜欢红色的糖果，但不喜欢绿色糖果；她可能喜欢躺在治疗球上而不是拍打它。当您在收集这些信息时，要注意哪种具体活动才能激发学生的动机，此外还需要向您的合作者和学生家长征求更多的具体信息。您可能会希望把"讲义3：信息收集"分享给其他了解您学生的成人。图6.3提供了一个完整的例子，在第四部分有可复制的讲义。

进行偏好评估

如第一章和第二章所述，偏好评估是一种正式、系统收集学生偏好的方式，

讲义3		信息收集		

学生：索尔

我们需要您的帮助！我们知道您与索尔在一起的经历会对我们帮助他/她融入课堂非常有用。请您花费几分钟的时间告诉我们他/她喜欢和不喜欢的事物，请尽量具体。我们将会利用这个信息激发他/她学习的动机以及对课堂活动的兴趣。谢谢您的帮助！

填写者：约内斯　　　　　　　　　　与学生的关系：前任教师

他/她喜欢什么？

事物	方式	程度（3=最高）	时间
例子：玩电脑（字母游戏）	喜欢把大写字母和小写字母进行配对（自己一个人完成；不会分享）	1 ② 3	在午餐和早晨休息后能顺利回到教室
例子：全麦饼干	喜欢整块或半块饼干；不喜欢破碎的饼干	1 2 ③	任何时间
意式面条球（感觉球）	喜欢在命名颜色时拉伸线	1 2 ③	早晨到教室时最喜欢的第一个活动
玩水	喜欢用掌心拍水并把前臂浸入水中	1 ② 3	任何时间；玩水的动机可以让他参与到任何活动中
蓝色斑点狗	喜欢跟着蓝色斑点狗玩具的歌声一起唱	1 2 ③	在两个结构化的、学业型的任务中间休息时非常有效
妙妙熊	喜欢各种颜色	1 2 ③	对于那些不喜欢参与的任务尤其有效，例如刷牙和如厕
大象	喜欢贴纸和做大象鼻子	1 ② 3	任何时间；看别人扮演大象也会很有积极性
火柴盒汽车	喜欢旋转车轮，或者打开/关闭车门	① 2 3	自由游戏时间；在示范下会让汽车滚起来，但一个人玩的时候只会旋转车轮

您是否有其他建议或者评论？<u>当提供选择时，索尔需要几分钟的时间做决定，给他多一些的时间进行选择可能会有所帮助。</u>

在这个表中，索尔的前任教师列出了当时在她的班级时索尔喜欢的很多玩具和活动。在评论部分她也提出了很多有益于对索尔进行干预的建议。

图6.3　讲义3：信息收集的完整样例

有很多方法可以进行偏好评估。此处介绍了两种选择：以时间为基础的偏好评估和配对选择偏好评估。您可能会更愿意使用以时间为基础的评估来决定学生喜欢的玩具和活动，使用配对选择评估类型来决定学生喜欢的食物和饮料。

> 偏好评估是决定个体喜恶的有效方式。

以时间为基础的偏好评估

当您给学生自由选择的机会时，以时间为基础的偏好评估使您能够观察学生如何与不同的材料互动。根据观察和从他人那里收集的信息，选择十个您认为学生会喜欢的物品。例如，您可以让学生家长或者前任教师填写"讲义3：信息收集"，选择学生喜爱程度最高的物品或活动。同样，您也可以考虑哪些材料在您的班级中是广受其他学生所喜爱的，然后思考一下这些材料的特征（例如材质、声音、功能）。

花五分钟时间对您的学生进行评估，在房间中选择一个区域，使学生集中注意力并且免受其他物品的影响。因为评估的目标是确定学生如何对您选择的材料做出反应，所以要避免其他事物干扰。评估时记录学生在预先决定时间的表现。例如，您可能会设置一个定时器，每十秒响一次，当时间到了的时候，记录学生正在玩的材料和游戏方式。您可能会发现整整五分钟学生都在玩一个或者两个玩具，如果这样，学生对这件物品的喜爱毋庸置疑，您也就辨别出了他喜欢的东西。然而，您可能也想对那些没有被选入高度喜欢的物品进行一次额外的评估，来决定哪些物品是他们不太喜欢的。可以用"讲义4：关键反应教学法之以时间为基础的偏好评估"来记录您的发现。图6.4展现了一个完整的样例，在第四部分有可复制的讲义。

配对选择偏好评估

当给学生呈现一系列选择之后，配对选择偏好评估能够让您观察学生如何与不同的材料进行互动。根据观察和从他人那里获得的信息，选择六个您认为学生可能会喜欢的物品。如前文所述，您可以选择"讲义3：信息收集"中最高偏好的物品，您也可以考虑那些在班级中广受其他同学欢迎的物品，并考虑这些物

| 讲义4 | 关键反应教学法之以时间为基础的偏好评估 |

学生：索尔　　　　　　　　　　　　　　时间：10/11/09

选择十个您认为在课堂中学生可能喜欢的物品，把每一个都列出来（玩具、食物等）。

物品	选择的次数	排名
1. 意式面条球	9	2
2. 蓝色斑点狗弹跳装置	2	6
3. 妙妙熊	3*	1
4. 大象模型	2	7
5. 火柴盒汽车	3	4
6. 水车	3	5
7. 蜡笔和纸	0	10
8. 带有磁贴的玩具鱼和鱼竿	2	8
9. 马戏团动物拼图	1	9
10. 灯光微调器	5	3

物品排名	喜好程度
妙妙熊	高
意式面条球	高
灯光微调器	高
火柴盒汽车	中
水车	中
蓝色斑点狗弹跳装置	中
大象模型	低
带有磁贴的玩具鱼和鱼竿	低
马戏团动物拼图	低
蜡笔	低

准备好所有的东西，并摆放到学生容易拿到的地方。在评估之前，让学生试着拿起每一个物品。设置定时器，每10秒响一次。随着时间推移，指出学生正在玩哪件物品，并在列表上物品的相应数字处画上圈圈。如果必要的话在评估的过程中可以补充一些食物。

时距	选择拿起的物品	时距	选择拿起的物品
1	1 2 ③ 4 5 6 7 8 9 10	16	① 2 3 4 5 6 7 8 9 10
2	1 2 ③ 4 5 6 7 8 9 10	17	① 2 3 4 5 6 7 8 9 10
3	1 2 ③ 4 5 6 7 8 9 10	18	① 2 3 4 5 6 7 8 9 10
4	① 2 3 4 5 6 7 8 9 10	19	1 2 3 ④ 5 6 7 8 9 10
5	① 2 3 4 5 6 7 8 9 10	20	1 2 3 ④ 5 6 7 8 9 10
6	① 2 3 4 5 6 7 8 9 10	21	1 2 3 4 5 6 7 8 9 ⑩
7	① 2 3 4 5 6 7 8 9 10	22	1 2 3 4 5 6 7 8 9 ⑩
8	1 2 3 4 5 6 7 ⑧ 9 10	23	1 2 3 4 5 6 7 8 9 ⑩
9	1 2 3 4 5 6 7 ⑧ 9 10	24	1 2 3 4 5 6 7 8 9 ⑩
10	1 2 3 4 5 6 7 8 ⑨ 10	25	1 2 3 4 5 6 7 8 9 ⑩
11	1 2 3 4 5 ⑥ 7 8 9 10	26	1 ② 3 4 5 6 7 8 9 10
12	1 ② 3 4 5 6 7 8 9 10	27	1 2 3 4 5 ⑥ 7 8 9 10
13	1 2 3 4 ⑤ 6 7 8 9 10	28	1 2 3 4 5 ⑥ 7 8 9 10
14	1 2 3 4 ⑤ 6 7 8 9 10	29	① 2 3 4 5 6 7 8 9 10
15	1 2 3 4 ⑤ 6 7 8 9 10	30	① 2 3 4 5 6 7 8 9 10

计算一下在每个时间点时学生选择的物品，然后由高到低排列。高度偏好的三个物品是学生选择最多的，中度偏好的物品是仅次于最高偏好的三个物品，照此类推（见右侧表格）。

其他备注：*前30秒之后停止提供妙妙熊，妙妙熊成为最高偏好物品，让他把兴趣转移到其他物品上；喜欢探索所有不同的物品；在不同的选择间变换很快。

通过该表，索尔的教师收集了特别能激发他动机的玩具和活动的信息。她通过讲义3从索尔的前任教师那里收集了一些物品信息，然后增添了新物品。在评估中为索尔提供所有的物品，他可以自己选择物品。要注意教师把妙妙熊作为偏好程度最高（排名第1位）的物品是因为她注意到索尔在评估开始的时候只喜欢这一项。她在"其他备注"项写下了前30秒停止提供妙妙熊的原因，即她希望把索尔的兴趣分散到其他物品上。

图6.4　讲义4：关键反应教学法之以时间为基础的偏好评估的完整样例

品的不同特征（例如材质、味道、颜色）。

在评估的过程中，建立一系列的实验，让成对的物品摆放在学生面前。允许学生从两个物品中选择一项（例如，拿取、眼神转移、语言请求），然后移走另一个物品。当学生吃东西或玩玩具时，记录学生的选择。如果学生没有做出选择，那就把两个物品都移走，然后在下一个实验中继续呈现。如果学生想拿走两个物品，那就阻止他的动作，并把两个物品拿走然后在后面的实验中呈现。您可以利用"讲义 5：关键反应教学法之配对选择偏好评估"来记录您的发现。图 6.5 提供了一个完整的表格记录样例，在第四部分有可复制的讲义。

必要时再次评估

由于学生的偏好会在整个学年中发生改变，所以要定期（一个月或两个月一次）对偏好进行评估，如果您在激发学生的动机时感到很困难，那最好更频繁地进行评估。当然，如果您注意到一个学生的动机正在逐渐降低，那您也可以再次评估他的偏好以最大限度地激发他的动机。

在实施关键反应教学法的过程中收集数据

为最大限度促进学生学习，追踪他们的进步，记录和分析学生的行为是必不可少的。教师经常需要记录数据以保证运用的策略是有效的，并且符合个别化教育计划和课程的目标。然而，在收集数据的过程中，教师时常会感到困惑，觉得非常棘手，也特别费时。很多在临床或教室收集的数据未经评估便用来直接指导教学或者决定学生的学习内容，这真是让人失望！在本章的这部分，我们对如何收集数据并追踪有效的关键反应教学法提出了一些建议。为了定期观察学生的进步并在需要时帮助修改目标，我们建议每星期至少收集一次目标达成状况的数据。

准备

在开始收集数据之前并在收集数据的过程中，您需要考虑以下几个问题：

1. 您想捕捉哪些信息？

讲义5

关键反应教学法之配对选择偏好评估

学生：索尔　　　　时间：10/11/09

选择六个您认为在课堂中学生会喜欢的物品，然后逐一列出（玩具、食物等）。摆放物品时要注意在整个评估过程中确保所有的物品他们都能够轻易地拿到。

刺激物	选择比例	偏好水平
1. 意式面条球	8/10 = 80%	(高) 中 低
2. 蓝色斑点狗弹跳装置	1/10 = 10%	高 中 (低)
3. 妙妙熊	9/10 = 90%	(高) 中 低
4. 大象模型	4/10 = 40%	高 (中) 低
5. 火柴盒汽车	4/10 = 40%	高 (中) 低
6. 水车	4/10 = 40%	高 (中) 低

在每个测试回合中，将以下编号代表的两个物品放在学生面前，记录学生的选择，然后让学生简单地与该物品互动。如果学生一个都没选，那就中断评估，每次呈现一个物品在学生面前，必要时鼓励学生与物品互动。然后再呈现一个测试回合，如果在第二次配对呈现中，学生还没有选择，那就把两个物品都移除。如果学生想拿走两个物品，那就阻止他/她的动作，并把两个物品拿走，然后在后面的实验中再次呈现。

测试回合	左	右	选择的物品
1	1	2	意式面条球
2	3	4	妙妙熊
3	5	6	水车
4	2	3	妙妙熊
5	4	5	大象模型
6	1	3	妙妙熊
7	2	4	大象模型
8	3	5	妙妙熊
9	4	6	水车
10	1	4	意式面条球
11	3	6	水车
12	2	5	火柴盒汽车
13	6	1	意式面条球
14	1	5	意式面条球
15	2	6	水车

测试回合	左	右	选择的物品
16	4	1	意式面条球
17	6	3	妙妙熊
18	5	2	火柴盒汽车
19	1	6	意式面条球
20	5	1	意式面条球
21	6	2	蓝色斑点狗弹跳装置
22	2	1	意式面条球
23	4	3	妙妙熊
24	6	5	火柴盒汽车
25	3	2	妙妙熊
26	5	4	火柴盒汽车
27	3	1	妙妙熊
28	4	2	大象模型
29	5	3	妙妙熊
30	6	4	大象模型

每个物品都被呈现10次，通过一个物品被选择的次数除以10来计算其被选择的比例。高偏好物品被选择的比例在80%及以上，中等偏好物品在40%～70%，低偏好物品低于40%。

其他备注：试着接近水车中装的水，但在失败后对水车失去了兴趣。

该表讲述了当索尔进入一个新的课堂时索尔的老师如何用另一种方式来评估他的偏好。此处索尔的老师列出了索尔的前任教师填写的信息收集工作表中的物品，并把它们配对呈现。她记录了索尔的每一次选择，然后再呈现下一组物品。

图 6.5　讲义 5：关键反应教学法之配对选择偏好评估的完整样例

2. 您在制订学生的个别化教育目标时采用了什么样的测量标准？

3. 您所在的学区或上级主管需要什么？

4. 对于您和其他班级的教职人员来说，哪些是易于管理和操作的？

5. 当您为了帮助学生取得最大的进步而决定改变学生的计划时，您需要收集哪些信息？

数据收集表格

当您对所需信息有了清晰的认识之后，您就可以准备选择信息收集的具体方法。在第四部分我们提供了用于制作季度计划、月分析或周分析以及每日信息收集的表格。为生成流畅的信息收集和长期计划，我们应该充分运用这些表格。表格及使用的方法将会在后续部分进行探讨。

关键反应教学法的计划和发展

当您在计划对每个学生使用关键反应教学法时，可以使用"讲义 6：关键反应教学法之计划和进展"来记录所有的个别化教育计划的目标和课程领域。这是您决定对学生使用关键反应教学法后需要填写的第一份表格，它可以帮您确定与关键反应教学法一致的目标以及思考哪些活动能够很好地满足目标需求。首先在左侧的一栏中列出学生的目标，在下一栏中，列出可能达成目标的活动和场景。这并不意味着限制目标达成的场景数量，而是提醒您在活动中要特别注意目标并及时记录数据。对于每一个目标，您都需要输入引入的日期。当学生在您的班级活动时，您需要在表格上注明哪些目标已经达成了，哪些还在持续的进步中，哪些需要中断，以此来更新学生的发展状况。

当您想更新"讲义 6：关键反应教学法之计划和进展"中的一些信息时，我们把这个时间点称为发展评估。需要添加到表格中的信息来源于"讲义 7：关键反应教学法之目标总结"，这个讲义提供了学生个别化目标的更多具体信息（在下一部分中我们会讨论这个讲义）。在"讲义 6：关键反应教学法之计划和进展"中有三个发展评估，您需要用一个新的表格副本来更新未达成的目标。如果很多目标都达成了，那需要再添加其他的目标。我们建议每季度（10～12 个星期）一次或者在任何一个目标达成时都把这些表格整合起来参考一下。图 6.6 展示了一个完

| 讲义6 | | 关键反应教学法之计划和进展 | | | |

学生：朱莉娅

这个表格是为了便于计划和追踪学生在个别化教育计划中各个目标和课程领域中的进步而设计的。在下面的表格中输入可以使用关键反应教学法来达成的目标，对于每个目标，您需要思考1～3种能使用关键反应教学法的课堂情境或活动，在空白处写下这些活动想法以及目标引入的日期。每个月标注一下发展评估（Progress Assessment, PA）的日期，并且回顾每个具体目标的"关键反应教学法之目标总结"的表格。如果学生达到了预期目标，那就在已达到的选项标注"A"，然后在其他PA的栏下画一条横线。如果学生正在进步但是还没有完全达到某个目标，那就标注"O"。如果不论是否正确并持续地实施了关键反应教学法，学生还是没有进步，那就标注"D"，意为中断以及重新考虑新的策略来达成这个目标。在三个发展评估之后，把正在达成的目标加入新的"关键反应教学法之计划和进展"的表格中。

符号：
A：已达成；学生已经实现了这个目标。
O：正在进步中；学生正在进步，但是还需要通过关键反应教学法来继续达成目标。
D：中断；学生在该项目标上没有进步，考虑替代性策略。

个别化教育计划或课程领域的目标	活动/场景	引进关键反应教学法的日期	发展评估1 日期：12/15	发展评估2 日期：3/20	发展评估3 日期：
每个月使用5～10个新的标签来提出请求；能在2个场景中或对2个人运用。	点心、艺术、游戏、户外时间	9/12/08	A ⓞ D	Ⓐ O D	A O D
学习5个3个步骤之内的象征性游戏动作。	游戏、圆圈时间	9/12/08	A ⓞ D	A ⓞ D	A O D
和同伴参与熟悉的游戏主题	游戏、小组、阅读	9/12/08	A ⓞ D	A ⓞ D	A O D
数数，认识数字，1～20加减法	圆圈时间、点心、粗大动作运动	9/12/08	Ⓐ O D	A O D	A O D
			A O D	A O D	A O D
			A O D	A O D	A O D

在该表中，朱莉娅的老师已经计划好了她要通过关键反应教学法达成的目标。她选择了使用新的标签、学习新的游戏动作、和同伴进行主题游戏以及计算等目标。对于每个目标，她都填写了一些能让朱莉娅达成目标的活动以及她引入该目标的日期。教师填写了针对每个目标的"讲义7：关键反应教学法之目标总结"来完成两个发展评估。该表清晰地总结了朱莉娅在每个目标上的进步，家长、管理者和IEP小组可以通过该表分享这个进步。

图6.6 讲义6：关键反应教学法之计划和进展的完整样例

整的"讲义6：关键反应教学法之计划和进展"的填写方案，它是关于一个名叫朱莉娅的学生的信息。为了呈现如何同时运用这些表格，下面展示了有关朱莉娅的完整发展信息。

关键反应教学法的目标总结

在"讲义7：关键反应教学法之目标总结"中，您可以加入通过关键反应教学法实现的学生目标的具体信息。您可以列出达成每个初级目标的具体步骤或者指标。每个指标都应该是朝向目标而设计的，并且是可量化的。在这个表格中，您首先在表格的最上方填写总的目标，然后在表格的左侧填写具体的指标或者发展水平。在每个指标旁边，填写个体的数据（从关键反应教学法数据记录的表格中摘引的，将会后续讨论），这些数据将帮助您评价每个学生在指标上的进步。一般在一至两周内完成四次数据收集，这要视数据收集频率而定。

将四次数据收集定为一个时段，一个学生达到特定指标或者步骤所需的时段数量主要根据目标的难易程度来确定。这个表格让我们很容易发现学生在一段时间内是否有进步，是否准备好过渡到下一指标，是否需要帮助学生达成一个难度较高的目标。表6.7呈现了"讲义7：关键反应教学法之目标总结"的完整样例，主要记录了朱莉娅每个月命名5～10个物品的目标。此外，这个表格中的信息摘自关键反应教学法的数据记录表格，它提供了学生每天的指标技能表现。这些表格将会在后面内容中进行讨论。

关键反应教学法的数据记录

关键反应教学法的数据记录表格可以用来在互动中或者互动之后记录每名学生的进步信息。此处我们提供了很多表格，每个表格记录的学生表现的详细水平均不同。这可以帮助您在既定的互动情境中持续地收集信息。当您采用不同的方式收集学生信息时，您需要思考每个表格的功能，针对不同目标或活动您可能会使用不同表格。此外，如果发现某一表格比较适合你们班级的情况，您也有可能只用这一种表格。

关键反应教学法之数据记录：非结构化

在运用关键反应教学法达成具体的目标时，"讲义8：关键反应教学法之数据记录：非结构化"能够帮助您记录数据。每一次互动的日期、教师或助教最初介

关键反应教学法之目标总结

讲义7

学生：未莉娅

这个表格意在使用关键反应教学法追踪学生在目标达成方面的进步。先填写课程领域或者IEP目标，再确定表格中的目标。填写引入指标或步骤的日期，在每一个数据收集日期，要从关键反应教学法的数据记录中摘取数据加入这个表格中。根据关键反应教学法的数据记录（从讲义9中摘引）或者准确地测量进步状况（从讲义10中摘引），填写加号/对勾/减号以反引发技能所需要的支持水平（从讲义8或讲义9中摘引）。经过四次数据收集（一个时段），利用下列的测量方法决定这一步是否达到已达到水平（A）还是正在进步中（O），然后圈出符合的选项。这个表可以帮助您评估一段时间同的目标进步情况，然后在定您的学生和教职人员下一步应该怎么办。

目标：未莉娅每个月能使用5~10个标签来提出请求。

指标/步骤/程序改变	时段1				A/O	时段2				A/O	时段3				A/O	时段4				A/O
	1	2	3	4		1	2	3	4		1	2	3	4		1	2	3	4	
拿老师激发动机的物品手提供语言示范。(FV)	日期 10/9	10/10	10/12	10/13	Ⓐ O	10/16	10/19	10/20	10/23	Ⓐ O	10/24	10/25	10/27	10/28	Ⓐ O	10/27	10/30	10/31	11/1	A O
	1/4	2/6	+/FV	1/4		1/6	-/FV	+/PV	2/5		+/FV	+/PV	3/4	4/6		6/7	4/4	5/6	3/3	
拿老师激发动机的物品手指出首字母读音。(PV)	日期 11/2	11/4	11/5	11/6	A O					A O					A O					A O
		-/PV	+/PV	1/6																
激发动机的物品在视线内但够不到，用手指手发出首读音。(GP+PV)	日期	6/11			A O					A O					A O					A O
激发动机的物品在视线内但够不到。教师期盼地等待着。(GP)	日期				A O					A O					A O					A O
可以自己拿到物品。	日期				A O					A O					A O					A O

在该表中，老师已经将未莉娅的训练目标细化到每个月能使用5~10个标签来提出请求。如表，未莉娅的老师在10/9首先将能够在完全语言示范后提出请求来作为目标，然后对此目标进行了四个时段的记录。在第一个时段中，未莉娅在命名物品时只有25%~33%的正确率，如表中的1/4、2/6和1/4。这使老师从讲义10中摘引出的信息，这个讲义追踪学生在每一个机会提供的反应。+/FV指在完全语言示范下的正确反应。在老师记录数据的时候，这使未莉娅使用标签进行命名所需要的最少支持。这灵老师从讲义8或者讲义9中摘引的，这两个讲义可以在关键反应教学法的互动过程中波很多综合信息。模仿一个完整的物品命名之后，因为未莉正在关键名的表现持续处于较高的水平。（在这个时段中，她的正确率达到了86%~100%）。教师开始对她所有达到的目标，在第二列中重复这个指标上，地收集了一整个时段的数据。如果未莉娅没有达到数据，但是在四个时段中她一直有进步，那么通常他们已选择的目标只会选择她所需要的目标。如果未莉娅在四个时段中在该项目标上没有进步，继续收集一指标的数据更为了进行说明，此处列出的有指标可以略代关键反应教学法未教授这个技能。那教师可能就要考虑将索取一个标签来请求一个物品。

图 6.7 讲义7：关键反应教学法总结的完整样例

入的时间都要填写在左侧栏中，此外还要填好活动、材料及互动时长。下一步，记录好每次互动的主要目标、学生的习得性和保持性技能情况，这些信息能够帮助您检查导致学生进步或失败的原因。例如，原因可能是在于材料不能激发学生的动机，或者针对目标的训练时间并不充足，或者目标设置过高。在与学生互动之前，填写好这些信息也能使您清晰地理解如何用最佳方式为学生提供机会。在互动之后，您可以利用这个表格记录学生习得性技能和保持性技能的水平，这里会用到一个简单的三点系统：加号表示学生在大多数的时间内都有正确的反馈，打钩表示在有些时候学生能有正确的反馈，减号表示学生很少或者没有正确的反馈。此外，您可以列出能够帮助学生有所反馈的提示类型。为了保持信息的准确性，在互动的过程中您可以及时写下这些信息。

"关键反应教学法之数据记录：非结构化"表格可以让相关人员在日常追踪进步过程中保持一致性，它能帮助每个与孩子互动的人利用同样的习得性和保持性技能去达到一个相似的目标。图6.8提供了一个完整的样例。为了把"关键反应教学法之数据记录：非结构化"表格的信息迁移到关键反应教学法之目标总结表格中，须在表中记录加号、对钩、减号以及帮助学生对当前指标做出正确反应所需的辅助水平。通常来说，辅助水平应该与学生正在努力达成的指标相匹配。如果运用这项技能所需的辅助水平已经高于当前的指标，那么这就表明学生在此水平泛化和保持这项技能需要得到更多的支持和关注。如果学生所需的辅助水平显著低于当前的指标，而且能够在很多情境中持续性地展现这项技能，那就需要进入下一个难度更大的指标。

关键反应教学法之数据记录：半结构化

"讲义9：关键反应教学法之数据记录：半结构化"能够帮助您用一种简单的方式记录学生们在不同指标下的表现，它能够帮助您记录学生全天的表现。这个表格之所以被称为"半结构化"是因为当您在和您的学生互动几分钟后，您就会中止互动，在表格上做笔记，然后再继续教学。在教学互动的过程中，您一直都要维持这个模式。为了运用这个表格，您要为每个目标选取几个指标，然后确认每一个指标所需习得和保持的技能，把这些信息填入表格的相应位置。在这一整天中，针对这些指标而开展的活动都可以记录到这个表格中。每次您提出一个特

关键反应教学法之数据记录：非结构化

讲义8

学生： 米莉娅

每次对学生运用关键反应教学法的时候，都要收集一组数据。不需要对学生互动的过程中收集数据，而应在互动结束之后完成表格的填写，并在适当的位置注明互动时长。利用下列符号记录学生习得性和保持性技能的一般水平、使用的辅助、动机和顺从情况。

符号：
+ = 能够独立地对所有或者大部分（80%）的机会做出回应。
√ = 能够独立地对多数机会（50%）做出回应，但是需要辅助。
− = 对所有机会都需要辅助才能做出回应。

辅助水平：
F：完全辅助 P：部分辅助

提示类型：
Ph：身体的 V：语言的 Vs：视觉的
G：手势的

动机/顺从：
1——最佳动机，最少的消极行为
2——高动机，很少的消极行为
3——较好的动机，有一些消极行为
4——不良动机，中度消极行为
5——最少动机，很多消极行为

日期	教师	活动材料+时长	目标课程领域	习得性技能	+/√/−	习得性技能的最佳实例（包括辅助水平）	最经常使用的辅助	保持性技能	+/√/−	动机
10/19	LR	自由游戏，火车模型，10分钟	象征性游戏动作	把人放在火车里，说火车	√	把人放在火车里，挥手说再见。(SP)	FG	把火车往轨道上填	+	1 2 ③ 4 5
10/19	HC	点心时间，吃饼干和葡萄干，15分钟	会用一个单词命名新奇物品	说出一个单词	−	当辅助的时候主动发音 (PV)	FV	主动发声提出请求	+	1 ② 3 4 5
10/19	LR	户外游戏，游戏结构，10分钟	和用一个单词一起假装	参与同伴	√	跟随同伴引导	FG	在同伴身边玩耍，看着	+	1 2 3 4 ⑤
10/20	JS	艺术时间，滴管鱼，死鸡，15分钟	会用一个单词多频	能独立辨认颜色和樟色	+	能够独立辨认绿色和橡色的各个字母读音	PV	红色，黄色，蓝色	+	1 2 3 ④ 5
10/21	JS	自由游戏，死鸡，10分钟	和用一个单词一起假装	能够来玩具和同伴分享	+	当同伴抢走玩偶时，能够来玩具喂它	无	知道动作并能独立和玩偶玩耍	+	1 2 3 4 ⑤

在该表中，米莉娅的老师和其他人员记录了她在3天的关键反应教学法互动情况。在这些互动中，不同的活动有各自的目标。您会发现米莉娅在每个活动中都能持续地展现保持性技能（获得"+"号的）。然而，她在每个活动中的习得性技能却不一样。在艺术时间，她部分语言辅助下能够一直说出一个单词（获得"+"号的），且有着很高的动机（动机水平为"5"），但在点心时间，需要完全的语言示范才能用签名，且动机很低（动机水平为"2"），可以把讲义8和讲义7结合起来看，您就能明白数据是如何改变的。把关于米莉娅相应目标签命名的相应日期下填入"−/FV"（见讲义7中时段2的10/19、10/20）。"+/PV" 表明米莉娅在点心时间的相应日期表现这项技能，且只需低水平的辅助。"−/FV" 表明米莉娅不能持续在各种情境下使用这项技能，因此在当前的支持水平下，她需要持续的教学。

图6.8 关键反应教学法之数据记录：非结构化的完整样例

定的目标，就在表格中相应的指标下记录互动的情形。记录的次数由互动的持续时长决定。在一个持续时间较短的活动（5 分钟或低于 5 分钟）中您可能只会记录一次，而在持续时间较长的活动中您可能需要多次记录（每 3 ~ 5 分钟一次）。各个数据收集点都提供了相应的空白处，让您评价（用"+"、"√"、"–"表示）。学生对习得性任务的反应，记录支持的水平和类型（在适当的字母处画圈），写下学生反应的例子。此外，对任务的保持表现也需要用"+"、"√"、"–"进行评价，来保证在这些任务上的表现具有持续性，也能使您及时了解哪些地方可能需要进行调整（例如，如果学生在几个活动中某个指标下的保持性技能都得了"–"，那就可能在提示您需要马上更换目标）。可能在不同的目标技能下，我们都会开展相同的活动，因为很多学生的目标都能通过同一个活动实现。

这个表格很灵活，并且它的详细程度介于较为宽泛的"讲义 8：关键反应教学法之数据记录：非结构化"和比较具体的"讲义 10：关键反应教学法之数据记录：结构化"（见下表）之间。图 6.9 提供了一个完整的"关键反应教学法之数据记录：半结构化"表格的样例。当很多天的数据汇总到"讲义 7：关键反应教学法之目标总结"时，就可以检验学生是否取得进步。为了把这个表格的信息迁移到"关键反应教学法之目标总结"的表格里，要用"+"、"√"、"-"进行记录，并且在后面的目标技能表格中填写最少的支持。这代表了学生大体的反应水平和为了让学生做出正确反应所需要的支持类型。您需要在"关键反应教学法之目标总结"表格里相应的指标下加入这些信息。需要注意的是总结性得分也应该反映学生反应的最普遍水平（例如，当学生在互动的两个阶段中得到了"+/FV"，但是在另一个阶段中得到了"-/FV"，那就把"+/FV"加入"关键反应教学法之目标总结"表格中，因为前者出现的次数更多）。如果有相同数量的多种反应水平，那就选择学生最好的反应水平。

关键反应教学法之数据记录：结构化

当您为学生提供达到目标的机会时，要记录学生的行为，"讲义 10：关键反应教学法之数据记录：结构化"能够帮助您更具体地对学生的反应进行归类。运用这个表格之前，首先要明确您学生的目标以及目标下的每一个指标，然后在空白处填写保持性技能和习得性技能。在互动过程中，当您每次给学生辅助时（称为

| 讲义9 | 关键反应教学法之数据记录：半结构化 |

学生：朱莉娅　　　　　　　　　　　　　日期：10/24

使用这个表格时，您需要每3～5分钟就利用活动的自然中断期记录一次学生的表现。在您开始使用关键反应教学法训练之前，在空白处填写相对应的目标，然后定义学生的习得性和保持性技能或者目标。在活动的过程中，每一个间隔之后，记录您运用的最能激发习得性技能的材料和支持的类型。记录学生在特定支持水平下习得性技能的反应。每一个间隔之后，使用下列符号对学生在保持性技能上的表现打分。

支持水平：
F：完全支持　P：部分支持

支持类型：
Ph：身体的　V：语言的
Vs：视觉的　G：手势的
I：独立（没有支持）

符号：
＋ ＝能够独立地对所有或者大部分（80%）的机会做出回应。
√ ＝能够独立地对多数机会（50%）做出回应，但是需要支持。
－ ＝对所有机会都需要支持才能做出回应。

目标/课程领域： 会用一个单词的标签对新奇的物品提出请求
保持性技能： 已经认识的词：婴儿、手机、饼干
习得性技能： 新词：瓶子、勺子、书、果汁

教师	材料/活动	支持	习得性技能 (+/√/-)	学生反应举例/备注	保持性技能 (+/√/-)
JS	阅读喜欢的书	(F)/P　Ph (V) Vs G I	+	书、鸟（喜欢翻书）	+
JS	阅读喜欢的书	F/(P)　Ph (V) Vs G I	√	书（在两个之间做选择）	+
HC	结构化游戏，婴儿	(F)/P　Ph (V) Vs G I	√	瓶子、勺子（喜欢有材料）	+
HC	结构化游戏，婴儿	(F)/P　Ph (V) Vs G I	+	勺子	+
总结	最常出现的反应水平	+	最常需要的支持水平		完全语言支持

目标/课程领域： 表现新的象征性游戏动作
保持性技能： 已会的动作：拿玩偶，拿手机（一个步骤之内）
习得性技能： 喂洋娃娃（使用勺子和瓶子），给婴儿洗澡，哄婴儿睡觉

教师	材料/活动	支持	习得性技能 (+/√/-)	学生反应举例/备注	保持性技能 (+/√/-)
LR	结构化游戏，婴儿	(F)/P　Ph V Vs (G) I	-	给婴儿盖上毛毯并发出打呼的声音	+
LR	结构化游戏，婴儿/野餐	F/(P)　Ph V Vs (G) I	√	让婴儿在盘子前坐好，并盛好食物	+
LR	结构化游戏，婴儿	F/(P)　Ph V Vs (G) I	√	给婴儿盖上毛毯，并唱一首童谣	+
		F/P　Ph V Vs G I			
总结	最常出现的反应水平	√	最常需要的支持水平		部分语言支持

目标/课程领域： 参与并排练假扮主题游戏
保持性技能： 能在同伴旁进行平行游戏　　**习得性技能：** 参与同伴

教师	材料/活动	支持	习得性技能 (+/√/-)	学生反应举例/备注	保持性技能 (+/√/-)
HC	模拟厨房，结构化游戏	⒡/P ㊓ V Vs G I	√	把盘子放在桌上，用勺子搅动锅	+
HC	模拟厨房，结构化游戏	⒡/P ㊓ V Vs G I	-	(失去兴趣，改为平行游戏)	+
LR	户外时间，超级英雄	⒡/P Ph V Vs Ⓖ I	-	跟随同伴滑动，然后走神	
		F/P Ph V Vs G I			
总结	最常出现的反应水平		-	最常需要的支持水平	部分语言支持

目标/课程领域： 算术、认识数字、1~20以内的加减法
保持性技能： 认识数字　　**习得性技能：** 一直到20，并且能够背着数到10

老师	材料/活动	支持	习得性技能 (+/√/-)	学生反应举例/备注	保持性技能 (+/√/-)
LR	点心：脆饼干	F/ⓅPh Ⓥ Vs G I	√	数了16个脆饼干，轮到自己时动机很高	+
JS	艺术时间	⒡/P Ph V Ⓥs G I	√	数了17次闪光	+
JS	艺术时间	⒡/P Ph Ⓥ Vs G I	√	选择了有15个蜡笔的盒子	+
HC	圈圈时间	F/Ⓟ Ph V Ⓥs G I	+	能认识日历上1~20的数字	+
总结	最常出现的反应水平		√	最常需要的支持水平	部分语言支持或视觉支持

目标/课程领域： ＿＿＿＿＿＿＿＿＿＿＿＿＿＿＿
保持性技能： ＿＿＿＿＿＿　　**习得性技能：** ＿＿＿＿＿＿

老师	材料/活动	支持	习得性技能 (+/√/-)	学生反应举例/备注	保持性技能 (+/√/-)
		F/P Ph V Vs G I			
		F/P Ph V Vs G I			
		F/P Ph V Vs G I			
		F/P Ph V Vs G I			
总结	最常出现的反应水平			最常需要的支持水平	

在该表中，朱莉娅的老师和专业人员记录了一天当中在教室中采用不同的关键反应教学法的互动情况。这个表格比讲义8更具体一些，但收集的都是类似的信息。在一些情形下，很多目标都会在一个活动中达成（例如朱莉娅最初的三个目标都在10月24日的结构化游戏中进行）。此外，在一些活动中，教师和专业人员多次收集了信息（如在阅读喜欢的书的活动中和与婴儿做游戏的结构化活动中）；在其他活动中，只有一次记录的机会（例如点心时间）。我们可以把这个表和讲义7结合起来看，帮助我们理解数据是如何过渡和迁移的。在这个表中的朱莉娅提出请求这一技能的数据已经迁移到目标总结表格中的时段3了。教师通过在10/24这一日期下填写一个"+/FV"来迁移信息。老师还在一个阅读活动和一个游戏活动中对朱莉娅提出请求的目标进行了数据记录。在阅读活动中，朱莉娅得到了一个"+/FV"的评价和一个"√/PV"的评价。在游戏活动中，朱莉娅得到了一个"√/FV"和一个"+/FV"的评价。朱莉娅的表现的最高水平记录为"+"，因为有两个"+"和两个"√"。最经常发生的支持水平被记录为"FV"，因为朱莉娅在3/4的活动中都需要完全的语言支持。这个表也呈现了很多其他指标下的数据，很详细但是没有迁移到讲义7（见图6.7）中，要特别注意每个目标的总结性得分，并明白这些得分是如何计算的。

图6.9　讲义9：关键反应教学法之数据记录：半结构化的完整样例

| 讲义10 | 关键反应教学法之数据记录：结构化 |

学生：朱莉娅　　　　　　　　　　　　　　日期：11/4

使用此种数据记录方法时，需要记录您为每名学生提供的机会。在表格相应地方填入关键反应教学法需要达到的目标，并为每一个目标界定好保持性和习得性技能。在每一个试验栏里，标明您是以保持性技能还是习得性技能为目标、儿童的反应、所运用的支持水平（如果有的话则直接表明；如果您没有收集支持水平信息，您只需在支持框做一个记号即可）。在训练结束时，计算出儿童在试验中正确、独立反应的总次数或百分数（正确和独立反应的试验次数除以试验的总数）并在框里填入此信息。使用"评论信息"这一部分来标记任何关于特定目标的重要信息，例如，在保持性技能方面的困难或有用的资料。使用一般注意事项部分来记录对课堂的整体印象，包括学生的情感、动机水平和不恰当的行为。

因为您将在游戏和其他半结构化活动情境中使用关键反应教学法，密集、反复地收集试验数据会抑制您和学生之间的自然互动。要解决此问题，请尝试在完成3～4次试验后，允许孩子在您记录数据时大量获取活动材料。

反应：
+：正确的反应
Att：尝试做出正确的反应
−：不正确反应
NR：无反应

支持水平：
F：完全　　P：部分

支持类型：
Ph：身体的　　V：语言的　　Vs：视觉的　　G：手势的

教师：JS	目标：在部分语言示范下用标签表达需求								习得性技能试验中正确反应百分数或次数：6/11					
习得性技能（简写为A）：婴儿、汤匙、曲奇														
保持性技能（简写为M）：瓶子、汤匙、书、果汁														
测试	①	2	3	④	5	⑥	7	⑨	10	⑫	13	⑭	15	⑯	17	⑱	19	20
目标	M Ⓐ	Ⓜ Ⓐ	M A	Ⓜ Ⓐ	M A	Ⓜ Ⓐ	M A	Ⓜ Ⓐ	M A	Ⓜ Ⓐ	M A	Ⓜ Ⓐ	M A	Ⓜ Ⓐ	M A	Ⓜ Ⓐ	M A	M A
反应	+ Att − NR	+ Att − NR	+ Att − NR	(+) Att ⊖ NR	+ Att − NR	+ Att − NR	+ Att − NR	(+) Att − NR	+ Att − NR	+ Att − NR	+ Att − NR	(+) Att − NR	+ Att − NR	+ (Att) − NR	+ Att − NR	(+) Att − NR	+ Att − NR	+ Att − NR
支持		PV		PV		FV		PV				PV		PV		PV		

评论信息：部分语言示范指的是为学生示范起始发音；在"果汁"的训练上存在困难

教师：JS	目标：五个象征性游戏动作								习得性技能试验中正确反应百分数或次数：3/7					
习得性技能（简写为A）：两步或三步动作序列、新动作														
保持性技能（简写为M）：一步动作、抱洋娃娃														
测试	①	②	3	④	5	⑥	7	⑧	⑨	⑩	11	⑫	⑬	14	15	⑯	17	18	19	20
目标	M Ⓐ	M Ⓐ	M Ⓐ	Ⓜ A	Ⓜ A	Ⓜ A	Ⓜ A	Ⓜ A	Ⓜ A	Ⓜ A	Ⓜ A	Ⓜ A	Ⓜ A	Ⓜ A	Ⓜ A	Ⓜ A	Ⓜ A	M A	M A	M A
反应	+ Att − NR	+ Att − NR	+ Att − NR	(+) Att ⊖ NR	(+) Att − NR	+ Att − NR	+ Att ⊖ NR	+ Att − NR	+ Att − NR	+ Att − NR	+ Att − NR	+ Att − NR	+ Att − NR	+ Att − NR	+ Att − NR	+ Att − NR	+ Att − NR	+ Att − NR	+ Att − NR	+ Att − NR
支持				FG		FG				FG										

评论信息：FG（Full gestural）指的是游戏行为的示范；学生喜欢给洋娃娃洗澡、哄洋娃娃睡觉以及用手推车推洋娃娃

教师：霍利女士				目标：数字 1~20					习得性技能试验中正确反应百分数或次数：1/4=25%										
习得性技能（简写为A）：11~20																				
保持性技能（简写为M）：1~10																				
测试	1	2	3	4	5	6	7	8	9	10	11	12	13	14	15	16	17	18	19	20
目标	Ⓜ A	Ⓜ A	Ⓜ A	M Ⓐ	Ⓜ A	Ⓜ A	M Ⓐ	Ⓜ A	Ⓜ A	M Ⓐ	Ⓜ A	Ⓜ A	M Ⓐ	M A	M A	M A	M A	M A	M A	M A
反应	+ Att − ⓃⓇ	⊕ Att − NR	⊕ Att − NR	+ Ⓐⓣⓣ − NR	⊕ Att − NR	+ Att − NR	+ Ⓐⓣⓣ − NR	⊕ Att − NR	+ Att − NR	+ Ⓐⓣⓣ − NR	+ Att − Ⓝ Ⓡ	+ Att − NR	+ Ⓐⓣⓣ − NR	+ Att − NR	⊕ Att − NR	+ Att − NR	+ Att − NR	+ Att − NR	⊕ Att − NR	+ Att − NR
支持		PM		PV							FV									
评论信息：在数食品的时候动机较强；肢体辅助指的是把手指放在物品上鼓励学生继续数数																				

在这个表格中，朱莉娅的老师和助教记录了关于她 3 个目标的详细数据。命名物品的能力试验中，教师共记录了 19 次试验，这些试验中有 8 个保持性任务，朱莉娅在其中的 5 次试验中能够做出正确反应。您可以看到，在第 4 次试验时她没有做出反应，在第 16 次试验时，她的反应是错误的，在第 18 次试验中，教师强化了她的努力行为。在这种互动情况下，教师呈现了 11 次习得性技能试验。在这些试验中，朱莉娅有一次能够独立、正确地反应（试验 17）；在部分语言示范下，她有 5 次反应正确（试验 2、5、8、15 和 19）；当给她一个完全语言示范时，她有 1 次反应正确（试验 7）；教师 3 次强化了她的努力（试验 3、10 和 13）；朱莉娅有 1 次没有回答（试验 11）。根据朱莉娅现在的水平，即在部分语言示范的情况下可以做出正确反应，只有在处于或少于该支持水平的情况下所表现出来的技能回答才能视为正确的。因此，在这个例子中，她正确反应的百分比为 6/11（11 次习得性技能试验中，有 1 次无须辅助就做出正确反应，5 次部分语言示范下做出正确反应）。注意我们是如何将"6/11"转移到"讲义 7：关键反应教学法之目标总结"表格（见表 6.7）中的时段 1 第 2 个指标（日期 11/4）这一位置上的。

图 6.10　讲义 10：关键反应教学法之数据记录：结构化的完整样例

一次试验），您首先圈出这究竟是一个保持性技能还是一个习得性技能，然后再圈出学生如何反应。表中还需要填写帮助学生做出正确反应所需的支持，此外有新的一栏可以填写提供给学生的每一个辅助，任何有关学生进步或对互动进行评论的信息都可以记录在表格的下方。

这种方法可能在追踪学生达成目标的进步情况时特别有效，您可以明确学生正确的反应数量和百分比（例如，在 5 次试验中有 4 次都是正确的反应，或者一天中有 5 次独立的反应）。为了追踪进步，只有在适当的支持水平下针对习得性目标的正确的反应才能被算作正确的（例如，如果一个学生为达到特定目标需要部分语言支持，那只有在部分语言示范或更少的支持下的试验才能计入学生的互动得分中）。如果适合当前的目标，那么正确反应的百分比可以用正确习得反应的数量除以所有的机会数量来计算。互动的得分记录在表格的右上角，得分的类型应该依据目标的书写方式来定（例如，如果一个目标需要在 5 个反应中有 4 个是正确的反应，那就应该把正确的反应记录在这里；如果一个目标需要 10 个独立的反应，那么这个独立的反应数目就应该记录在这里）。需要注意的是列在顶部的正确试验数量仅指学生在一定水平的支持下的习得性技能试验的数量。当您在计算学生的表现时，不要纳入保持性技能，也不要计算那些需要更高水平的支持学生才能完成的习得性技能。这个得分可以迁移到"讲义 7：关键反应教学法之目标总结"。图 6.10 提供了一个"关键反应教学法之数据记录：结构化"的完整样例。

关键反应教学法的团体数据记录

当您对一组学生使用关键反应教学法时，可以设计一个数据记录表，这将有助于一次性收集多个学生的资料。为此，本书包含两种数据表格，分别是"讲义 11：关键反应教学法之团体数据记录：计数"和"讲义 12：关键反应教学法之团体数据记录：评级"。不管是指导活动的成人，还是辅助活动进行的其他教师或助手，均可在上述表格中进行记录。尽管这些表格不允许您像个体的关键反应教学法数据记录那样收集详细信息，但是在记录团体活动中学生的反应、表现等一般数据上，以上所指定的方法是有价值的。

关键反应教学法之团体数据记录：计数

"讲义 11：关键反应教学法之团体数据记录：计数"允许您跟踪一个课堂活动中几个学生的进度，他们处于不同但基本相似的基准水平。首先沿着表格的左边，列出参与活动的学生姓名，并在顶端列出他们的目标领域，然后为每一个学生制订这个目标的基准或等级水平。例如，在第一个指定目标领域可能是"自发的请求"，一个学生的等级水平可以是"一个接近的单词"，另一个学生则正在继续练习"两个单词的短语"。活动期间，统计每一个学生在每一个目标领域独立的、及时的反应（同样，如果合适的话，错过的反应机会也要记录），并在指定的地方记录。刚开始在团体关键反应教学法互动中记录数据是很难的，因此在活动过程中一次记录一个学生的表现，并在团队成员中循环，这将是个有用的办法。

只有与目标相关的特定行为频率的信息（例如，指定学生全天自发请求一定的次数），才可以从"讲义 11：关键反应教学法之团体数据记录：计数"转移到"讲义 7：关键反应教学法之目标总结"中。按其他方式测量的目标行为数据将需要使用个体的关键反应教学法数据记录的表格来完成，从而准确地跟踪学生的进步。完整的"关键反应教学法之团体数据记录：计数"样例如图 6.11 所示。

关键反应教学法之团体数据记录：评级

"讲义 12：关键反应教学法之团体数据记录：评级"与"关键反应教学法之团体数据记录：计数"相似，但不同的是，在"关键反应教学法之团体数据记录：评级"中您需要对学生在每个目标领域的表现都进行 1～5 的评级。在整个活动过程中，可以每隔几分钟做一次。使用此种表格时，首先沿着表格左边列出参与活动的学生的姓名，并在顶端列出他们的目标领域。然后，为每一个学生制订目标的基准或等级水平。活动期间过几分钟后就暂停一下，使用表格上提供的等级（1= 无回答 / 所有反应都需要最大化辅助，5= 大多能独立反应），对每个学生的每种技能画圈、评估。在活动结束时，圈出学生在活动大部分时间中的动机水平。在每次暂停时对一个学生的所有目标进行评估，以此循环，而不是每次暂停试图完成所有等级评定。或者，您可以一次记录每个学生在同一个目标上的表现，在下一个暂停时记录下一个目标。

虽然"讲义 12：关键反应教学法之团体数据记录：评级"仅收集有关学生反应水平的一般信息，但是，它对一般能力的评估是非常有用的。例如，在评价同伴方面，如果一个同学在一个活动中一直保持 5 分，但是在另一活动中只得到 2 分，这可能就需要这名学生学会在新情境中泛化这种技能。这个表的评分不能转移到"讲义 7：关键反应教学法之目标总结"中，因为这是对反应水平的一般评估，而不是对特定行为的测量。完整的"关键反应教学法之团体数据记录：评级"示例见图 6.12。

关键反应教学法之团体数据记录：计数

讲义 11

活动：_艺术时间_　　　　　教师：_史密斯老师_　　　　　日期：_10/12/09_

此表可以您在团体指导中记录数据。尽管学生的目标不尽相同，但是，如果按照相似的目标对他们进行分组将帮助您使用此种类型表格。

活动开始前：在下面表格的顶部，写下相关的活动目标，并在左侧写出参与学生的姓名。在每一列记下每个学生当前获得的技能。

活动期间：统计每一个学生独立或经过辅助表现技能的次数。在教学同时记录数据需要通过学习掌握，但实践证明，团体教学与追踪学生的反应是可以同时进行的。首先，您可以先在一个时间段记录第一个学生，然后，您再转换到第二个学生，照此类推，或者您可以选择一两个学生每天进行眼踪，这样就可以管理数据收集的过程。

学生	目标行为：口头表达所需物品	目标行为：计数	目标行为：辨认颜色	目标行为：轮流	动机水平
米歇尔	技能：一个接近的单词 独立：Ⅱ 辅助：Ⅲ 错过的机会：Ⅰ	技能：有兴趣 独立：Ⅲ 辅助： 错过的机会：	技能：接受性辨认 独立：Ⅰ 辅助：Ⅲ 错过的机会：Ⅱ	技能：有意愿 独立：Ⅱ 辅助：ⅢⅠ 错过的机会：	1　2　③　4　5
布赖恩	技能：2个或3个单词的短语 独立：Ⅲ 辅助：Ⅲ 错过的机会：Ⅲ	技能：匹配到Ⅲ 独立：ⅢⅠ 辅助： 错过的机会：	技能：表达性辨认 独立：Ⅲ 辅助：ⅢⅡ 错过的机会：	技能：能在帮助下进行轮流 独立：Ⅱ 辅助：ⅢⅠ 错过的机会：	1　2　③　4　5
卡里拉	技能：1~2个单词 独立：Ⅲ 辅助：Ⅲ 错过的机会：Ⅲ	技能：不适用 独立： 辅助： 错过的机会：	技能：不适用 独立： 辅助： 错过的机会：	技能：主动发起轮流 独立：Ⅱ 辅助：ⅢⅠ 错过的机会：Ⅲ	1　②　3　4　5
约书亚	技能：1~2个单词 独立：Ⅲ 辅助：Ⅱ 错过的机会：Ⅰ	技能：有兴趣 独立：Ⅰ 辅助：Ⅱ 错过的机会：	技能：接受性辨认 独立：Ⅲ 辅助：Ⅰ 错过的机会：	技能：不适用 独立： 辅助： 错过的机会：	1　2　3　④　5

在该表中，史密斯老师在艺术课中记录了四个学生的数据。她确定了四个与学生相关的目标领域。如果目标与某个学生无关，老师应在相应位置填写"不适用"（例如，卡里拉对颜色识别不是很在行，所以这一栏里，就没有目标）。如果卡里拉有一个活动中与同伴发起 5 次轮流的目标，那么教师应该将该表的"3"转移到讲义 7（见图 6.7）中，因为卡里拉 3 次独立地运用了这项技巧。

图 6.11 关键反应教学法团体数据记录：计数完整样例

讲义12

关键反应教学法之团体数据记录：评级

活动：艺术时间　　　　　教师：史密斯老师　　　　　日期：10/12/09

此表可以让您在团体指导中记录数据，尽管学生的目标不尽相同，但是，如果按照相似的目标对他们进行分组将帮助您使用此种类型表格。

活动开始前：在下面表格的顶部，写下每个学生的活动目标。在每一列记下每个学生当前获得的技能。

活动期间：在三个时间点用1～5为每个学生在习得性技能中的表现评定量表。使用以下评定量表。最简单的计时方法是利用计时器以预期互动总时间的1/3为截点设定时间，在计时器响起的时候就进行记录。或者，您可以在每个时间段内对某个学生的所有目标领域进行评级，以此来管理数据，这也是很有用的。最后，对学生的动机水平按1～5进行评价。开始的时候想您可能想一次在一个时间段记录第二个学生，照此类推，或者您可以选择一两个学生每天进行跟踪，使数据收集更具有可控性。

1：无回应/所有反应机会都需要最大化辅助
2：大部分反应机会需要最大化辅助；无独立反应
3：大部分反应机会需要一些辅助；有零星的独立反应
4：有一些独立的反应（至少50%）；有一些需要在辅助下做出反应
5：大多都是独立反应（大于75%）

学生	目标/行为：一个接近的所有物品	目标/行为：2个或3个单词的短语	目标/行为：接受性命名	目标/行为：表达性命名	目标/行为：辨认/辨认	目标/行为：有意愿	目标/行为：支持轮流	目标/行为：发起轮流	目标/行为：不适用	动机
米歇尔	技能评级：1 2 3 ④ 5 / 1 2 3 ④ 5 / 1 2 ③ 4 5	技能评级：1 ② 3 4 5 / 1 2 ③ 4 5 / 1 2 ③ 4 5			技能评级：1 2 3 ④ 5 / 1 2 3 ④ 5 / 1 2 ③ 4 5	技能评级：1 2 3 ④ 5 / 1 2 ③ 4 5 / 1 2 ③ 4 5				1 2 3 ④ 5
布赖恩	技能评级：1 ② 3 4 5 / 1 ② 3 4 5 / 1 2 ③ 4 5	技能评级：1 ② 3 4 5 / 1 2 ③ 4 5 / 1 2 ③ 4 5	匹配：1 ② 3 4 5 / 1 2 ③ 4 5 / 1 2 ③ 4 5				能在单独下进行轮流：1 2 3 ④ 5 / 1 2 3 ④ 5 / 1 2 3 ⑤ 5			1 2 ③ 4 5
卡里拉	技能评级：1 ② 3 4 5 / 1 ② 3 4 5 / 1 2 ③ 4 5	不适用：1 ② 3 4 5 / 1 2 ③ 4 5 / 1 2 ③ 4 5			不适用：1 2 ③ 4 5 / 1 2 ③ 4 5 / 1 2 ③ 4 5	支持轮流：1 ② 3 4 5 / 1 ② 3 4 5 / 1 2 ③ 4 5				1 ② 3 4 5
约书亚	技能评级：1 ② 3 4 5 / 1 ② 3 4 5 / 1 2 ③ 4 5				横受性辨认：1 ② 3 4 5 / 1 ② 3 4 5 / 1 2 ③ 4 5				不适用：1 2 3 4 5 / 1 2 3 4 5 / 1 2 3 4 5	1 ② 3 4 5

这个表格也包括与讲义11相同的活动和目标。在活动中老师需要在不同的时间、不同的活动中老师需要在不同的时间，点对学生每一个目标领域的表现进行1～5等级的评分，记录上表中您可以看到，米歇尔在整个活动中的动机水平都比较高（动机等级=4），因此技能等级基本上都是3、4、5，而卡拉的动机水平比较低（动机等级=2），因而技能等级也主要是2和3。这就表明老师应该找其他办法来激励卡拉在艺术时间的动机。

图6.12 关键反应教学法之团体数据记录：评级的完整样例

熟能生巧

上述表格使关键反应教学法的数据收集过程更加合理。在教学同时进行数据记录，这是一门学问，在团体环境中尤其困难。对于一边指导活动，一边记录学生数据，在您感到得心应手之前反复练习非常必要（尤其是团体活动）。另外，请记住，只有将这些技能数据应用到教学设计中，才是有价值的，否则将一无是处——不要只取数据，要应用！

 所有可复制的资料收集表、计划表都可以在第四部分中找到。

使用关键反应教学法鼓励泛化

对孤独症学生而言，技巧泛化困难是普遍存在的问题，这意味着学生无法在多种情境中使用同样的技能。例如，您说："早上好，约翰，你好吗？"约翰能够正确地回答："我很好，纳尔逊老师。您好！"然而，当新的言语语言治疗师雷先生在走廊上碰到约翰时，他说："早上好，约翰！你好吗？"约翰看着雷先生，什么也没说。约翰不能把回应问候的技巧泛化到其他情境中。如果一个学生没有将他所学到的技能泛化，那么，这就算不上真正有用。

关键反应教学法有利于促进技能的泛化，因为它是一种自然干预方法。

关键反应教学法包含了促进泛化的方法，不过，其他一些因素也可以提高泛化，从而有助于关键反应教学法干预项目的总体成功。

- 实施关键反应教学法时使用不同的老师、多种情境和道具材料，以增加学生面对多种情境做出反应的可能性。
  ◦ 多个成人与学生一起实施关键反应教学法（例如，教师、助教、家长、言语语言治疗师、作业治疗师）。
  ◦ 全天在多个活动和不同情境中实施关键反应教学法（例如，集中教学时间、点心时间、操场、餐厅）。
  ◦ 用不同的材料实施关键反应教学法（例如，玩具、学习资料、小吃）。
- 使用学生感兴趣的、现成的教材，确保学生都具有较高的学习动机以大大提高学习效率。
  ◦ 使用与学生发展相适应的教材，以鼓励其充分发挥技能、保持积极性。
  ◦ 教学材料应该组织有序、易于取用（或可见易求）。
  ◦ 选择材料时，可参考"讲义3：信息收集"和结构化偏好评估（讲义4～5）。如果您没有这些信息，可以在非结构化游戏中把玩具拿走，并观察、注意学生的反应。如果反应强烈，那么表示偏爱该玩具。注意那些不是玩具学生也能玩得很开心的东西。
- 预测关键反应教学法何时能全天使用。
  ◦ 发展出一套常规活动并运用关键反应教学法要求学生提出下一步请求（例如，学生穿上鞋子、背好书包后，等待他主动提出坐车的要求）。
  ◦ 故意删除某个活动的重要部分，以鼓励学生交流（点心时间，杯子没有放果汁，等待学生请求倒果汁；在涂颜色的时候拿出纸，但"忘记"拿蜡笔）。
  ◦ 安排情境来鼓励交流（把最喜欢的玩具放在学生够不着的地方；使用干净但是不容易打开的容器）。

使用以上策略来促进学生的技能的泛化，这将帮助他们在一段时间里能够使用、保持技能。"讲义13：关键反应教学法之泛化探测"（详见第四部分）可以对特定学生技能的泛化情况进行测量。这个工作表和对学生的观察将确保学生始终如一地把他们所学的新技能泛化到其他情境中。完整的"关键反应教学法之泛化探测"表格示例见图6.13。

疑难问题解答

本部分着重强调了使用关键反应教学法的教师所面临的一些共同的问题。

| 讲义13 | **关键反应教学法之泛化探测** |

学生：阿米尔

目标领域：表达；请求　　　　　　指标：用3~5个单词的短语来请求帮助

为确保技能目标对学生是有用的，您必须清楚，他/她是否可以在各种情况下使用此技能。为了探测上面所列出的技能，需要使用三种不同的材料、情境，并让三名教师参与进来。您所选择的材料也应当是学生非常喜欢的。

材料/活动：1. 把吸管放入果汁盒里
　　　　　　2. 打开容器
　　　　　　3. 获得够不着的物品

情境：1. 点心桌
　　　2. 艺术桌
　　　3. 玩耍区域

搭档：1. 史密斯女士
　　　2. 霍利女士
　　　3. 杰克先生

注明日期以及您将要探测技能的情境。圈出与上面所列出的具体材料、情境或教师相对应的数字。圈出学生对技能目标探测的反应：正确（C）、错误（I）或无效（NR）。

日期	材料			情境			教师			学生反应		
6/5/09	①	2	3	①	2	3	1	2	③	Ⓒ	I	NR
6/6/09	1	②	3	1	2	③	1	②	3	C	I	ⓃⓇ
6/6/09	1	②	3	1	②	3	1	2	③	Ⓒ	I	NR
6/7/09	①	2	3	①	2	3	①	2	3	C	Ⓘ	NR
6/9/09	1	2	③	1	②	3	1	②	3	C	I	ⓃⓇ
6/10/09	1	2	③	1	②	3	1	2	3	C	Ⓘ	NR
6/13/09	1	②	3	1	2	3	①	2	3	Ⓒ	I	NR
6/13/09	1	②	3	1	2	③	1	2	3	Ⓒ	I	NR
6/14/09	①	2	3	①	2	3	1	②	3	C	Ⓘ	NR
6/14/09	1	②	3	1	2	3	1	2	③	Ⓒ	I	NR
6/14/09	1	②	3	1	②	3	①	2	3	Ⓒ	I	NR
	1	2	3	1	2	3	1	2	3	C	I	NR
	1	2	3	1	2	3	1	2	3	C	I	NR
	1	2	3	1	2	3	1	2	3	C	I	NR
	1	2	3	1	2	3	1	2	3	C	I	NR
合计	3	6	2	4	3	4	4	3	4	6	3	2

总结：继续以上目标。阿米尔难以从霍利女士那里请求帮助。需要反思其他人对阿米尔的辅助技巧来帮助她提高独立与阿米尔相处的能力。

在这个表格中，阿米尔的老师收集了他在不同活动、情境下向三个不同的教师使用3~5个单词的短语进行求助的能力。在看完表格后，老师注意到，阿米尔不能跟其中一名老师——霍利女士使用这一技能。她记录了下来，与霍利女士一起回顾她使用的辅助技巧，因为有可能是霍利女士对阿米尔提供了过多的支持，由此导致他不能独立地与她使用此项技能。

图6.13　讲义13：关键反应教学法之泛化探测的完整样例

如果学生的注意力无法集中，怎么办？

• 开始时，只期望学生的注意力能够短暂地集中，随后，逐步提高您的期望。

• 运用"反应机会排序"表格（请参阅第 2 章的表 2.2）来为学生提供额外的帮助。在进入更高级的技能类型（期盼性的等待、情境化等）之前，他们可能需要更多的结构化机会（言语示范、指令）。

• 确保学生处于合适的情绪状态，有足够的精力。

• 确保材料、活动或主题具有激励性。

如果学生来回穿梭于多个活动，却不会停留在某一个活动，怎么办？

考虑以下可能的因素：

• 判断任务是否过于苛刻。即使是学生喜欢的活动，过多的、连续的习得性任务，或者过少的强化，也可能使学生变得沮丧。尝试增加一些保持性任务，提高奖励水平，确保互动的好玩、有趣。

• 如果学生仅仅存在注意力短暂问题，那么，您可让他学会表示"已经做完了"，并提出进行下一个活动的要求。有时候，让学生学会要求结束某个任务，可以让学生在这个任务上的注意力更持久。

• 在进行下一个活动之前，尝试让学生"再做一次"或者"再保持一分钟"。这将会帮助您完成一组学生的团队活动，而且能够提高学生对任务的专注程度。

如果学生过于专注于某个活动，怎么办？

• 如果学生对某个活动过分专注，并且拒绝参与新活动、拒绝停止玩耍，那么，您可以对她所选择的活动加以限制。例如，如果学生在不得不离开电脑时变得非常激动，那么，您可以使用醒目的计时器和图标，提前让她知道关电脑的时间。不过，您也可以不把电脑排在可选的活动之列。

• 受关注度高的活动可能会调动学生的积极性，因此，您可以把它们作为奖励的一部分。

• 可以用一些非常受欢迎的东西（或者他们感兴趣的话题）来教学。

如果学生不恰当的回答多于努力尝试或正确回应，怎么办？

• 改变教学方法、辅助水平和期望。也许学生度过了难熬的一天，他可能身体不适，或者课堂环境中的某些东西分散了他的注意力，学生需要更多的支持。

- 尝试让学生选择新的活动或教具，以增强学生的积极性。
- 奖励学生更多的努力和尝试，以巩固强化。
- 提供更多的保持性任务。

如果工作人员和我难以控制强化物，怎么办？

- 提前收集一些学生喜欢的物品，除非回答问题，否则阻止学生接近他们喜欢的东西或者活动。例如，约翰选择了动物拼图，并且开始把斑马拼到拼图中。您可以先挡住拼图中的斑马，直到他说出"放进来"或"斑马"（不管他当时的言语目标是什么）。约翰有了正确的回应时，再允许他把拼图放进去。
- 轮流控制教学材料。
- 用一块布把物品盖起来，或者把它们放在一个盒子里，由此一来，只有您才能拿取。

如果学生不能用语言沟通，我应该从哪里开始？

- 很多处于幼年时期或发育年龄阶段的学生都可以受益于关键反应教学法。如果学生还无法用语言进行交流，那么，您可以专注于其他的沟通技能。
- 根据学生对目光接触、伸手够东西、手势或手语等技巧的使用情况，让他有机会接近所渴望的东西。
- 对于那些语言有限的学生而言，卡片交流方式可能也是很适合的。

如果学生积极性不高，怎么办？

- 重新对学生进行偏好评估，以找到有效的强化物。
- 创造性地看待学生在空闲时做什么，以及如何把教具或活动转化为具体的经验教训。
- 通过限制学生接近喜爱的玩具、活动和食物，来调整现有材料的强化价值。
- 如果学生很少赢得强化物，这可能会削弱他的动机。增加保持性任务的数量和奖励的次数可能有所帮助。
- 确保您使用的轮流方式是非常简单的，并调整激励程度，来满足学生的需求。

在使用关键反应教学法时，如果学生表现出挑衅行为，怎么办？

第一步是评估事发缘由：

• 切记不要每次靠近学生时，都把要求强加于她。如果您这样做，学生可能会提前知道您的要求。一定要多花时间跟学生一起放松、玩乐。有时候，单纯地接近学生，跟她打个招呼，或者跟她击一下掌，都可以让她不再觉得您总是会对她提出要求。

• 增加保持性任务的数量，或者增加奖励次数。经常提出一些有难度的任务，可能会引发他们的沮丧情绪。感到低落的学生存在问题行为的可能性更大。

• 检查一下您的辅助和期望，确保它们是与学生的发展水平相适应的。确保您在教学中所使用的语言是学生能够理解的。确保您对技能的期望处于或略高于学生的发展水平。

• 确保任务是具有激励性的。确保学生有活动选择权，或者您使用了活动的某些方面来激发学生的积极性。尝试将学生在活动中玩得开心的东西纳入进来。

下一步，评估后续后果：

• 确保您不会偶然地奖励学生的不恰当行为。任何形式的关注都可能会强化学生的行为。可能您觉得好像是在训斥学生，但是，这种关注可能会成为一种奖励。沮丧的面部表情或者愤怒的叹气都是有强化作用的。面对不恰当的行为，努力保持冷静和安静，尽可能地减少关注的同时，也要努力保证学生的安全。

• 记住，不要一出现不恰当的行为就降低要求。有时候，学生做出不恰当的行为，是因为这是一个逃避做事的好方法。确保当您向学生展示一个任务时，她需要恰当地做出回答，以此获得奖励或者结束这个活动。试着提供一个可以请求休息的其他方式（例如一张休息卡）。

• 提供足够的强化。确保您所奖励的行为是恰当的，所完成的任务也是学生非常喜欢的。您可能还需要增加对有难度的、非首选任务的奖励频率。

如果学生的游戏兴趣有限，或者根本不喜欢玩具，怎么办？

• 将学生有限的兴趣作为对恰当游戏行为的强化物。

• 策略性地使用您的轮流机会，模仿新的游戏动作。

• 有趣的动作将会吸引学生参与，并让他注意力集中。

• 把新鲜的游戏与熟悉的玩具结合起来，有时候，模仿一个熟悉的动作来吸引学生的兴趣，其他时候，可以做新的动作。

如果学生只玩一个玩具，怎么办？

- 如果是这种情况，从这个玩具着手。确定一些可以用这个玩具来教的其他技能。例如，如果她只玩风车，并总想放在手臂上转，那就让她用嘴吹风车轮子，找一个朋友也来吹，或在风扇前举着风车，或画一个风车，或假装这是一朵花等。接着，增加其他的玩具或物品来玩耍，让风车固定在一辆自卸货车上，把风车作为魔术师装扮中的一根魔法棒，或者，假装它是一个搅拌蛋糕糊的汤匙。一旦新的动作和物品结合起来了，学生需要完成更多步骤才能得到自由玩风车的机会。

- 限制学生的选择，保证他们有时候得不到首选玩具。找一些其他的可替代的活动。重要的是，学生学会了恰当地玩首选玩具，因此，您偶尔会想到使用它，但是，提供其他的选择，并且把最喜欢的玩具从一堆玩具里面拿出来，这也是可以接受的。

我应该使用什么玩具来鼓励学生玩耍？

- 选择学生喜欢的，以及能够鼓励学生用与其发展水平相适应的游戏物品或玩具玩耍。

- 首先，观察自由活动中的学生，看他选择玩什么。这通常是一个良好的开端。

- 当您把玩具拿走时，看看学生是不是变得难过，或者尝试留住玩具。如果是，这将很好地证明这个玩具是良好的强化物。

- 确定哪些是学生喜爱的非玩具类物品。这些东西可以放进游戏中，并且可用于象征性游戏。

- 同样重要的是，把班级其他同学喜爱的玩具也放到游戏中来。您想教他们玩耍的是与发展水平相符合的游戏，如果使用与年龄相适应的玩具或材料，这将有助于提高社会的接受度。例如，对于小学二年级学生来说，汽车和人物公仔比《芝麻街》的人物更适合用于教授象征性游戏。

如果学生躲着同伴，怎么办？

- 首先，只是让学生靠近其他学生。您只需另找一名学生，让其位于一米以外，并逐渐地缩短他们之间的距离。

- 在学生感兴趣的基础上引入活动，然后，使用您的激情自然而然地吸引其他学生的注意力。保持活力和热情，鼓励其他人加入，并持续与孤独症学生保持亲近。

如果她不说话，怎样跟同伴玩耍？

- 使用简单的互动形式（例如，轮流玩球、跟附近的朋友玩耍、共享一桶绘画颜料、收试卷等）。
- 关注不需要言语的交流方式。例如，玩命名游戏时，需要互动，但是不需要太多语言。

如果学生很聪明，但是交际能力很糟糕，怎样鼓励他交流？

- 首先，尝试弄清楚他是否能改变一些简单的事情，变成一个更为社会所接受的同伴。
- 尝试制订具体的目标，如保持合适的物理空间和语调（或者学生的任何其他需要）。如果学生使用了合适的语气，选择了良好的交谈话题，保持了目光接触，就对其进行奖励。
- 结合其他策略，例如，视频示范[1]、社交故事[2]等，帮助学生理解复杂的社会交际。
- 确保您的辅助方式、模仿的社会互动等都是自然的，以减少生搬硬套的行为。

如果我所教的任务没有任何自然的、直接的强化物，怎么办？

- 对于很多任务，尤其是学习方面的任务而言，这可能是您的第一个反应。然而，一个自然的奖励适用于许多任务。这将增强学生参与活动的积极性，也会强化学习，减少行为问题。
- 将有趣的东西融入学生的活动中。
- 找一些可以激发动机的具体活动。例如，学生可能喜欢在完成自己的作业之后收其他同学的材料或作业，或者完成每一道数学题目以后，喜欢选择一些不同

---

[1] 编注：有关视频示范的信息，请参阅萨拉·默里（Sarah Murray）和布伦娜·诺兰（Brenna Noland）的《孤独症谱系障碍儿童视频示范实用指南》（*Video Modeling for Young Children with Autism Spectrum Disorders: A Practical Guide for Parents and Professionals*）一书，此书中文简体版于 2022 年由华夏出版社出版。

[2] 编注：有关社交故事的信息，请参阅卡罗尔·格雷（Carol Gray）的《社交故事新编》（*The New Social Story Book*）一书，此书的中文简体版于 2019 年由华夏出版社出版。

颜色的铅笔。

• 当然，也有一些学生需要学习的东西，这就需要间接的奖励。这些技巧应该使用另一种方式来教。

如果学生必须毫无选择地学一种技能，怎么办？

确实有一些技巧是学生必须要学习的，无论他愿意不愿意。

• 尝试把某些选择融入活动本身中。例如，学生可以选择在哪里坐，或者活动里面要使用什么材料。他们也选择下一个轮到谁或者什么时候结束活动。

• 当然，在这些情况下，您没有跟着学生走，但至少您给了他们一些选择的机会。

• 在某些情况下，您可以按照学生的感觉走，也可以一直为某个特定目标而努力。例如，几乎所有活动都可以包含计算或颜色辨认。

第三部分

资源与支持

第七章 培训教师助手[①]

本章综述

教师通常有责任培训教师助手掌握特殊的教学策略。本章介绍了培训教职工的一些技巧，以及评估关键反应教学法实施情况的程序。

以下各部分的主要内容有：

培训过程

  第一步：示范关键反应教学法

  第二步：观察、评估并提供反馈

  第三步：要求教师助手参考关键反应教学法组成要素总结表

评估关键反应教学法的实施

  使用关键反应教学法之评估和关键反应教学法之反馈

保持和提高技能

当教学小组中加入教师助手时，您就有责任教会教师助手一些教学策略，本章将会提供资源方便您对教师助手进行关键反应教学法的培训，并评估其对关键反应教学法组成要素的实施情况。此外，本章还提供了一些相关资源，以增进教师助手对于孤独症及其他相关障碍以及一般行为管理策略的理解。

[①] 编注：对应英文是 paraprofessional，因没有接受过类似教师的系统培训，因而有别于专业人员，但可以满足所负责学生的某些特殊需要以及帮助他们适应学校生活，国内也译为"助教""影子老师""陪读老师"等。

培训过程

在培训教师助手实施关键反应教学法时,我们建议您按以下的步骤[①]进行:

1. 当教师助手在旁观察时,与学生一起示范关键反应教学法的所有内容;
2. 观察教师助手实施关键反应教学法的过程,并做出评估和反馈;
3. 要求教师助手按照关键反应教学法组成要素总结表(见第四部分,讲义21~28),回顾各组成要素的实施情况。

不断重复以上步骤,直到教师助手完全掌握每一个要点。下面将详细探讨每一个步骤。

第一步:示范关键反应教学法

与学生一起示范是展示关键反应教学法组成要素的一个很好方法,它使教师助手觉得这项干预更有意义,也更令人兴奋。您可以选择与一名或多名学生一起示范关键反应教学法的组成要素,选择一种学生喜欢且您容易控制材料的活动。在准备实施关键反应教学法之前,您可能想要完成"讲义14:关键反应教学法之学生简介"(请参阅第四部分),图7.1 就提供了完整的样例。将讲义14复印,让教室里的专业教师助手人手一份。向教师助手简单介绍您的活动,并强调您将要实施的关键反应教学法的具体组成要素,运用表7.1确定每个讲座涉及哪些具体组成要素。首先从环境创设的组成要素开始,并逐步过渡到其他组成要素,然后休息一小段时间,在这段时间内可以就这一活动进行评论和提问。如果没有足够时间进行讨论,教师助手可以把问题写下来,等时间允许时再进行讨论。

> 当和学生一起活动时,运用几分钟的时间来示范关键反应教学法的组成要素,剩下的时间仅仅关注学生,不要对教师助手进行任何评论。

另一个有益的步骤是在示范关键反应教学法时进行录像,原因有以下几点。第一,这可以减轻教师助手被拍摄时出现的抵触情绪;第二,您可以将这些录像中的片段给家长和其他工作人员看,使他们了解关键反应教学法是如何进行的;第三,观察自身怎样与学生开展活动,这可以提升您运用关键反应教学法的能力。

[①] 编注:由于培训步骤的部分内容涉及版权问题,因而在此书中未详尽列出所有步骤,故下文中提到的讲座等具体信息也未呈现,希望读者可以理解。

表 7.1　培训教师助手

这个表格整理了培训教师助手讲座中提及的关键反应教学法具体组成要素以及组成要素汇总表，以供您参考。

培训教师助手讲座	示范关键反应教学法 组成要素	关键反应教学法 组成要素汇总表
讲座一： 什么是关键反应教学法？	无	无
讲座二： 关键反应教学法前提策略	1. 学生的注意力 2. 清晰且恰当的指令 3. 难易结合的任务 4. 分享控制权 5. 多重线索	讲义21：组成要素1：学生的注意力 讲义22：组成要素2：清晰且恰当的指令 讲义23：组成要素3：难易结合的任务 讲义24：组成要素4：分享控制权 讲义25：组成要素5：多重线索
讲座三： 关键反应教学法的学生行为及后果策略	6. 直接强化 7. 依联的后果 8. 强化尝试	讲义26：组成要素6：直接强化 讲义27：组成要素7：依联的后果 讲义28：组成要素8：强化尝试
讲座四： 团体关键反应教学法	无	无

第二步：观察、评估并提供反馈

观察教师助手运用关键反应教学法的过程，评估其实施情况并提供反馈。研究表明单独观察、评估并给予反馈可以帮助教师助手提高技能，然而这可能是十分困难的。如果您拥有多个教师助手，您会发现没有足够的时间与每个人交流，或者您不方便告诉某个人哪里需要改进。当您开始这一步骤时，确保教师助手感到得心应手并认为自己能胜任。在观察之前，您需要自己填写或与教师助手合作填写为接受训练的学生准备的"讲义14：关键反应教学法之学生简介"，这一步骤可以帮助教师助手更个别化地运用关键反应教学法，使其适合每一个学生的发展水平。

教师助手前几次使用关键反应教学法时可能会非常困难，所以我们建议您以表7.1为指导，一次选择一两个组成要素，当教师助手掌握之后，再开始尝试其他

| 讲义14 | **关键反应教学法之学生简介** |

学生：朱莉娅

这一表格有助于探讨学生的偏好和当前发展水平，定期更新学生的进步和偏好（建议每周一次），并与您的小组分享这一文件。运用关键反应教学法数据记录表格收集信息以完成该简介。

指标/目标：每月学会命名5~10个新单词；在2种情境或对2个人使用这些单词。			
日期	习得性	保持性	偏好
9/12/08	瓶子，汤匙，书本 午餐时尝试命名（热狗、果汁、苹果）	汽车、球、婴儿、电话、饼干	喜欢苹果汁、热狗、使用记号笔、恐龙、假装喂洋娃娃
9/19/08	瓶子、汤匙、记号笔、热狗、苹果、葡萄	汽车、球、婴儿、电话、书本、饼干、果汁、用"ah"表示苹果（apple）	喜欢草莓酥饼、苹果汁、热狗（可蘸芥末）、记号笔
9/26/08			
10/2/08			
指标/目标：完成新的象征性游戏活动			
9/12/08	给娃娃洗澡、安置娃娃睡觉、准备野餐	抱着娃娃、用玩具电话打电话、独自假装吃东西	喜欢娃娃、晃动摇篮、同伴拿走被子时不安
9/19/08	给娃娃洗澡、准备野餐、用汤匙喂娃娃	抱着娃娃、独自假装吃东西、安置娃娃睡觉	安置娃娃睡觉
9/26/08			
10/2/08			

指标/目标：参与同伴游戏			
9/12/08	回应同伴邀请、分享玩具/材料	在同伴附近玩耍、观看同伴玩耍	喜欢在操场上跟着同伴
9/19/08	同上	同上	喜欢在滑梯上与同伴上下滚动球
9/26/08			
10/2/08			

指标/目标：数数并认识数字1~20			
9/12/08	独立数11~20	数1~10	在吃点心时数食物的数量，数粗大运动（如摇摆、跳跃等）动作
9/19/08	同上	同上	没有新的说明
9/26/08			
10/2/08			

说明：

这个表格罗列了学生的目标、达到这些目标的最佳活动，以及有关活动的有用技巧和说明。这是与您的课堂团队分享学生目标信息的重要工具。

图 7.1　讲义 14：关键反应教学法之学生简介完整样例

内容，最后再把所有内容放到一起使用。一旦您感觉到教师助手已经将关键反应教学法运用得比较好，您就可以使用"讲义15：关键反应教学法之评估"和"讲义16：关键反应教学法之反馈"（见第四部分）的内容来为他们提供更细致的评论，并评估他们在一段时间内在不同学生身上使用关键反应教学法的情况。

试着提供一些积极的反馈和改进建议。

第三步：要求教师助手参考关键反应教学法组成要素总结表

在讨论完教师助手使用关键反应教学法的情况后，您需要回顾一下他有哪些方面做得不好。为了节省时间，第四部分中包括了关键反应教学法组成要素总结表，一个表格就是对一个组成要素的总结，一些小技巧和例子也包括在内。利用这些表格，对关键反应教学法的实施进行简单回顾，从而节省重复解释某一具体组成要素的时间。在下一次观察之前，选择一两个与培训报告相符的内容，向教师助手示范如何复习和练习，这有利于集中教师助手的注意力。

在教师助手掌握每一个组成要素之前重复这三个步骤。培训是一个持续的过程。每次观察时继续关注其中一两个组成要素，要求教师助手回顾相关的信息，在观察之前提醒其思考具体组成要素。培训教师助手的时间长短由若干因素决定。我们发现关键反应教学法中许多组成要素对教师助手来说是可以从自然情境中学到的，所以您会发现在您进行结构化训练之前他们可能已经能够正确运用其中的几个组成要素，但是也不要因为他们很难学会一些技能，您就气馁。

您投入观察和提供反馈的时间，以及教师助手先前的经验会影响学习关键反应教学法所有组成要素所需要的总时长。

评估关键反应教学法的实施

如第六章所述，实施的忠实度可以表明干预是否按照初始计划进行，经过反复证明，关键反应教学法可以帮助学生学习。但是，成功的前提是关键反应教学法必须得到正确且完整的实施。如果干预中只实施了少数几个组成要素，或组成要素没有得到正确实施，那么学生究竟能从关键反应教学法中学到什么，就不得而知了。所以，帮助教师助手学习正确运用关键反应教学法就变得非常重要，您需要使用"讲义15：关键反应教学法之评估"（见第四部分）来评估干预的实施情况。

使用关键反应教学法之评估和关键反应教学法之反馈

为了完成"讲义15：关键反应教学法之评估"，首先需要阅读一个简单的说明书，并了解评分类别，其次要考虑对学生来说哪种技能是简单的（保持性技能），哪种是困难的（习得性技能）。了解这些信息后，您就可以评估教师助手是否给学生安排好了简单和困难的任务。现在您要做好准备，运用大约10分钟的时间来观察教师助手，前5分钟您可能会以提出建议或问题开始，然后在剩余5分钟的时间里静静观察，不做任何评论。最好向教师助手解释一下接下来将要做什么（例如，"现在你要单独和露西娅进行几分钟的活动，我不会发表任何评论，我们要集中注意力观察你与露西娅的互动，在你完成之后，我们会就刚才的活动进行讨论"）。

当您观察时，您应该同时完成关键反应教学法评估文件，还要留意教师助手为学生提供了多少次机会，并评估他/她在多大程度上正确运用了每一个组成要素。如果教师助手偶尔会给学生机会，但错失了大部分的机会，您应该给他/她打2分。在判定了第一类别"教师最大限度地激发了学生的动机"中的每一个组成要素之后，选择一个总评分数。总评分数是为了说明在每一类别中所有技能的综合评分，这可以使您确认优势领域和弱势领域。为了得出恰当的总评分数，需要将类别中每一技能的分数进行平均。4分意味着每一个组成要素在大多数时间都实施正确，只错过了少数机会。在评估完成之后确定正确实施了哪些内容（4分或5分），而哪些内容需要改进（3分或更低）。

只有教师助手在所有内容中都得到了4分以上的成绩，才算满足了忠实度标准或掌握标准。

现在您要准备好为教师助手提供有用的、基于数据的反馈,"讲义16:关键反应教学法之反馈"(见第四部分)可以帮助您实施这一步骤。提供反馈时要确保从表扬开始,强调他/她做得好的地方并肯定他/她的努力。询问教师助手在与学生互动时感觉如何,此外指出还需要改进的地方,并举例说明怎样做得更好。了解教师助手在与某个学生互动时有无其他的问题,花一些时间来仔细地回答这些问题。最后,提醒教师助手(和您自己)在这次观察中有哪些方面是进展很顺利的,因为培训和学习一种新的干预方法非常乏味,我们都需要时刻肯定自己的努力!

保持和提高技能

在教师助手习得如何使用关键反应教学法之后,我们建议您通过持续的支持和监督来保证他们将技能保持下去。我们为继续学习提供了一些建议。

- 与多个学生练习。如果您计划让教师助手在多个学生身上运用关键反应教学法,先让他们在每个学生身上练习并表现出较高的干预忠实度是非常重要的。因为孤独症儿童的具体技能、动机水平及问题行为各不相同,教师助手在不同学生间运用关键反应教学法的技能也就会不同。

- 示范关键反应教学法。注意您每天使用关键反应教学法的具体情境,花一些时间来解释您是如何在具体学生、学习目标或活动中运用这些策略的。这些积极案例可以提供持续不断的学习机会,来不断适应学生和课堂。

- 提供简单的每周小结或两周小结来记录学生的进步、新的活动和材料。在您持续培训教师助手的同时,您可能需要给教师助手开例会来向他们介绍学生的进展及在新的情境中运用关键反应教学法。如果教师助手有时间在学生不在的时候跟您开会但是您没有时间,就需要考虑单独与教师助手交流,或给教师助手提供一份简单的备忘录以备回顾。"讲义17:每周课堂备忘录"(见第四部分)就可以用来写这样的备忘录,图7.2提供了一个完整的例子。每位学生的习得性和保持性技能、新的课堂材料或与关键反应教学法有关的帮助和支持,以及您每天示范

| 讲义17 | | 每周课堂备忘录 | |

日期：10/19~10/23

课堂信息：
周五学生上半天学。请准备好下午的关键反应教学法实践。
周二是詹妮弗的生日；13点30分时有特色零食。
11月7日，周六，在州立学院开展孤独症开放研讨会（我们现在可以以团体的方式注册）。

学生最新资料：

学生	新保持性任务	新习得性任务	偏好/其他
朱莉娅	果汁	葡萄、书签	草莓酥饼、周三至周五在外
布兰登	踢球、"我想要"的句型	有方向地踢、吃（食物）、玩（玩具）	喜欢英式足球
波罗密多	发光的物品、所有颜色	包含颜色的2个单词的短语	用指尖蘸颜料绘画、扔球
大卫	允许同伴靠近	平行地与同伴玩同一个玩具或游戏	不喜欢拼图、不与同伴一起拼图
利正姆	数到20（死记硬背）	能够对应地数到20	随便乱数

这一表格举例说明了让您的教师助手随时了解学生目标和进步最新情况的方法。

图7.2 讲义17：每周课堂备忘录完整样例

关键反应教学法时将要开展的新的活动，都要呈现在会议或备忘录中。这些更新的资料可以使您和教职工充分了解情况，确保您能够通过评估学生的进步来指导教学，并最大限度地增加了学生的学习机会。

- 定期评估关键反应教学法的实施。当教师助手能正确完成关键反应教学法的所有内容时（是的，这一定会实现！），您需要定期评估他们实施关键反应教学法的情况，定期评估并提供反馈可以使教师助手保持自己运用关键反应教学法的能力。大部分人在习得一种新的技能之后随着时间的推移会忘记一些。您的教师助手也许能够自如地使用关键反应教学法，并在使用时对其进行一些小的调整。然而，即使教师助手掌握所有内容，他们在不同情境中教授不同学生时也会感到不自信。因此持续对他们进行评估是很重要的。我们建议您每个月评估一次，直到连续三个月教师助手都能保持实施的忠实度，此后调整为一个季度评估一次。

本章小结

培训教师助手使用关键反应教学法可以改善课堂中所有学生的学习体验，尽管培训可能比较花费时间，但这本书提供的资源和材料可以使培训过程更加有效并持续下来。

第八章 与家长合作

与家长和照看者分享关键反应教学法

本章综述

父母和其他监护人在孩子的教育服务中扮演着重要角色，与家长交流课堂中运用的教学方法是非常重要的。本章提供一些相关信息，包括如何与家长分享关键反应教学法的基本结构和具体组成要素。还包含了用以帮助家长在家中进行关键反应教学法干预的技巧和讲义。建立与家长的合作关系将会帮助学生在家庭和学校中提升技能，增进沟通互动。

以下各部分的主要内容有：

与家长合作的原因

支持家长的参与

　　第一步：给家长提供课堂关键反应教学法讲义

　　第二步：给家长提供家庭关键反应教学法讲义

　　第三步：利用关键反应教学法之升级表，与家长分享信息

父母和其他监护人在孩子的教育决策过程中扮演着重要角色。他们会参与制订孩子的个别化教育计划，将孩子安置在某一项目或课堂中，评估和监控孩子的进步。因此，家长会对您用以帮助孩子取得进展的教学方法和策略产生兴趣。本章将与家长和其他监护人分享关键反应教学法的工具或方法。下述信息将帮助您向家长介绍关键反应教学法，同时为家长提供在家中施行关键反应教学法所需要的资源。

与家长合作的原因

首先,在课堂中同时让家长和其他监护人参与干预过程可能会让您觉得难以承受。为了给每个学生提供较为全面的教育,除管理课堂之外还要联系家长,这使您感到压力颇大。然而,如果您定期与家长分享学生的目标和进步,并且家长与您的教育方法一致,那么学生的进步会让您发现这些额外努力是非常值得的!

> 与家长分享关键反应教学法,能够使学生在家里和学校中取得更大的进步并做出更适当的反应。

研究表明(请参阅第九章)家长确实能学会可靠地实施关键反应训练,指导孩子学习沟通、游戏和社交技能。而且家长发现比起其他以应用行为分析为基础的、更结构化的干预项目,在家中实施关键反应训练更加愉快,因为它可用于孩子已经建立的日常生活常规,如洗澡时间、点心时间或游戏时间。家长能与孩子一起参与学校之外的更多活动和场景,同时家长对能激发孩子动机的事物有独特的认识。家长们可能会发现一些曾经很困难的行为,如让孩子穿衣服,在实施关键反应教学法后会变得相对简单。家长可利用孩子的喜好,如穿一件最喜欢的衣服或洗澡时玩玩具,提高孩子学习新技能的动机水平。尽管您不能像培训教师助手那样培训和监控家长使用关键反应教学法,但家长仍可以成为宝贵的、达成学生目标的课外合作伙伴。我们可通过与家长分享关键反应教学法提高他们的动机水平,并充分利用他们呈现的机会。

支持家长的参与

正如有效的教育需要个性化地满足学生不同的需求和特点一样,与家长分享信息也需要一些个性化处理。家长及其他监护人可能在时间、资源、能力等方面均存在差异。这里提供的与家长分享关键反应教学法的过程,能使您根据不同情况选择您要分享的信息。即使所有家长都能受益于您在课堂中所运用的方法,但那也并不意味着所有家长都有同样的能力并且愿意在家积极地实施关键反应教学法。有时一些家长可能会觉得抚养一个孤独症孩子是一个巨大的挑战。对于这样的家长来说，最好的方法是与他们分享本书的"讲义18：在课堂上使用关键反应教学法"（在本书第四部分），以及记录学生的进步和发生在学校的趣事，而不是为实现家庭训练目标而提供确切的建议。然而可能有些家长渴望学习如何与孩子进行沟通互动从而发展孩子的语言、游戏和社交技能。这些家长可能对关键反应教学法组成要素总结表（参见本书第四部分：讲义21～28）以及如何更多地了解目标建立的相关信息感兴趣。

与家长分享关键反应教学法，探讨孩子的进步以及您在课堂中使用的教学方法，这些为您和家长提供了共同语言。

很重要的一点是，向家长强调关键反应教学法可能与他们目前正在使用的干预方法没有较大区别。相反，它是一种实现互动的方法，在这种互动中家长有意地控制孩子行为的前提事件（线索）以及后果来促使他们在以后更加积极地做出反应。有时可能需要在回应孩子方面做一些小的调整，但有一些内容家长们正在做着，如直接奖励或强化尝试。花时间与家长分享关键反应教学法，从而为他们提供在家中训练目标的工具，这样您很有可能在课堂中看到孩子的进步。

根据每个家庭的不同需求，依照下述的步骤与学生的家长和其他监护人分享关键反应教学法。下述的每一步都将进行更详细的讨论。文中提到的所有讲义都包含在本书的第四部分中。

1. 给家长提供"讲义18：在课堂上使用关键反应教学法"。

2. 如果家长有兴趣学习更多内容，则提供"讲义19：在家中使用关键反应教学法"、"讲义1：关键反应教学法之组成要素"，以及"关键反应教学法之组成要素总结表"（讲义21～28）。

3. 运用"关键反应教学法之升级表"（讲义20A和20B）来分享家中和课堂中的信息。

 本书第四部分提供了讲义18、19、20A、20B的内容。

第一步：给家长提供课堂关键反应教学法讲义

"讲义 18：在课堂上使用关键反应教学法"提供了关键反应教学法的应用行为分析结构，并列出了基本组成要素，简明地叙述了如何在关键反应教学法实施过程中收集数据，因为这是家长经常担忧的核心问题。这份讲义应该在您第一次向家长介绍关键反应教学法的时候使用。因为关键反应教学法是自然的，有些不熟悉关键反应教学法的人可能只会看到您与学生的互动，但是并不理解您用于提高学习效果的特定组成要素。许多家长可能熟悉更为结构化的、基于应用行为分析的干预方法，并担心若没有清晰、基于试验的模式，他们的孩子就可能缺乏适当的干预。

> 让家长确切地知道您目前在做什么，也许能帮助他们意识到孩子在自然环境中正在接受高质量的循证干预。

第二步：给家长提供家庭关键反应教学法讲义

如果家长学完您在课堂中使用的关键反应教学法之后仍向您获取更多的信息，您可以给他们提供"讲义 19：在家中使用关键反应教学法"。这个更详细的讲义浓缩了理解关键反应教学法组成要素所需的信息，描述了关键反应教学法的八个组成要素以及提供反应机会、观察儿童行为、提供恰当的后果这一过程。讲义中还包括了将关键反应教学法融入生活常规的活动列表及更多信息资源的简要清单。您还可以给家长提供在家中使用、直观列出关键反应教学法组成要素的视觉辅助（讲义 1：关键反应教学法之组成要素），也可以像您与其他教学人员一样与家长共享关键反应教学法之组成要素总结表（讲义 21 ~ 28）。

第三步：利用关键反应教学法之升级表，与家长分享信息

关键反应教学法之升级表（讲义 20A 和 20B）可帮助您与家长建立关于学生目标和进步的双向沟通。研究表明，家长在参与了目标制订的情况下更倾向于在家中实施恰当的干预。让家长了解课堂活动可以引导他们对家中的干预目标进行选择。给家长提供一个途径，让家长分享他们在家中训练的目标，这可以激励他们

继续使用关键反应教学法训练孩子。

在家庭和学校之间定期传递关键反应教学法之升级表。您和家长共同决定传递的频率。您可以使用"讲义 14：关键反应教学法之学生简介"来填写关于学生目标的信息，因为您与同事很可能已经完成了那个表格。关键反应教学法之升级表也使您可以及时与家长分享能激发学生动机的活动或材料，因为学生的偏爱可能随着时间的推移发生变化。此外，"讲义 20A：关键反应教学法之升级表——从课堂到家庭"包含了一个重点区域，专门强调了能够在教室中提高学生反应水平的策略，如获取注意或给学生选择材料的机会。同样，"讲义 20B：关键反应教学法之升级表——从家庭到课堂"也向家长收集关于哪些组成要素在家最有效的反馈。

将学生喜爱的事物融入特定技能的教学中往往是需要创造力的。若能集合教师和家长的智慧，自然会更好！

本章小结

当您与家长分享课堂中使用的干预方法以及他们学习在家中实施关键反应教学法时，家长和其他监护人就变成了宝贵的合作伙伴。本章提供的一些材料和建议可以帮助您依据家长动机和参与性的不同水平，有针对性地决定与他们分享的信息量。与家长或其他监护人分享关键反应教学法能够为你们探讨学生的进步创建共同的话语体系，也能够使家长获得在家中帮助孩子达到目标的方法。如果您抓住了让家长参与训练的机会，您就有可能在课堂中看到与家长合作的益处。

第九章　关键反应教学法的科学依据

> **本章综述**
>
> 　　如前几章所述，关键反应教学法是关键反应训练的直接变式。关键反应训练与其他自然主义行为技术有众多相似特征，并已广泛应用于处理一系列行为问题。现有大量的实证研究支持关键反应训练在儿童孤独症训练方面的运用。关键反应教学法的研发目的就是促进关键反应训练技术融入今日的课堂。
>
> 　　以下各部分的主要内容有：
>
> 关键反应教学法的历史发展
>
> 关键反应训练研究
>
> 　　使用关键反应训练进行沟通能力训练
>
> 　　使用关键反应训练进行共同注意训练
>
> 　　使用关键反应训练进行游戏技能训练
>
> 　　使用关键反应训练进行与同伴交往能力的训练
>
> 　　使用关键反应训练提高完成家庭作业的技能
>
> 调整关键反应训练以用于课堂

　　如前几章所述，关键反应教学法源自一个基于研究的干预项目——关键反应训练。关键反应训练是以应用行为分析为原理的自然主义行为干预策略。应用行为分析在科学文献中获得了坚实的研究支持（National Research Council, 2001）。应用行为分析旨在通过设计、使用及评估环境调整和干预，进而大幅度提高人类行为的社会性（关于应用行为分析的详细描述请参阅第二章）。应用行为分析使用前提事件（在行为发生之前出现的事件，如教师问孩子蜡笔的颜色）以及后果（在行为发生之后出现的事件，如孩子说出颜色之后教师奖励他那支蜡笔）来改变行为。应用行为分析坚守的信念是，通过改变行为所处的环境因素来塑造个人的行为。

从一对一的高结构化项目到使用儿童喜欢的活动来教导技能的自然主义策略，基于应用行为分析的干预策略代表了大多数孤独症儿童的干预策略。

关键反应教学法的历史发展

自然主义干预已用于处理一些高结构化干预项目的限制性因素，如回合试验教学（即 DTT; Lovaas, 1987）。因此，最早的关键反应训练用来帮助孩子回应不同的线索、人物、情境以及指令，促进自发的回应，减少对辅助的依赖，以及提高动机水平。不过，所有的一切仍依赖于应用行为分析的原理。

自然主义行为干预概念自提出以后，经历了一系列的变化与改进。这些改变已催生了一批相似的干预技术，包括情境随机教学（Hart&Risley, 1968; McGee, Krantz, Mason, & McClannahan, 1983）、需求—示范的程序教学（Rogers-Warren & Warren, 1980）、时间延迟（Halle, Marshall & Spradlin, 1979）、情境教学（Alpert & Kaiser, 1992）以及关键反应训练（Koegel, Schreibman, et al., 1988）。虽然这些干预方法由不同的实验团队研发，但大致包括以下几个基本成分（Delprato, 2001; Kaiser, Yoder, & Keetz, 1992）：

- 学习环境的结构化程度不高。
- 教学在孩子和成人的互动中进行。
- 教学环节始于儿童对某一物品或活动的兴趣。
- 教学材料由儿童选择，并且经常变动。
- 明确地提出目标行为。
- 儿童的反应与强化物之间存在直接关系。
- 不仅强化孩子的恰当反应或连续、近似正确的反应，还奖励他们的反应尝试。

关键反应训练以一系列的经验主义研究为基础，这些研究确定了能够影响多个领域功能的"核心"发展领域。凯格尔及其同事（1999）认为，在这些关键行为得到加强之后，自我管理、自我学习以及泛化能力的改善也会随之而来。近年来，国家孤独症中心（National Autism Center, 2009）综合回顾了孤独症儿童的干预方法，将关键反应训练认定为一种完整的干预模式，详情可见网址 www.nationalautismcenter.org/affiliates。

> 截至当前，已确定了三个关键领域：动机、多重线索的反应以及儿童的自我发起。

关键反应训练研究

为了在课堂环境中得到运用，关键反应教学法对原有的关键反应训练程序进行了调整。因为在课堂环境下系统应用关键反应教学法的实践相对初步，所以相关的研究都以关键反应训练的名义开展。因此，我们使用关键反应训练来描述能够支持干预中特定组成要素的研究。与其他自然主义干预主要关注沟通能力不同，关键反应训练已用于训练一系列技能，包括象征性游戏（Stahmer, 1995）、社会戏剧性游戏（Thorp, Stahmer, & Schreibman, 1995）、同伴社会交往（Pierce & Schreibman, 1995）、自我发起（Koegel, Carter, & Koegel, 2003）、共同注意（Rocha, Schreibman, & Stahmer, 2007; Whalen & Schreibman, 2003）以及完成家庭作业（Koegel, Tran, Mossman, & Koegel, 2006）等技能。关于关键反应训练研究基础的独立评论将此干预程序推崇为对孤独症儿童行之有效的循证干预手段（Delprato, 2001; Humphries, 2003）。此外，除了最初的该干预程序开发者之外，其他研究者进行的研究也取得了同样的积极成果（Jones, Carr, & Feeley, 2006; Kuhn, Bodkin, Devlin, & Doggett, 2008）。

使用关键反应训练进行沟通能力训练

对孤独症儿童进行干预的核心是沟通能力。沟通能力影响儿童发展的很多方面，如果学生无法与他人沟通，他们的学习能力将会受到影响，社会性发展将会延迟，独立能力的发展也将受到阻碍。那些成功学会沟通的孤独症儿童表现出的诸如自我刺激、自伤、易怒以及攻击性行为等异常行为的水平都较低（Creedon, 1975）。因此，显而易见的是，针对孤独症儿童的第一个早期干预计划应该旨在提供有效的沟通策略。

与传统的回合式教学相比，关键反应训练使得孤独症学生在语言上得到发展，并且不适当和破坏性行为大为减少（Koegel, Koegel, & Surratt, 1992）。关键反应训练在提高言语模仿能力（Koegel, Camarata, Koegel, Ben-Tall, & Smith, 1998; Laski, Charlop, & Schreibman, 1988）、命名（Koegel, Camarata, Valdez-Menchaca, & Koegel, 1998）、提问（Koegel, Camarata, Valdez-Menchaca, & Koegel, 1998; Koegel et al., 2003）、自发性言语（Laski et al., 1988）、会话沟通（Koegel et al., 1998）以及促进无言语儿童快速获得功能性言语（Sze, Koegel, Brookman, & Koegel, 2003）等方面均有较好的效果。研究发现，关键反应训练同样促进了孤独症儿童技能的泛化（在其他环境及其他人群中使用语言技能）以及保持（随着时间的推移继续使用这些技能）（Humphries, 2003; Schreibman, Kaneko, & Koegel, 1991）。口语已经成为大部分关键反应训练研究的主要焦点，该技术在促进孤独症儿童语言交流方面非常有效（Humphries, 2003）。当然，作为沟通训练的一部分，学前技能如颜色、数字、字母及形状等也是干预的目标（Koegel & Koegel, 2006）。

使用关键反应训练进行共同注意训练

在正常的发展过程中，共同注意被视为与语言一同发展的关键行为（Bakeman & Adamson, 1984; Baron-Cohen, 1987; Bates, Benigni, Bretherton, Camaioni, & Volterra, 1979; Loveland & Landry, 1986）。孩子使用共同注意与同伴沟通，并熟悉环境。共同注意是孤独症的核心缺陷之一。共同注意能力的提高也可以促进其他领域的发展（Kasari et al., 2005）。关键反应训练已直接应用于训练儿童的共同注意能力（Pierce & Schreibman, 1995; Whalen & Schreibman, 2003），这也和表达性语言及社会沟通行为的并行变化相结合（Jones et al., 2006）。例如，惠伦和施赖布曼（Whalen & Schreibman, 2003）使用关键反应训练对孤独症儿童进行共同注意训练，使其学习回应成人的展示、指示及目光转换，教他们进行目光转换（也就是协调性共同注意），以及教他们用手指物品以达到分享而非索要的目的。这些行为在其他环境中得到了泛化，并且观察者使用具有良好社会效度的测量方法测量到积极的变化。

使用关键反应训练进行游戏技能训练

研究已经证明关键反应教学法的结构化程度足以帮助学生学习由简单到复杂的游戏技能，其灵活性也足以让学生在游戏中一直发挥创造性。研究表明发展水平已达到能够学习象征性和社会戏剧性游戏技能的儿童可通过关键反应训练学习与成人进行自发、创造性的游戏，并能达到与普通儿童相似的水平（Humphries,1998; Stahmer, 1995; Thorp et al., 1995）。在一项研究中，斯塔曼（Stahmer, 1995）使用关键反应训练对7个4~6岁的孤独症男孩进行训练，他们达到了可以学习象征性游戏的发展水平，研究者使用了第五章描述的客体游戏技能策略。每周3小时的象征性游戏训练持续了8周之后，孩子们自发的象征性游戏行为的次数、游戏的复杂程度、沟通表现的时间及其复杂程度均明显增加和提高。使用关键反应训练教授的游戏技能在新玩具和成人那里得到了良好的泛化，并且这些行为的改变在很长时间内都是稳定的（Stahmer, 1995）。

使用关键反应训练进行与同伴交往能力的训练

几项关于关键反应训练项目的研究结果表明，关键反应训练是训练孤独症儿童回应同伴能力以及向他人发起互动能力的有效策略（Koegel et al., 1999; Kuhn et al., 2008; Pierce & Schreibman, 1997）。例如，参与关键反应训练项目的孤独症学生在接受干预后，提高了自发性社会发起能力，并建立了与普通儿童的社会交际圈（Koegel et al., 1999）。在一项研究中，有两个10岁的孤独症儿童，他们的社会技能较低，并有一定程度的发育迟缓，研究人员使用关键反应训练教导他们参与社会交往。接受干预之前，这两个儿童并没有很多的沟通行为，并且从未主动与同伴沟通。然而，在几周的训练之后，他们有75%以上的时间都在相互沟通，并且主动发起。同伴实施的关键反应训练致使语言和游戏能力的变化迁移到有新玩具或新同学的环境中。社会交往干预方法可参阅第五章的"社交互动技能"部分。

使用关键反应训练提高完成家庭作业的技能

关键反应训练也用于提高孩子完成家庭作业的技能。使用关键反应训练来调整对家庭作业的指导，这包括让孩子选择完成作业的地方以及完成作业的顺序，而非选择活动；分散安排简单任务（保持性技能）和复杂任务（习得性技能）；奖励那些完成了部分作业或尝试解答难题的孩子来强化尝试（详情见第五章"学业技能"部分）。使用关键反应训练程序帮助孩子完成家庭作业后，他们的破坏性行为减少，孩子的积极性增加，家庭作业的质量也提高了（Koegel et al., 2006）。

调整关键反应训练以用于课堂

一项调查南加利福尼亚地区的教育者如何教育孤独症学生的研究结果显示，参与调查的教师中，70%以上在教学中运用了关键反应训练或关键反应训练的变式（Stahmer, 2007）。其中12%的（7名）教师将它作为主要的教学干预手段。尽管关键反应训练是他们最主要的干预措施，但只有2名教师运用全套干预措施。余下的教师表示，他们使用了关键反应训练的部分干预方法，或将关键反应训练与其他干预方法配套使用。这些发现表明，想要使关键反应训练能够更好地在课堂中得以应用，需要与教师合作。这也是关键反应教学法诞生的源泉之一。

首先，我们将几组教师汇聚到一起，然后询问他们传统的关键反应训练的利弊。许多教师表示，关键反应训练与他们"优质教学"的理念相符，他们也能够理解。此外，他们还表示，关键反应教学法帮助孤独症儿童在更大的环境中实现新技能的泛化。他们喜欢关键反应训练的一些特定步骤，包括让指导和教学机会更明确、简洁，并且与儿童相关；布置保持性任务减少儿童的挫败感；明确强化与行为的直接关联；肯定近似正确的反应和指向目标的尝试；明确地使用轮流策略。

> 学前及初等教育的特教教师发现，关键反应训练是针对孤独症儿童的直观有效的教学策略。

不过，教师们也指出，在课堂中实施关键反应训练有很大的障碍。他们发现，在一对一训练中掌握的技能，若没有恰当的支持，很难应用于团体教学（尤其是圆圈时间这样的情境）中。有时他们发现很难使复杂的成分简单化；要想理解关键反应训练，一个重要的前提就是掌握应用行为分析的基础知识。教师还发现，收集数据很困难，并且不太确定该如何使用关键反应训练策略达到特定的个别化教育计划的目标。他们认为这很重要，因为学校和家长都是数据导向的，他们希望孩子接受的干预项目是由个别化教育计划的目标决定的。教师还想了解如何对教师助手进行关键反应训练的培训。他们认为，有时让孩子选择活动或教师在教室使用直接强化措施可能并不合适。他们还认为使用多重线索和条件型区辨是一个值得关注的地方，尤其对那些语言发展水平较低的孩子。根据上述反馈，研究者研发出关键反应教学法，对关键反应训练进行了调整，以帮助教师达到个别化教育计划的目标并在团体教学环境中使用这些策略。

尽管公立学校没有系统研究过关键反应训练，但仍有一些课堂教学的雏形，他们将这一干预与其他策略相结合，作为整体教学计划的一部分。例如，作为针对孤独症儿童的融合教育项目，儿童早期学校（Children's Toddler School，现名Alexa's PLAYC，位于圣地亚哥的拉迪儿童医院孤独症研究中心），在日常教学中将关键反应训练与其他干预策略相结合。教师在学校中使用关键反应训练促进孤独症儿童语言、社会性以及学前学业技能的发展（Stahmer & Ingersoll, 2004）。关键反应训练的实施是与其他策略相结合的，如回合式教学法（Lovaas, 1987）、图片交换沟通系统（Bondy & Frost, 1994）、发展或互动式策略（Ingersoll & Dvortcsak, 2006）、视觉策略（Schopler, Mesibov, & Hearsey, 1995）、感觉统合技术（Baranek, 2002）。一项研究表明，尽管参与Children's Toddler School教学计划的孩子中有50%不具备功能性沟通技能，但到3岁毕业时，他们中的80%已经具备了功能性语言。约一半的孩子在结束这项计划时，已具备会话性言语和象征性游戏合作能力（Stahmer & Ingersoll, 2004）。

同样，俄勒冈州的研究者一直与俄勒冈州教育部门合作，共同致力于在公立学校实施循证项目。他们研发了一个涵盖关键反应训练与其他得到科学支持的干预策略的项目。艾瑞克及同事于2003年公布了100多个参与该项目的孤独症儿童训练效果数据，结果显示大多数的孩子在社会沟通、表达性言语以及语言概念的使用方面取得了很大的进步。普遍来看，参与此项目的孩子每个月均获得了大于一个月的语言年龄的提高。除此之外，与孤独症相关的、不恰当或消极的行为也大大减少了。这些研究发现是鼓舞人心的，并且有力地证实了关键反应训练是一项可以在学校实施的有效干预策略。

本章小结

关键反应教学法起源于一项名为关键反应训练的教学计划，该计划基于科学研究，并以应用行为分析为原理，是一项自然式的行为干预策略。关键反应训练以一系列实证研究为依据，这些研究确定了针对能够影响众多功能发展的"核心领域"的训练要素。已经证实，关键反应训练在教授孤独症儿童一系列技能方面颇有实效，这些技能包括沟通、共同注意、游戏、社会交往以及家庭作业完成技能。一些关于关键反应训练研究基础的独立评论将此计划推崇为对孤独症儿童有效的循证干预措施，同时与之相关的有效的训练效果也在很多没有参与关键反应训练研发工作的研究者的研究中得到了证实。关键反应教学法对原有关键反应训练的程序进行了调整，使其在课堂环境中得以应用，这也是研究者、教师以及学校管理者紧密合作的产物。

第四部分

可重复使用的讲义

关键反应教学法的组成要素

讲义 1　关键反应教学法之组成要素

游戏技能

讲义 2　客体游戏水平进展表

识别激发动机的材料

讲义 3　关键反应教学法之信息收集

讲义 4　关键反应教学法之以时间为基础的偏好评估

讲义 5　关键反应教学法之配对选择偏好评估

在关键反应教学法实施中收集数据

讲义 6　关键反应教学法之计划和进展

讲义 7　关键反应教学法之目标总结

讲义 8　关键反应教学法之数据记录：非结构化

讲义 9　关键反应教学法之数据记录：半结构化

讲义 10　关键反应教学法之数据记录：结构化

讲义 11　关键反应教学法之团体数据记录：计数

讲义 12　关键反应教学法之团体数据记录：评级

使用关键反应教学法鼓励泛化

讲义 13　关键反应教学法之泛化探测

培训教师助手

讲义 14　关键反应教学法之学生简介

讲义 15　关键反应教学法之评估

讲义 16　关键反应教学法之反馈

讲义 17　每周课堂备忘录

与家长合作：与家长和照看者分享关键反应教学法

讲义 18　在课堂上使用关键反应教学法

讲义 19　在家中使用关键反应教学法

讲义 20A　关键反应教学法之升级表——从课堂到家庭

讲义 20B　关键反应教学法之升级表——从家庭到课堂

关键反应教学法之组成要素总结表

讲义 21　组成要素一：学生的注意力

讲义 22　组成要素二：清晰且恰当的指令

讲义 23　组成要素三：难易结合的任务

讲义 24　组成要素四：分享控制权

讲义 25　组成要素五：多重线索（扩大注意力）

讲义 26　组成要素六：直接强化

讲义 27　组成要素七：依联的后果

讲义 28　组成要素八：强化尝试

| 讲义1 | **关键反应教学法之组成要素**

线索

学生的注意力
在您提供线索前确保学生正在集中注意力。

清晰且恰当的指令
提供清晰且恰当的线索，此线索须达到或稍高于学生的发展水平。

难易结合的任务（保持/习得）
提供难易结合的任务以激发学生的动机。

分享控制权（学生选择/轮流）
跟随学生的引领，让学生选择活动或材料，
与学生轮流以分享控制权。

多重线索（扩大注意力）
使用多种材料和概念的例子以确保增强理解力。
给学生提供机会回应以确保学生从多个角度注意学习材料。

反应

学生的行为或反应

直接强化
提供自然的或与活动和行为直接相关的强化。

依联的后果（及时且适当）
根据学生的反应立即给出后果。

强化尝试
奖励好的尝试以鼓励学生以后继续尝试。

From *Classroom Pivotal Response Teaching for Children with Autism* by Aubyn C. Stahmer, Jessica Suhrheinrich, Sarah Reed, Laura Schreibman, and Cynthia Bolduc. Copyright 2011 by The Guilford Press. Permission to photocopy this handout is granted to purchasers of this book for personal use only(see copyright page for details).

| 讲义2 | **客体游戏水平进展表** |

当你开始训练学生的游戏技能时，你需要从学生现有的、与物体互动的水平开始，然后每一次向更高水平的技能迈进一步。下面的列表就是帮助你理解游戏技能的进程，同时为自己的学生确定简单和难的游戏技能。读一读下面每一种游戏活动的描述，然后在后面圈出"是"、"不是"或者"有时候是"来表示你的学生是否能够表现这一行为。这些圈出"是"的项目便是你平时可以用来维持学生较高动机的保持性技能，"有时候是"的项目便是习得性技能，你需要更加持续地帮助你的学生学会使用这些技能。在轮流游戏中轮到你时，你应当示范比学生现有水平（"是"和"有时候是"的项目）高一个难度级别的行为。你的学生可能一次同时学几个相似水平的游戏行为，但是在你打算进行下一个难度水平的训练之前，应该大体上确保学生掌握了之前每一个水平的游戏活动。

感觉探索			
使用感觉探索客体 有些学生通过使用他们的感觉来游戏。他们可能会把物品放入嘴中，闻一闻，或者用眼神表现出对物品的期待等。通常情况下处在这一水平的学生将会对所有物品或玩具表现出相同的行为，例如敲击、摇晃或者旋转。 你的学生现在是否表现出这一游戏形式？　　圈出一个：	是	否	有时候是
重复的感觉探索 在这一游戏水平上，有的学生可能会常规性或重复性地使用同一种感官游戏，并且每一次玩更长的时间。有的学生的这种行为会非常多，从而很少使用其他游戏形式。 你的学生现在是否表现出这一游戏形式？　　圈出一个：	是	否	有时候是
客体探索 有的学生通过寻找物体在形状、颜色、质地等方面的不同来认识物体。在这个水平上，他们可能会旋转、拉伸、戳或者撕扯物体。处在这一水平的学生每一次针对一种物品并经常变换。他们不会把东西放在一起，也不理解因果游戏。 你的学生现在是否表现出这一游戏形式？　　圈出一个：	是	否	有时候是
早期关系性游戏			
因果游戏 处在这一水平上的学生开始将物体联系起来，例如把物体放在一个容器里、按按钮、拉把手、开关门窗等。他们也可能开始扔东西（并不只是因为不想要这个东西），还可能会把一些动作联系起来，开始对一些玩具感兴趣，例如忙碌盒、形状分类器等。 你的学生现在是否表现出这一游戏形式？　　圈出一个：	是	否	有时候是

关系性游戏			
处在这一阶段的学生开始更加功能性地玩玩具，例如扔皮球、推玩具、吹喇叭或者把钉子放入孔中等。在这一水平上，游戏变得更加有目标了。 你的学生现在是否表现出这一游戏形式？　　　圈出一个：	是	否	有时候是
象征性或假扮游戏			
早期假扮游戏——以自己为对象 学生开始通过以自己为对象表现出相似的行为来进行假扮游戏。他们可能会假装自己吃东西、喝水、梳头发、打电话等，这些都是最早期假扮游戏的表现。在这期间学生也会使用真实的物体，并且会弄出声响（例如发出声响地吃东西）。 你的学生现在是否表现出这一游戏形式？　　　圈出一个：	是	否	有时候是
早期假扮游戏——以他人为对象 学生开始以他人为对象进行假扮游戏。这期间学生可能会假装喂你、他的兄弟姐妹或者洋娃娃吃东西。通常喂食和打扮似乎是最初出现的。你的学生可能会开始学着把动作联系起来，例如把娃娃放入汽车里。 你的学生现在是否表现出这一游戏形式？　　　圈出一个：	是	否	有时候是
将早期假扮行为联系起来 一旦学生掌握了这些早期的假装行为，他们就可能开始对不同的对象表现出同样的行为。例如，喂自己、喂妈妈、喂爸爸、喂洋娃娃，或者从不同的杯子里喝水等。 你的学生现在是否表现出这一游戏形式？　　　圈出一个：	是	否	有时候是
早期象征性客体游戏 在可以使用真实的物体进行游戏之后，学生开始使用替代性物体，例如假装一块积木是饼干，或者把绳子当成管子。替代性物体通常与真实的物体看起来比较相似。学生也会假装向一个火热的炉子里倒果汁。 你的学生现在是否表现出这一游戏形式？　　　圈出一个：	是	否	有时候是
象征性声音和手势 学生可能会在玩赛车的时候发出"呜呜"的声音或者在玩火车的时候发出"咣当咣当"的声音。同时在洋娃娃掉下去的时候说"哎哟"，或者给洋娃娃配音。 你的学生现在是否表现出这一游戏形式？　　　圈出一个：	是	否	有时候是
将象征性行为联系起来 一旦学生可以表现出多种多样的象征性游戏行为，他们就开始将这些行为联系起来。他们会给汽车加油然后开车，或者给洋娃娃刷牙、哄洋娃娃睡觉。洋娃娃仍然是"被动的玩伴"。 你的学生现在是否表现出这一游戏形式？　　　圈出一个：	是	否	有时候是

将洋娃娃作为积极的参与者 学生开始学会将洋娃娃作为游戏的主体参与者。他会让洋娃娃假装自己洗脸、走路或者自己拿着勺子。 你的学生现在是否表现出这一游戏形式？　　圈出一个：	是	否	有时候是
使用高级替代性物体 我们开始期望学生能够主动寻找替代性物体或者不用替代性物体来进行假扮游戏。他们可能会找一个东西来假装是食物或者汽车；也可能在完全没有水的情况下假装洗车。这时候替代性物体可能与真实的东西一点都不像。 你的学生现在是否表现出这一游戏形式？　　圈出一个：	是	否	有时候是
用玩具来讲故事 当学生能够熟练地进行象征性游戏时，他们开始用玩具来表达更复杂的故事。例如，他们可能会先给汽车加油，然后开车，车被撞了，最后去修车等。他们会将这一系列行为作为一个游戏序列。他们还可能喂洋娃娃喝水，拍拍洋娃娃的背，然后哄它睡觉；还可能假装把牙膏挤在牙刷上，用杯子接水，然后给洋娃娃刷牙。洋娃娃可能会充当多种角色。 你的学生现在是否表现出这一游戏形式？　　圈出一个：	是	否	有时候是
社会戏剧性游戏			
在最高级的水平上，学生可以开始赋予他们自己或其他朋友一个或多个不同的角色，最开始用一些他们自己创设的主题、角色和故事情节。这种游戏行为可能需要辅助，或者仅仅是语言和手势。这种游戏可能会非常复杂，这对于孤独症学生来说很困难。 你的学生现在是否表现出这一游戏形式？　　圈出一个：	是	否	有时候是
规则竞赛			
简单竞赛 对竞赛的学习通常和客体游戏的学习同时进行。学生开始学会轮流，并且在游戏情境中遵守指令。简单的追逐或追赶类游戏通常是普通儿童最初开始学习的竞赛游戏形式。 你的学生现在是否表现出这一游戏形式？　　圈出一个：	是	否	有时候是
操作类竞赛 有一些简单的竞赛，没有多少规则或步骤，但是仍然具有一个操作性成分，例如"不要破冰"，这些可能是非常好的早期竞赛类游戏。 你的学生现在是否表现出这一游戏形式？　　圈出一个：	是	否	有时候是

棋盘游戏 当学生开始理解问题解决和规则，他们可以学习更高难度的棋盘游戏，这类游戏需要学生具备学业能力，也能够帮助学生学会轮流以及体验成败。 你的学生现在是否表现出这一游戏形式？　　　圈出一个：	是	否	有时候是
有组织的运动/操场竞赛 在不同的水平上，学生都可以进行有组织的粗大动作运动竞赛，从玩手球到有组织的棒球竞赛。可以将整个活动分解为小的步骤来帮助确定学生在参与这种竞赛的时候需要多少帮助。 你的学生现在是否表现出这一游戏形式？　　　圈出一个：	是	否	有时候是
其他游戏行为			
刻板游戏 有的学生具备较高级的游戏能力，但是仅仅玩一个特定的玩具，或者对他们遇到的每一个玩具都表现同样的行为或序列。 你的学生现在是否表现出这一游戏形式？　　　圈出一个：	如果"是"，示范另一种玩同一个玩具的方法，或以学生最喜欢的动作为基础，慢慢变换。		
	是	否	有时候是
持续性游戏 有的学生很难长时间地玩一个玩具，经常在不同的玩具之间来回切换。 你的学生经常在不同的玩具或活动之间切换吗（每分钟一次以上）？ 圈出一个：	如果"是"，在进行下一步之前慢慢增加连续玩一个玩具的时间要求。		
	是	否	有时候是
支持性游戏 有的学生只有在老师或家长帮助的情况下才能表现出较高级的游戏行为，而不会独立地进行游戏。 对于你选择"是"的最高水平的项目，你的学生需要你的帮助来完成吗？　　　　　　　　　　　圈出一个：	如果"是"，在进入下一阶段训练之前要对自发性游戏和游戏发起行为进行训练。		
	是	否	有时候是

| 讲义3 | **关键反应教学法之信息收集** |

学生：_____

我们需要您的帮助！我们知道您与_____在一起的经历会对我们帮助他/她融入课堂非常有用。请您花费几分钟的时间告诉我们他/她喜欢和不喜欢的事物，请尽量具体。我们将会利用这个信息激发他/她学习的动机以及对课堂活动的兴趣。谢谢您的帮助！

填写者：_____ 与学生的关系：_____

他/她喜欢什么?

事物	方式	程度 （3=最高）	时间
例子：玩电脑（字母游戏）	喜欢把大写字母和小写字母进行配对（自己一个人完成；不会分享）	1 ② 3	在午餐和早晨休息后能顺利回到教室
例子：全麦饼干	喜欢整块或半块饼干；不喜欢破碎的饼干	1 2 ③	任何时间
		1 2 3	
		1 2 3	
		1 2 3	
		1 2 3	
		1 2 3	
		1 2 3	

您是否有其他建议或者评论？_____
_____

From *Classroom Pivotal Response Teaching for Children with Autism* by Aubyn C. Stahmer, Jessica Suhrheinrich, Sarah Reed, Laura Schreibman, and Cynthia Bolduc. Copyright 2011 by The Guilford Press. Permission to photocopy this handout is granted to purchasers of this book for personal use only(see copyright page for details).

讲义4	**关键反应教学法之以时间为基础的偏好评估**

学生：_____   时间：_____

选择十个您认为在课堂中学生可能喜欢的物品，把每一个都列出来（玩具、食物等）。

物品	选择的次数	排名
1.		
2.		
3.		
4.		
5.		
6.		
7.		
8.		
9.		
10.		

物品排名	喜好程度
	高
	高
	高
	中
	中
	中
	低
	低
	低
	低

准备好所有的东西，并摆放到学生容易拿到的地方。在评估之前，让学生试着拿起每一个物品。设置定时器，每10秒钟响一次。随着时间推移，指出学生正在玩哪件物品，并在列表上物品的相应数字处画上圈圈。如果必要的话在评估的过程中可以补充一些食物。

时距	选择拿起的物品	时距	选择拿起的物品
1	1 2 3 4 5 6 7 8 9 10	16	1 2 3 4 5 6 7 8 9 10
2	1 2 3 4 5 6 7 8 9 10	17	1 2 3 4 5 6 7 8 9 10
3	1 2 3 4 5 6 7 8 9 10	18	1 2 3 4 5 6 7 8 9 10
4	1 2 3 4 5 6 7 8 9 10	19	1 2 3 4 5 6 7 8 9 10
5	1 2 3 4 5 6 7 8 9 10	20	1 2 3 4 5 6 7 8 9 10
6	1 2 3 4 5 6 7 8 9 10	21	1 2 3 4 5 6 7 8 9 10
7	1 2 3 4 5 6 7 8 9 10	22	1 2 3 4 5 6 7 8 9 10
8	1 2 3 4 5 6 7 8 9 10	23	1 2 3 4 5 6 7 8 9 10
9	1 2 3 4 5 6 7 8 9 10	24	1 2 3 4 5 6 7 8 9 10
10	1 2 3 4 5 6 7 8 9 10	25	1 2 3 4 5 6 7 8 9 10
11	1 2 3 4 5 6 7 8 9 10	26	1 2 3 4 5 6 7 8 9 10
12	1 2 3 4 5 6 7 8 9 10	27	1 2 3 4 5 6 7 8 9 10
13	1 2 3 4 5 6 7 8 9 10	28	1 2 3 4 5 6 7 8 9 10
14	1 2 3 4 5 6 7 8 9 10	29	1 2 3 4 5 6 7 8 9 10
15	1 2 3 4 5 6 7 8 9 10	30	1 2 3 4 5 6 7 8 9 10

计算一下在每个时间点时学生选择的物品，然后由高到低排列。高度偏好的三个物品是学生选择最多的，中度偏好的物品是仅次于最高偏好的三个物品，照此类推（见右侧表格）。

其他备注：_____

From *Classroom Pivotal Response Teaching for Children with Autism* by Aubyn C. Stahmer, Jessica Suhrheinrich, Sarah Reed, Laura Schreibman, and Cynthia Bolduc. Copyright 2011 by The Guilford Press. Permission to photocopy this handout is granted to purchasers of this book for personal use only(see copyright page for details).

讲义5	关键反应教学之配对选择偏好评估

学生：_____   时间：_____

选择六个您认为在课堂中学生会喜欢的物品，然后逐一列出（玩具、食物等）。摆放物品时要注意在整个评估过程中确保所有的物品他们都能够轻易地拿到。

刺激物	选择比例	偏好水平
1.	/10 = %	高　中　低
2.	/10 = %	高　中　低
3.	/10 = %	高　中　低
4.	/10 = %	高　中　低
5.	/10 = %	高　中　低
6.	/10 = %	高　中　低

在每个测试回合中，将以下编号代表的两个物品放在学生面前，记录学生的选择，然后让学生简单地与该物品互动。如果学生一个都没选，那就中断评估，每次呈现一个物品在学生面前，必要时鼓励学生与物品互动。然后再呈现一个测试回合，如果在第二次配对呈现中，学生还没有选择，那就把两个物品都移除。如果学生想拿走两个物品，那阻止他/她的动作，并把两个物品拿走，然后在后面的实验中再次呈现。

测试回合	左	右	选择的物品
1	1	2	
2	3	4	
3	5	6	
4	2	3	
5	4	5	
6	1	3	
7	2	4	
8	3	5	
9	4	6	
10	1	4	
11	3	6	
12	2	5	
13	6	1	
14	1	5	
15	2	6	

测试回合	左	右	选择的物品
16	4	1	
17	6	3	
18	5	2	
19	1	6	
20	5	1	
21	6	2	
22	2	1	
23	4	3	
24	6	5	
25	3	2	
26	5	4	
27	3	1	
28	4	2	
29	5	3	
30	6	4	

每个物品都被呈现10次，通过一个物品被选择的次数除以10来计算其被选择的比例。高偏好物品被选择的比例在80%及以上，中等偏好物品在40%~70%，低偏好物品低于40%。

其他备注：_____

From *Classroom Pivotal Response Teaching for Children with Autism* by Aubyn C. Stahmer, Jessica Suhrheinrich, Sarah Reed, Laura Schreibman, and Cynthia Bolduc. Copyright 2011 by The Guilford Press. Permission to photocopy this handout is granted to purchasers of this book for personal use only(see copyright page for details).

| 讲义6 | **关键反应教学法之计划和进展** |

学生：_____

这个表格是为了便于计划和追踪学生在个别化教育计划中各个目标和课程领域中的进步而设计的。在下面的表格中输入可以使用关键反应教学法来达成的目标，对于每个目标，您需要思考1~3种能使用关键反应教学法的课堂情境或活动，在空白处写下这些活动想法以及目标引入的日期。每个月标注一下发展评估（Progress Assessment, PA）的日期，并且回顾每个具体目标的"关键反应教学法之目标总结"的表格。如果学生达到了预期目标，那就在已达到的选项标注"A"，然后在其他PA的栏下画一条横线。如果学生正在进步但是还没有完全达到某个目标，那就标注"O"。如果不论是否正确并持续地实施了关键反应教学法，学生还是没有进步，那就标注"D"，意为中断以及重新考虑新的策略来达成这个目标。在三个发展评估之后，把正在达成的目标加入新的"关键反应教学法之计划和进展"的表格中。

符号：

A：已达成；学生已经实现了这个目标。
O：正在进步中；学生正在进步，但是还需要通过关键反应教学法来继续达成目标。
D：中断；学生在该项目标上没有进步，考虑替代性策略。

个别化教育计划或课程领域的目标	活动/场景	引进关键反应教学法的日期	发展评估1 日期：_____	发展评估2 日期：_____	发展评估3 日期：_____
			A O D	A O D	A O D
			A O D	A O D	A O D
			A O D	A O D	A O D
			A O D	A O D	A O D
			A O D	A O D	A O D
			A O D	A O D	A O D
			A O D	A O D	A O D

From *Classroom Pivotal Response Teaching for Children with Autism* by Aubyn C. Stahmer, Jessica Suhrheinrich, Sarah Reed, Laura Schreibman, and Cynthia Bolduc. Copyright 2011 by The Guilford Press. Permission to photocopy this handout is granted to purchasers of this book for personal use only (see copyright page for details).

关键反应教学法之目标总结

讲义7

学生：

这个表格意在使用关键反应教学法追踪学生在目标达成方面的进步。先填写课程领域或者IEP目标，再确定表格中的目标。填写引入指标或步骤的日期，在每一个数据收集日期，要从关键反应教学法的数据加入这个表格中。根据关键反应教学法的数据记录，填写加号/对钩/减号以反引发技能所需要的支持水平（从讲义8或讲义9中摘引）或者准确地测量进步状况（从讲义10中摘引）。经过四次数据收集（一个时段），利用下列的测量方法决定这一步是否已达到水平（A）还是正在进步中（O），然后圈出符合的选项。这个表可以帮助您评估一段时间的目标进步情况，然后决定您的学生和教职人员下一步应该怎么办。

目标：

指标/步骤/程序改变	时段1					时段2					时段3					时段4				
	1	2	3	4	A/O	1	2	3	4	A/O	1	2	3	4	A/O	1	2	3	4	A/O
日期					A O					A O					A O					A O
日期					A O					A O					A O					A O
日期					A O					A O					A O					A O
日期					A O					A O					A O					A O
日期					A O					A O					A O					A O

From Classroom Pivotal Response Teaching for Children *with Autism* by Aubyn C. Stahmer, Jessica Suhrheinrich, Sarah Reed, Laura Schreibman, and Cynthia Bolduc. Copyright 2011 by The Guilford Press. Permission to photocopy this handout is granted to purchasers of this book for personal use only(see copyright page for details).

讲义 8

关键反应教学法之数据记录：非结构化

学生：_____

每次对学生运用关键反应教学法的时候，都要收集一组数据。不需要在与学生互动的过程中收集数据，而应在互动结束之后完成表格的填写，并在适当的位置注明互动时长。利用下列符号记录学生习得性和保持性技能的一般水平，使用的辅助，动机和顺从情况。

符号：
+ = 能够独立地对所有或多数（80%）的机会做出回应。
√ = 能够独立地对多数机会（50%）做出回应，但是需要辅助。
− = 对所有机会都需要辅助才能做出回应。

辅助水平：
F: 完全辅助　　P: 部分辅助

辅助类型：
Ph: 身体的　　V: 语言的　　Vs: 视觉的
G: 手势的

动机/顺从：
1—最佳动机，最少的消极行为
2—高动机，很少的消极行为
3—较好的动机，有一些消极行为
4—不良动机，中度消极行为
5—最少动机，很多消极行为

日期	教师	活动/材料+时长	目标/课程领域	习得性技能	+ √ −	习得性技能的最佳实例（包括辅助水平）	最经常使用的辅助	保持性技能	+ √ −	动机
										1 2 3 4 5
										1 2 3 4 5
										1 2 3 4 5
										1 2 3 4 5

日期	教师	活动/材料+时长	目标/课程领域	习得性技能	+ √ −	习得性技能的最佳实例（包括辅助水平）	最经常使用的辅助	保持性技能	+ √ −	动机
										1 2 3 4 5
										1 2 3 4 5
										1 2 3 4 5
										1 2 3 4 5
										1 2 3 4 5
										1 2 3 4 5
										1 2 3 4 5
										1 2 3 4 5

From Classroom Pivotal Response Teaching for Children *with Autism* by Aubyn C. Stahmer, Jessica Suhrheinrich, Sarah Reed, Laura Schreibman, and Cynthia Bolduc. Copyright 2011 by The Guilford Press. Permission to photocopy this handout is granted to purchasers of this book for personal use only(see copyright page for details).

| 讲义9 | **关键反应教学法之数据记录：半结构化** |

学生：_____ 日期：_____

使用这个表格时，您需要每3~5分钟就利用活动的自然中断期记录一次学生的表现。在您开始使用关键反应教学法训练之前，在空白处填写相对应的目标，然后定义学生的习得性和保持性技能或者目标。在活动的过程中，每一个间隔之后，记录您运用的最能激发习得性技能的材料和支持的类型。记录学生在特定支持水平下习得性技能的反应。每一个间隔之后，使用下列符号对学生在保持性技能上的表现打分。

支持水平：
F：完全支持　　P：部分支持

支持类型：
Ph：身体的　　V：语言的
Vs：视觉的　　G：手势的
I：独立（没有支持）

符号：
+ =能够独立地对所有或者大部分（80%）的机会做出回应。
√ =能够独立地对多数机会（50%）做出回应，但是需要支持。
− =对所有机会都需要支持才能做出回应。

目标/课程领域：_____
保持性技能：_____　习得性技能：_____

教师	材料/活动	支持		习得性技能 (+/√/−)	学生反应举例/备注	保持性技能 (+/√/−)
		F / P	Ph V Vs G I			
		F / P	Ph V Vs G I			
		F / P	Ph V Vs G I			
		F / P	Ph V Vs G I			
总结	最常出现的反应水平			最常需要的支持水平		

目标/课程领域：_____
保持性技能：_____　习得性技能：_____

教师	材料/活动	支持		习得性技能 (+/√/−)	学生反应举例/备注	保持性技能 (+/√/−)
		F / P	Ph V Vs G I			
		F / P	Ph V Vs G I			
		F / P	Ph V Vs G I			
		F / P	Ph V Vs G I			
总结	最常出现的反应水平			最常需要的支持水平		

目标/课程领域：_____

保持性技能：_____   习得性技能：_____

教师	材料/活动	支持		习得性技能 （+/√/−）	学生反应 举例/备注	保持性技能 （+/√/−）
		F / P	Ph V Vs G I			
		F / P	Ph V Vs G I			
		F / P	Ph V Vs G I			
		F / P	Ph V Vs G I			
总结	最常出现的反应水平			最常需要的支持水平		

目标/课程领域：_____

保持性技能：_____   习得性技能：_____

老师	材料/活动	支持		习得性技能 （+/√/−）	学生反应的 举例/备注	保持性技能 （+/√/−）
		F / P	Ph V Vs G I			
		F / P	Ph V Vs G I			
		F / P	Ph V Vs G I			
		F / P	Ph V Vs G I			
总结	最常出现的反应水平			最常需要的支持水平		

目标/课程领域：_____

保持性技能：_____   习得性技能：_____

老师	材料/活动	支持		习得性技能 （+/√/−）	学生反应 举例/备注	保持性技能 （+/√/−）
		F / P	Ph V Vs G I			
		F / P	Ph V Vs G I			
		F / P	Ph V Vs G I			
		F / P	Ph V Vs G I			
总结	最常出现的反应水平			最常需要的支持水平		

From *Classroom Pivotal Response Teaching for Children with Autism* by Aubyn C. Stahmer, Jessica Suhrheinrich, Sarah Reed, Laura Schreibman, and Cynthia Bolduc. Copyright 2011 by The Guilford Press. Permission to photocopy this handout is granted to purchasers of this book for personal use only(see copyright page for details).

讲义10	**关键反应教学法之数据记录：结构化**

学生：_____ 日期：_____

使用此种数据记录方法时，需要记录您为每名学生提供的机会。在表格相应地方填入关键反应教学法需要达到的目标，并为每一个目标界定好保持性和习得性技能。在每一个试验栏里，标明您是以保持性技能还是习得性技能为目标、儿童的反应、所运用的支持水平（如果有的话则直接表明；如果您没有收集支持水平信息，您只需在支持框做一个记号即可）。在训练结束时，计算出儿童在试验中正确、独立反应的总次数或百分数（正确和独立反应的试验次数除以试验的总数）并在框里填入此信息。使用"评论信息"这一部分来标记任何关于特定目标的重要信息，例如，在保持性技能方面的困难或有用的资料。使用一般注意事项部分来记录对课堂的整体印象，包括学生的情感、动机水平和不恰当的行为。

因为您将在游戏和其他半结构化活动情境中使用关键反应教学法，密集、反复地收集试验数据会抑制您和学生之间的自然互动。要解决此问题，请尝试在完成3~4次试验后，允许孩子在您记录数据时大量获取活动材料。

反应：
+：正确的反应
Att：尝试做出正确的反应
–：不正确反应（或错误反应）
NR：无反应

支持水平：
F：完全 P：部分

支持类型：
Ph：身体的 V：言语的 Vs：视觉的 G：手势的

教师：		目标：						习得性技能试验中正确反应百分数或次数：												
习得性技能（简写为A）：																				
保持性技能（简写为M）：																				
测试	1	2	3	4	5	6	7	8	9	10	11	12	13	14	15	16	17	18	19	20
目标	M A	M A	M A	M A	M A	M A	M A	M A	M A	M A	M A	M A	M A	M A	M A	M A	M A	M A	M A	M A
反应	+ Att – NR	+ Att – NR	+ Att – NR	+ Att – NR	+ Att – NR	+ Att – NR	+ Att – NR	+ Att – NR	+ Att – NR	+ Att – NR	+ Att – NR	+ Att – NR	+ Att – NR	+ Att – NR	+ Att – NR	+ Att – NR	+ Att – NR	+ Att – NR	+ Att – NR	+ Att – NR
支持																				
评论信息：																				

教师：		目标：						习得性技能试验中正确反应百分数或次数：												
习得性技能（简写为A）：																				
保持性技能（简写为M）：																				
测试	1	2	3	4	5	6	7	8	9	10	11	12	13	14	15	16	17	18	19	20
目标	M A	M A	M A	M A	M A	M A	M A	M A	M A	M A	M A	M A	M A	M A	M A	M A	M A	M A	M A	M A
反应	+ Att – NR	+ Att – NR	+ Att – NR	+ Att – NR	+ Att – NR	+ Att – NR	+ Att – NR	+ Att – NR	+ Att – NR	+ Att – NR	+ Att – NR	+ Att – NR	+ Att – NR	+ Att – NR	+ Att – NR	+ Att – NR	+ Att – NR	+ Att – NR	+ Att – NR	+ Att – NR
支持																				
评论信息：																				

教师：			目标：						习得性技能试验中正确反应百分数或次数：										
习得性技能（简写为A）：																				
保持性技能（简写为M）：																				
测试	1	2	3	4	5	6	7	8	9	10	11	12	13	14	15	16	17	18	19	20
目标	M A	M A	M A	M A	M A	M A	M A	M A	M A	M A	M A	M A	M A	M A	M A	M A	M A	M A	M A	M A
反应	+ Att – NR	+ Att – NR	+ Att – NR	+ Att – NR	+ Att – NR	+ Att – NR	+ Att – NR	+ Att – NR	+ Att – NR	+ Att – NR	+ Att – NR	+ Att – NR	+ Att – NR	+ Att – NR	+ Att – NR	+ Att – NR	+ Att – NR	+ Att – NR	+ Att – NR	+ Att – NR
支持																				
评论信息：																				

教师：			目标：						习得性技能试验中正确反应百分数或次数：										
习得性技能（简写为A）：																				
保持性技能（简写为M）：																				
测试	1	2	3	4	5	6	7	8	9	10	11	12	13	14	15	16	17	18	19	20
目标	M A	M A	M A	M A	M A	M A	M A	M A	M A	M A	M A	M A	M A	M A	M A	M A	M A	M A	M A	M A
反应	+ Att – NR	+ Att – NR	+ Att – NR	+ Att – NR	+ Att – NR	+ Att – NR	+ Att – NR	+ Att – NR	+ Att – NR	+ Att – NR	+ Att – NR	+ Att – NR	+ Att – NR	+ Att – NR	+ Att – NR	+ Att – NR	+ Att – NR	+ Att – NR	+ Att – NR	+ Att – NR
支持																				
评论信息：																				

教师：			目标：						习得性技能试验中正确反应百分数或次数：										
习得性技能（简写为A）：																				
保持性技能（简写为M）：																				
测试	1	2	3	4	5	6	7	8	9	10	11	12	13	14	15	16	17	18	19	20
目标	M A	M A	M A	M A	M A	M A	M A	M A	M A	M A	M A	M A	M A	M A	M A	M A	M A	M A	M A	M A
反应	+ Att – NR	+ Att – NR	+ Att – NR	+ Att – NR	+ Att – NR	+ Att – NR	+ Att – NR	+ Att – NR	+ Att – NR	+ Att – NR	+ Att – NR	+ Att – NR	+ Att – NR	+ Att – NR	+ Att – NR	+ Att – NR	+ Att – NR	+ Att – NR	+ Att – NR	+ Att – NR
支持																				
评论信息：																				

评语：

From *Classroom Pivotal Response Teaching for Children with Autism* by Aubyn C. Stahmer, Jessica Suhrheinrich, Sarah Reed, Laura Schreibman, and Cynthia Bolduc. Copyright 2011 by The Guilford Press. Permission to photocopy this handout is granted to purchasers of this book for personal use only(see copyright page for details).

关键反应教学法之团体数据记录：计数

讲义11

活动：_____ 教师：_____ 日期：_____

此表可以让您在团体指导中记录数据，尽管学生的目标不尽相同，但是，如果按照相似的目标对他们进行分组将帮助您使用此种类型表格。

活动开始前：在下面表格的顶部，写下相关的活动目标，并在左侧写出参与每一学生的姓名。在每一列记下每个学生当前获得的技能。

活动期间：统计每一个学生独立或经过辅助表现技能的次数。在教学同时记录数据需要通过学习掌握，但实践证明，团体教学与追踪学生的反应是可以同时进行的。首先，您可以先在一个时间段记录第一个学生，然后，您再转换到第二个学生，照此类推，或者您可以选择一两个学生每天进行跟踪，这样就可以管理数据收集的过程。

学生	目标行为：	目标行为：	目标行为：	目标行为：	动机水平
	技能： 独立： 辅助： 错过的机会：	技能： 独立： 辅助： 错过的机会：	技能： 独立： 辅助： 错过的机会：	技能： 独立： 辅助： 错过的机会：	1　2　3　4　5
	技能： 独立： 辅助： 错过的机会：	技能： 独立： 辅助： 错过的机会：	技能： 独立： 辅助： 错过的机会：	技能： 独立： 辅助： 错过的机会：	1　2　3　4　5
	技能： 独立： 辅助： 错过的机会：	技能： 独立： 辅助： 错过的机会：	技能： 独立： 辅助： 错过的机会：	技能： 独立： 辅助： 错过的机会：	1　2　3　4　5
	技能： 独立： 辅助： 错过的机会：	技能： 独立： 辅助： 错过的机会：	技能： 独立： 辅助： 错过的机会：	技能： 独立： 辅助： 错过的机会：	1　2　3　4　5

From *Classroom Pivotal Response Teaching for Children with Autism* by Aubyn C. Stahmer, Jessica Suhrheinrich, Sarah Reed, Laura Schreibman, and Cynthia Bolduc. Copyright 2011 by The Guilford Press. Permission to photocopy this handout is granted to purchasers of this book for personal use only(see copyright page for details).

讲义12

关键反应教学法之团体数据记录：评级

活动：＿＿＿＿＿＿＿＿＿＿ 教师：＿＿＿＿＿＿＿＿＿＿ 日期：＿＿＿＿＿＿＿＿＿＿

此表可以让您在团体指导中记录数据，尽管学生的目标不尽相同，但是，如果按照相似的目标对他们进行分组将帮助您使用此类型表格。

活动开始前：在下面表格的顶部，写下相关的活动目标，并在左侧列出参与学生的姓名。在每一列下每个学生当前获得的技能。

活动期间：在三个时间点用1~5为每个学生在习得性技能中的表现评级。使用以下评定量表。最简单的方法是利用计时器以预期互动总时间的1/3为截点设定时间，在计时器响起的时候就进行记录。或者，您可以在每个时间段内对某个学生的所有目标领域进行评级，以此来管理数据，这也是很有用的。最后，对学生的动机水平按1~5进行评价。开始的时候您可能想一次在一个时间段记录一个学生，然后记录第二个学生，照此类推，或者您可以选择一两个学生每天进行跟踪，使数据收集具有可控性。

1：无回应所有反应机会都需要最大化辅助
2：大部分反应机会需要最大化辅助；无独立反应
3：大部分反应机会需要一些辅助；有零星的独立反应
4：有一些独立的反应（至少50%）；有一些需要在辅助下做出反应
5：大多都是独立反应（大于75%）

学生	目标/行为： 技能： 评级：	目标/行为： 技能： 评级：	目标/行为： 技能： 评级：	动机
	1 2 3 4 5 1 2 3 4 5 1 2 3 4 5	1 2 3 4 5 1 2 3 4 5 1 2 3 4 5	1 2 3 4 5 1 2 3 4 5 1 2 3 4 5	1 2 3 4 5
	1 2 3 4 5 1 2 3 4 5 1 2 3 4 5	1 2 3 4 5 1 2 3 4 5 1 2 3 4 5	1 2 3 4 5 1 2 3 4 5 1 2 3 4 5	1 2 3 4 5
	1 2 3 4 5 1 2 3 4 5 1 2 3 4 5	1 2 3 4 5 1 2 3 4 5 1 2 3 4 5	1 2 3 4 5 1 2 3 4 5 1 2 3 4 5	1 2 3 4 5
	1 2 3 4 5 1 2 3 4 5 1 2 3 4 5	1 2 3 4 5 1 2 3 4 5 1 2 3 4 5	1 2 3 4 5 1 2 3 4 5 1 2 3 4 5	1 2 3 4 5

From *Classroom Pivotal Response Teaching for Children with Autism* by Aubyn C. Stahmer, Jessica Suhrheinrich, Sarah Reed, Laura Schreibman, and Cynthia Bolduc. Copyright 2011 by The Guilford Press. Permission to photocopy this handout is granted to purchasers of this book for personal use only(see copyright page for details).

| 讲义13 | **关键反应教学法之泛化探测** |

学生：_____

目标领域：_____　　指标：_____

为确保技能目标对学生是有用的，您必须清楚，他/她是否可以在各种情况下使用此技能。为了探测上面所列出的技能，需要使用三种不同的材料、情境，并让三名教师参与进来。您所选择的材料也应当是学生非常喜欢的。

材料/活动：1.
　　　　　　2.
　　　　　　3.

情境：1.
　　　　2.
　　　　3.

搭档：1.
　　　　2.
　　　　3.

注明日期以及您将要探测技能的情境。圈出与上面所列出的具体材料、情境或教师相对应的数字。圈出学生对技能目标探测的反应：正确（C）、错误（I）或无效（NR）。

日期	材料			情境			教师			学生反应		
	1	2	3	1	2	3	1	2	3	C	I	NR
	1	2	3	1	2	3	1	2	3	C	I	NR
	1	2	3	1	2	3	1	2	3	C	I	NR
	1	2	3	1	2	3	1	2	3	C	I	NR
	1	2	3	1	2	3	1	2	3	C	I	NR
	1	2	3	1	2	3	1	2	3	C	I	NR
	1	2	3	1	2	3	1	2	3	C	I	NR
	1	2	3	1	2	3	1	2	3	C	I	NR
	1	2	3	1	2	3	1	2	3	C	I	NR
	1	2	3	1	2	3	1	2	3	C	I	NR
	1	2	3	1	2	3	1	2	3	C	I	NR
	1	2	3	1	2	3	1	2	3	C	I	NR
	1	2	3	1	2	3	1	2	3	C	I	NR
	1	2	3	1	2	3	1	2	3	C	I	NR
合计												

总结：_____

From *Classroom Pivotal Response Teaching for Children with Autism* by Aubyn C. Stahmer, Jessica Suhrheinrich, Sarah Reed, Laura Schreibman, and Cynthia Bolduc. Copyright 2011 by The Guilford Press. Permission to photocopy this handout is granted to purchasers of this book for personal use only(see copyright page for details).

讲义14   **关键反应教学法之学生简介**

学生：_____

这一表格有助于探讨学生的偏好和当前发展水平，定期更新学生的进步和偏好（建议每周一次），并与您的小组分享这一文件。运用关键反应教学法数据记录表格收集信息以完成该简介。

指标/目标：

日期	习得性	保持性	偏好

指标/目标：

日期	习得性	保持性	偏好

指标/目标：

日期	习得性	保持性	偏好

指标/目标：

说明：

讲义15	**关键反应教学法之评估**

教师：_____　　观察者：_____　　日期：_____
活动：_____

基于你对师生互动的观察，为教师在实施每一个关键反应教学法组成要素上的表现打分。在打完分之后，再给出一个你认为能够反映教师在这些组成要素上对干预技术使用情况的总评分数。为了获得较高的干预忠实度，教师需要在每一个干预技术的总评分数上都得到4分或者5分。如果儿童的发展水平还没有达到要求，或者在区分上存在困难，则在相应位置上标记"N/A"。

为学生列出保持性（简单）技能以及习得性（困难）技能：

较低忠实度 1	2	3	4	较高忠实度 5
教师在干预单元中没有实施干预	教师偶尔实施干预，但错过了大部分机会	教师在一半时间内实施了干预，但错过很多机会	教师在大多数时间内都能实施干预，但是错过了一些机会	教师在整个干预单元中都很好地实施了干预

干预技术	忠实度	补充说明
教师最大限度地激发了学生的动机		
跟随学生的引领，提供多种选择的活动和材料	1　2　3　4　5	
参与学生的轮流活动，或者在很多学生中间组织轮流	1　2　3　4　5	
提供难易结合的任务来使学生的动机最大化（习得性/保持性）	1　2　3　4　5	
总评分数	1　2　3　4　5	
教师帮助学生进行反应		
在给予辅助之前确保学生注意力集中	1　2　3　4　5	
提供清晰的、适合发展水平的线索	1　2　3　4　5	
提供需要对不同元素做出反应的线索（多重线索）	1　2　3　4　5　N/A	
总评分数	1　2　3　4　5	
教师给予恰当的后果		
依据学生的反应迅速呈现后果	1　2　3　4　5	
提供与活动和行为自然相关的强化	1　2　3　4　5	
奖励良好的尝试以鼓励学生继续尝试	1　2　3　4　5	
总评分数	1　2　3　4　5	
教师为训练做好准备并管理训练环境	1　2　3　4　5	
确定有效的强化物和刺激物	1　2　3　4　5	
排除训练环境中容易分散注意力的因素	1　2　3　4　5	
控制教具和材料	1　2　3　4　5	
有效地使用辅助	1　2　3　4　5	
根据学生的需要恰当地调节自己的情绪	1　2　3　4　5	
总评分数	1　2　3　4　5	

From *Classroom Pivotal Response Teaching for Children with Autism* by Aubyn C. Stahmer, Jessica Suhrheinrich, Sarah Reed, Laura Schreibman, and Cynthia Bolduc. Copyright 2011 by The Guilford Press. Permission to photocopy this handout is granted to purchasers of this book for personal use only(see copyright page for details).

讲义16	**关键反应教学法之反馈**

日期：_____　　教师：_____
　　　　　　　　　　　　　　　观察者：_____

观察总结：

1. 在你观察期间感觉进行比较顺利的方面有哪些？

2. 教师正确地使用了CPRT的哪些组成要素？举个训练中的例子。

3. 教师没有正确地使用CPRT的哪些组成要素？举个训练中的例子。

4. 教师如何能够改善对CPRT特定组成要素的实施情况？

5. 教师有什么问题吗？请记录下来。

6. 你观察的训练单元中最棒的一方面是什么？

From *Classroom Pivotal Response Teaching for Children with Autism* by Aubyn C. Stahmer, Jessica Suhrheinrich, Sarah Reed, Laura Schreibman, and Cynthia Bolduc. Copyright 2011 by The Guilford Press. Permission to photocopy this handout is granted to purchasers of this book for personal use only(see copyright page for details).

| 讲义17 | **每周课堂备忘录** |

日期：_____

课堂信息：

学生最新资料：

学生	新保持性任务	新习得性任务	偏好/其他

From *Classroom Pivotal Response Teaching for Children with Autism* by Aubyn C. Stahmer, Jessica Suhrheinrich, Sarah Reed, Laura Schreibman, and Cynthia Bolduc. Copyright 2011 by The Guilford Press. Permission to photocopy this handout is granted to purchasers of this book for personal use only(see copyright page for details).

| 讲义18 | **在课堂上使用关键反应教学法** |

亲爱的家长：

我们在教室中使用的干预方法是关键反应教学法（简称 CPRT）。本书对关键反应教学法做了简单介绍，你可以了解我们在训练孩子的沟通、游戏、社交和学业能力时所使用的策略。关键反应教学法是一种自然干预法，它不需要特别的环境布置、教学材料和干预计划。事实上，在实施关键反应教学法时，很难看到其中蕴含的具体内容。这个干预过程看起来像游戏，或仅仅是一个不错的教学过程。不要被表象迷惑！关键反应教学法有具体的、基于实证的要素，这些要素在应用行为分析原理的基础上发展而来。下面介绍了关键反应教学法的结构和要素。

ABC：关键反应教学法的实施基于前提—行为—后果模式，这一模式与其他以应用行为技术为基础的干预方法相似。孤独症儿童在自然情境中的学习需要教师辅助，教师为学生提供学习机会，并奖励学生的积极行为，让儿童理解在关键反应教学法的互动结构中应该如何表现。学会某一技能之后，儿童还会继续学习如何在其他情境中运用这一技能。下图解释了关键反应教学法模式。

前提	行为	后果
看见架子上的玩具 前面发生了什么	指向玩具 儿童如何反应	递给儿童玩具 后面发生了什么

后果决定了在以后类似情境中儿童发生相同行为的频率。如果行为发生之后伴随期望后果（得到了喜欢的玩具），那儿童下次还有可能出现这种行为。如果行为发生之后伴随不喜欢的后果（愿望被忽视），那儿童下次可能不会再出现这种行为。

组成要素：下图展示了关键反应教学法的结构和具体组成要素。

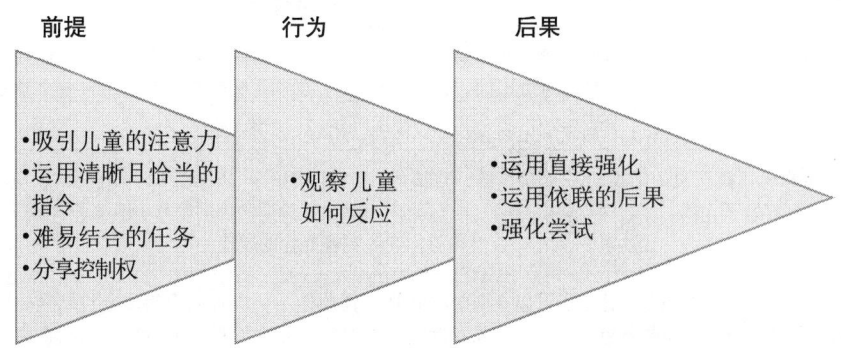

追踪进步：在关键反应教学法实施过程中需要有规律地收集数据来追踪儿童所取得的进步并对教学做出规划。数据收集方式很灵活，你可以对个体和团体间的互动细节按不同水平来收集。

如果你想了解更多有关关键反应教学法的信息，包括对关键反应教学法组成要素的介绍和在家庭中实施关键反应教学法的建议，请随意提问！

From *Classroom Pivotal Response Teaching for Children with Autism* by Aubyn C. Stahmer, Jessica Suhrheinrich, Sarah Reed, Laura Schreibman, and Cynthia Bolduc. Copyright 2011 by The Guilford Press. Permission to photocopy this handout is granted to purchasers of this book for personal use only(see copyright page for details).

讲义19	**在家中使用关键反应教学**

感谢您对关键反应教学法的兴趣，该书旨在介绍关键反应教学法的要素以及在家庭环境下如何使用它。当你在家里使用关键反应教学法时，儿童可以在自然情境和各种不同的活动和场景中进行学习。在家里和在学校使用的策略要一致，这有助于孩子更快地学习新技能，更好地使用新技能，并且随着时间的变化更好地保持。关键反应教学法利用自然情境中提供的机会激发儿童学习新技能的动机。你是最了解孩子的人，那么你最有可能成为一个关键反应教学法专家！

> 关键反应教学法的基本结构遵循了前提——行为——后果的模式：
> 1. **前提**：你提供一个机会让儿童做出反应。
> 2. **行为**：儿童根据你提供的机会做出反应。
> 3. **后果**：你对儿童做出的行为给出回应。

关键反应教学法的步骤

你可以在与孩子的很多日常活动中使用关键反应教学法！实施的第一步是辨别能够激发动机的活动和材料。例如，如果你的孩子容易被电脑游戏激发兴趣，那你可以教他如何邀请他人玩游戏，在游戏的过程中如何发表意见，或者教他如何和兄弟姐妹轮流玩耍。如果你的孩子对活动没兴趣，像一些自助技能，如刷牙或者如厕训练，就不适合使用关键反应教学法。

一开始使用关键反应教学法时要呈现一个让孩子做出反应的线索。当你期望孩子做出反应时，你可以使用多重线索。最重要的是，你必须筛选不同类型的线索，这样才会在环境下自然地做出反应。下表列出了很多你可以在关键反应教学法中使用的线索：

语言线索	**其他线索**
语言示范——示范你想让你的孩子说什么（如"球"），或者你先开始说一些孩子已经掌握的词语（如"好了，放下……"）。	手势或者动作——你想让孩子完成的动作模式（如滚动玩具汽车或者指向一个拿不到的物品）。
教学——对你想让孩子说的话做出一个简单的、直接的陈述（如"穿好鞋子"或者"坐下"）。	表情表达——当你在等待孩子做出反应时要表现出一种期盼性的等待（当孩子拿起一个点心时扬起你的眉毛）。
提问——提出一个简单的问题，让孩子可以在两个选项中进行选择（如"要红色的还是黄色的？"），或者提出一个开放式问题（如"看哪一部电影？"）。	情境性——自然地撤销或者控制强化物（如只给一点点饮料，或者把玩具放在高一点的架子上）。
评论——做出一个引导性的陈述，把孩子的兴趣转移到某件事物（如"你的鞋子在厨房"）上。	

不论你使用哪一种线索，它们都需要包涵关键反应教学法的特定的组成要素。关键反应教学法的组成要素可以归为前提要素和后果要素。前提要素发生在当你提供一个机会让孩子做出反应的时候，后果要素发生在当你对孩子的行为做出反应的时候。所有的策略都是为了最大限度地激发孩子参与互动的动机，减少他们在学习新技能时的挫败感。

前提 ⟶ 行为 ⟷ 后果

前提策略

1. 注意力——在开始一个教学活动或者给予线索之前，你可以通过他们最喜欢的物品，或者表现生动活泼一些，还可以参与孩子的游戏，吸引孩子的注意力。

2. 清晰且恰当的指令——指令要适合孩子当前的发展水平或者稍微高于他的发展水平。

3. 难易结合的任务——把孩子已经掌握的技能和新的、更高难度的技能相结合，促进他们使用已经掌握的技能，并且让他们在使用的过程中有成就感。

4. 分享控制权——允许你的孩子选择材料或者活动（只要没有危险性）。跟随孩子的兴趣来保证他有动机做出反应。同时，你自己也要轮流参与到活动中为孩子进行示范，包括示范新的动作、获取材料。

儿童的反应

后果策略

1. 直接强化——在活动中为孩子提供自然的奖赏，也就是说，奖励你的孩子他喜欢的物品或者正在进行的活动。

2. 依联的后果——根据孩子的行为做出反应。如果你的孩子表现积极，那就立即给出一个他喜欢的反馈。如果你的孩子没有表现出积极行为，那就保留积极的反馈，然后让孩子再努力。

3. 强化尝试——如果你的孩子努力了，即使他的表现不完美或者没有做到最好，也给他一个奖励。在强烈的动机和对后果的期许的驱动下，他将来会更加努力。

对孩子做出反应

一旦你呈现一个反应机会并观察孩子的表现时，你必须要根据反应提供一个反馈。关键反应教学法使用直接的、自然的奖励，例如得到一个想要的物品或者允许继续参加一项喜爱的活动。你提供的反馈决定了孩子的行为是否会在将来继续发生。行为之后立即给予正向的后果会在将来使孩子的积极行为增多，然而行为之后伴随负向的后果会让行为在将来减少。

如图所示，关键反应教学法的基本要素和你与孩子互动的方式区别并不大，然而不同的是，关键反应教学法强调要有意提供有明确期望的机会，并且根据孩子的表现呈现直接的后果。

家庭活动建议

你可以在很多儿童活动中加入关键反应教学法，以下有一些可供参考的活动来激发你的想法，但这些活动都尚未完成。任何可以激发孩子的活动（即使是"冲马桶"），都可以运用关键反应教学法。要让活动有创造性和趣味性！

点心时间

- 给你孩子最喜欢的点心和饮料，并把它们分成若干小份，要求他多次请求物品。重复这些实践可以帮助孩子掌握相关技能。
- 把孩子的点心包装好，让孩子主动和你沟通，让你打开包装。
- 提供一些点心，但是不提供餐具，让孩子主动提出请求（例如提供冰淇淋但是不给勺子）。
- 当你在准备食物和点心的时候，可以装糊涂，让孩子告诉你每一个步骤如何操作。例如，把花生酱涂在面包上，然后给孩子。

游戏时间

- 把孩子最喜欢的玩具放在高架子上或者装在透明的塑料袋里，让孩子看得见，但是没有你的帮助他们自己拿不到。
- 和你的孩子一起看几分钟录像。偶尔暂停录像的播放，给孩子一个机会让他主动向你提出继续看的要求。
- 轮流玩你孩子最喜欢的电脑游戏。你故意在游戏中犯错，然后让孩子和你沟通，纠正你的错误。
- 当孩子在玩最喜欢的玩具的时候，加入他们。你可以用一种新的玩法玩玩具，然后帮助孩子按照你的动作玩一次，然后你用孩子的方式再玩一次，以此作为奖励。

盥洗时间

- 寻找一些有趣的玩具放在水里，让孩子做一些绕弯的动作。孩子可能会需要你帮助他们一起玩玩具。
- 如果可能，用一些水洗蜡笔在墙上涂画。你可以和你的孩子轮流画，让你的孩子说出一些物品的名称，然后请你帮他们画出来，或者你也可以画一些物品，让孩子说出名称。

寻找洗衣店

- 你的孩子可能很喜欢被包裹在一大堆衣物中，你可以让你的孩子帮忙把衣服从烘干机里拿出来，然后把孩子包裹在衣物中作为一种奖励。

家庭作业

- 在写家庭作业的时候，多给孩子一些选择的机会，例如在哪里写作业，解决问题时如何安排顺序，或者使用哪种文具。可以把简单的任务和困难的任务夹杂在一起，提高孩子的动机。当孩子遇到困难时，如果他们愿意尝试一定要奖励他们。你也可以轮流完成一些问题。

更多信息

- www.autismspeaks.org/video/glossary.php
- education.ucsb.edu/autism
- Koegel,Robert L.,&Koegel, Lynn Kern(2006).Pivotal Response Treatments for Autism: Communication, Social, and Academic Development. Baltimore: Paul H. Brookes.

From *Classroom Pivotal Response Teaching for Children with Autism* by Aubyn C. Stahmer, Jessica Suhrheinrich, Sarah Reed, Laura Schreibman, and Cynthia Bolduc. Copyright 2011 by The Guilford Press. Permission to photocopy this handout is granted to purchasers of this book for personal use only(see copyright page for details).

| 讲义20A | **关键反应教学法之升级表——从课堂到家庭** |

学生：_____   日期：_____

以下是我们在学校使用关键反应教学法时制订的一些目标

1. 目标：_____
   保持性技能：_____   习得性技能：_____
   家庭活动建议：_____

2. 目标：_____
   保持性技能：_____   习得性技能：_____
   家庭活动建议：_____

3. 目标：_____
   保持性技能：_____   习得性技能：_____
   家庭活动建议：_____

在这个月里这些材料和活动都特别能激发孩子在学校的动机：

_____   _____
_____   _____
_____   _____

标注关键反应教学法中有帮助的要素：

吸引注意力	提供清晰且恰当的指令	难易结合的任务
分享控制权	使用直接强化 使用依联的后果	强化尝试

笔记、建议和分享的故事：

From *Classroom Pivotal Response Teaching for Children with Autism* by Aubyn C. Stahmer, Jessica Suhrheinrich, Sarah Reed, Laura Schreibman, and Cynthia Bolduc. Copyright 2011 by The Guilford Press. Permission to photocopy this handout is granted to purchasers of this book for personal use only(see copyright page for details).

| 讲义20B | **关键反应教学法之升级表——从家庭到课堂** |

学生：_____   日期：_____

以下是我们在家中使用关键反应教学法时制订的一些目标

1. 活动：_____
   强调的目标与技能：_____
   最好的反应：_____

2. 活动：_____
   强调的目标与技能：_____
   最好的反应：_____

3. 活动：_____
   强调的目标与技能：_____
   最好的反应：_____

在本月里这些材料和活动都特别能激发孩子在家中的动机：

_____   _____
_____   _____
_____   _____

标注关键反应教学法中有帮助的要素：

吸引注意力   提供清晰且恰当的指令   难易结合的任务

分享控制权   使用直接强化   使用依联的后果   强化尝试

笔记、建议和分享的故事：

From *Classroom Pivotal Response Teaching for Children with Autism* by Aubyn C. Stahmer, Jessica Suhrheinrich, Sarah Reed, Laura Schreibman, and Cynthia Bolduc. Copyright 2011 by The Guilford Press. Permission to photocopy this handout is granted to purchasers of this book for personal use only(see copyright page for details).

讲义21	**组成要素一：学生的注意力**

在你向学生提问之前，一定要确保他们的注意力在你身上。如果学生没有集中注意力，他们很难对指令做出正确反应。孤独症学生很难集中注意力。

集中注意力的表现是什么？

孤独症学生即使没有看你，他们也有可能集中了注意力。其他一些集中注意力的表现有：把身体转向你；靠近、用手指、模仿你的动作或声音；用眼睛的余光看你。你需要识别每个儿童集中注意力的行为特征。

没有集中注意力的表现是什么？

有时能明显看出学生没有集中注意力，如哭泣、拍手、重复话语或走开，其他行为则比较难以识别。一个孩子朝向你，手里拿着他喜欢的玩具，你很难判断他有没有将注意力集中在你的身上；而另一个孩子坐在你身边，但盯着角落，你同样很难判断他的注意力是否集中。在这种情况下，你需要依靠你对孩子的了解来判断，如果你必须重复某个动作数次，那孩子肯定没有集中注意力。停止重复，抓住孩子的注意力后，再给予明确、简洁的指令。

注意力的指标

- 看着老师（可能是用眼角的余光看）。
- 看着教学材料。
- 身体朝向老师或教学材料。
- 没有自我刺激的行为。
- 没有在玩其他物品。
- 伸手去拿教学材料或者玩具。

在教学之前吸引学生注意力的方法

选择能激发动机的活动。使用学生感兴趣的玩具和活动，你的学生可能喜欢拼图或汽车，并用声音、字词、短语来要求。一个玩具可以用于不同的活动，如积木可能最开始用于建筑游戏或字词模仿，随后在象征性游戏中作为"饼干"使用。你也可以在工作表中加入学生喜欢的小贴纸、用玩具车做数学游戏，或者将风扇作为飞机发动机。

在团体情境中，吸引每位学生的注意力可能有些困难。你可以试着让学生围成一个圈，并轮流选择自己喜欢的故事或者歌曲。给每位学生一个与本节课内容有关的玩具，让他们合作并对问题做出反应。其他成人在必要时可以辅助将学生的注意力重新唤回到活动中。

亲近学生。与学生靠近并进行面对面的接触可以成功使学生加入教学活动。如果与学生隔着一个房间的距离，那学生几乎不可能参与活动。你可能需要通过触碰学生的肩膀获取他的注意力。如果你的学生坐着，那你也挨着他坐；如果他很小，并且站着，那你需要蹲下来吸引他的注意力。

有趣味性。你越有趣，你的学生越乐于和你玩，并愿意倾听你的声音。所以要幽默、天真、活泼有活力，并随时注意学生的反应。

From *Classroom Pivotal Response Teaching for Children with Autism* by Aubyn C. Stahmer, Jessica Suhrheinrich, Sarah Reed, Laura Schreibman, and Cynthia Bolduc. Copyright 2011 by The Guilford Press. Permission to photocopy this handout is granted to purchasers of this book for personal use only(see copyright page for details).

讲义22	**组成要素二：清晰且恰当的指令**

指令应是：

1. **连贯的**。首先确保学生集中注意力。然后等待学生对指令的反应。如果您发出指令时受到干扰，那么就重新向学生发出指令。
2. **清晰且恰当的**。对学生而言指令应是简单易懂的。使用清晰并适应学生发展的语言。判定学生需要学习的技能之前，考虑学生的当前水平。然后给学生一个处于或略高于其当前发展水平并能执行的指令。

清晰而恰当的指令：
对学生而言指令应简单易懂并处于或略高于其当前的发展水平。

增加期望： 当学生开始掌握新技能，并理解语言及社交互动时，您应增加指令的难度。如您可以使用更长的短语、发出多步骤指令或评论学生对指令的反应。

使用陈述句和疑问句： 与学生沟通时请使用陈述句和疑问句。用较为自然的语调（而非唱歌时的语调），并要确保以不同方式提问、示范语言，这样学生才能更好地理解。

技能的发展过程

技能类型	技能水平	符合发展水平的指令举例	高于发展水平的指令举例
接受性沟通	手势	拿起一个水桶并向里指。	嘴上说"转"和"进"。可能需要用手势辅助学生给出回应。
	单字词	说"球"这个字，并张开双手提示。	说"转球"或"把积木放进去"。
	短语表达	说"坐在椅子上"。	说"推绿色的球"。
	互惠性沟通	说"到该坐在书桌前的时间了"。	说"拿到拼图并把它给乔"。
表达性沟通	前言语	举起球并示范指向它。	举起球并示范说："球。"
	单字词	举起球并且期盼地等待。	举起球并示范说："扔球。"
	短语表达	举起球并示范说："转球。"	举起球并说"您想要什么？"或"我有一个球"。
	互惠性沟通	举起球并说："这个红球转得快。"	举起球并提示："我要把球扔到桶里。"
	感觉—运动	示范压彩泥。	示范在一个钉子上堆套指环。
	功能性游戏	示范把球放进管子里或者完成一个拼图；给出口头的指导。	示范喂一个娃娃，说："喂这个婴儿。"
	早期假扮游戏（单步行为）	示范用一个玩具电话打电话，说："跟妈妈讲话。"	模拟从一个空的水罐里倒出果汁并且说："娃娃也想要果汁。"
	多重假扮游戏活动	示范自己吃饭，喂娃娃，喂同伴，然后开车去商店买更多的快餐。	提供毛毯、盘子和杯子，并且说："让我们野餐吧！"
	互惠性游戏	和同伴一起为角色扮演准备服装并说："让我们扮演超级英雄吧！"	在自由活动时间为两个玩家提供包含轮流的桌面游戏。

From *Classroom Pivotal Response Teaching for Children with Autism* by Aubyn C. Stahmer, Jessica Suhrheinrich, Sarah Reed, Laura Schreibman, and Cynthia Bolduc. Copyright 2011 by The Guilford Press. Permission to photocopy this handout is granted to purchasers of this book for personal use only (see copyright page for details).

讲义23	**组成要素三：难易结合的任务**

在运用关键反应教学法时，你应该为孤独症学生既提供简单任务，也提供困难任务，这样做可以让学生体验成功，并时刻保持学习动机。

保持性任务是指学生已经学习或掌握过，在大多数情况下都能成功完成的任务。

习得性任务是指学生正在学习的任务，或他只是在某些时候能完成，并不是每次都能完成的任务。

对你来说综合运用这两种类型的任务很重要，尝试将50%的保持性任务和50%的习得性任务结合起来使用。但是对不同学生来说运用方法也不尽相同，一个容易产生疲倦和挫折感的学生可能会需要更多的保持性任务，而一个具有高度动机的学生更可能在习得性任务中受益。

为什么这种策略有用？

激发动机和主动性

动机在关键反应教学法中是一个关键因素，让学生完成简单任务可以帮助维持他的兴趣和动机，而将不同类型任务混合起来则帮助学生在任务中进步。

孤独症学生通常在主动或独立完成一个新任务时存在困难，为了对刺激做出反应或发起沟通和游戏，这些学生可能需要很多辅助，但我们更希望看见他们自主完成任务。将简单任务和困难任务混合起来能帮助他们建立主动性，因为你可以等待他独立完成简单任务。这可以使学生有机会主动要求、游戏或在没有帮助的情况下遵从简单指令，也有助于建立学生的自信心，并帮助他们在新的环境运用所学技巧。

任务描述

- **保持性任务**：学生已经学习过的任务。
- **习得性任务**：学生正在学习的任务，这些任务对学生来说是新的。

From *Classroom Pivotal Response Teaching for Children with Autism* by Aubyn C. Stahmer, Jessica Suhrheinrich, Sarah Reed, Laura Schreibman, and Cynthia Bolduc. Copyright 2011 by The Guilford Press. Permission to photocopy this handout is granted to purchasers of this book for personal use only(see copyright page for details).

讲义24	**组成要素四：分享控制权**

什么是分享控制权？

在教室里，教师常常是控制学习环境的人。你常常选择学习的材料、地点和目标。在关键反应教学法中，学习环境和材料的分享控制是增加你学生动机的另一个工具。当一个主题或活动是由你选择时，你往往有更多的动机和兴趣来学习它。例如，当这本书是你选的时候，你会更享受在读书俱乐部的讨论。当你把学生喜欢的东西加入任务中时，她更有可能参加并有动机学习。不要忘记：拥有材料的控制权、对目标的清晰理解和对学习互动的最终责任，是很重要的。

如何分享控制权

遵循学生对材料的选择

寻找学生喜欢的，并且可以用来教授新技能的材料。例如，如果你正在教授数字识别，并且学生喜欢谜题，那么可以使用一个数字谜题。关键之处在于给学生提供至少选择活动的一部分的机会，即使是你在控制互动。

跟随学生的引领

让学生自己选择从一个活动到另一个活动。可能会有你的学生从一个活动到另一个活动太快的时候。或者，学生在一个活动上花大量的时间。这里是一些可能的解决办法：

问题	原因	解决办法
任务之间进行太快	任务太难或太苛刻。	• 增加简单任务。 • 增加强化物/奖励。
任务之间进行太快	学生的注意力持续时间短。	• 确保学生表示"全部完成"并要求进入下一个活动。 • 要求学生再次完成任务。
在相同的任务里停留很长时间	学生只喜欢一些玩具或活动。	• 限制首选玩具和活动。 • 使用一个视觉计时器。
不选择任何活动	学生的参与动机低。	• 寻找无玩具的活动。 • 完成一个粗大动作的活动。

轮流

作为互动的方式，轮流允许你帮助学生学习合适的语言和游戏，允许你重新获得教材的控制权。吸引你学生的注意力，这很重要。只要有可能，试着以有趣并自然的方式轮流，在学生可理解的水平上示范，并将同伴纳入轮流中。对于不喜欢轮流的学生，要保证轮到你时，你能简短完成或试着交换玩具，并在学生观看时用相同的玩具示范。

保持安全性和适当性

学生不应该被允许从事危险（如攻击、自伤）或不适当行为。有时，你可以使用刻板或自我刺激行为来教授新技能。例如，如果你的学生喜欢跳，让她数到10并跳10次。你作为老师来决定什么是适当的和什么是不适当的，这是很重要的。

From *Classroom Pivotal Response Teaching for Children with Autism* by Aubyn C. Stahmer, Jessica Suhrheinrich, Sarah Reed, Laura Schreibman, and Cynthia Bolduc. Copyright 2011 by The Guilford Press. Permission to photocopy this handout is granted to purchasers of this book for personal use only(see copyright page for details).

讲义25	**组成要素五：多重线索（扩大注意力）**

什么是多重线索？每当你学习一项新的技能时，你都要关注多重线索（如颜色和形状）。事实上，多数学习发生于你在两个或多重线索之间产生的联系中。例如，你知道"再见"常常是在说这个词和挥手中完成的。关注环境中的多重线索对于学习是非常必要的。

虽然这样的学习对于发育正常的儿童并不是问题，但孤独症儿童常常在被要求同时关注多重线索的学习中有困难。

刺激的过度选择

倾向于只关注复杂线索的一个部分，这叫作**刺激的过度选择**。有注意缺陷的学生可能在识别外观稍微改变的人时有困难，比如理发或仅仅摘下眼镜。例如，一个学生不能识别她的老师，当她把长发剪成短发时，这个学生接近她的老师，会问："你叫什么名字？"在这个例子中，这个学生没能识别老师外观的更多不变的线索（面部特征、体形和身高等），而通过这些线索我们中的大多数人能识别他人，即使他们外观的细节发生变化。

如何帮助你的学生

对于很多孤独症儿童，早期干预和多种教学、材料和例子的使用可以增加适当的注意力和反应。你可以通过在多种情境、不同活动和材料中教授课程来帮助。对于你的大多数学生，你通过这种类型的教学足以令他们对多重线索产生注意，因为他们知道他们需要这么做，以理解这门课和做出适当反应。

对于有持续性困难的学生，你可以使用**条件型区辨**来教学——那就是，给依赖多重线索的正确反应提供反应的机会。例如，你可以让学生从有不同颜色的笔、铅笔和马克笔的盒子中拿"绿色的铅笔"。

多重线索教学的材料样例

材料类型	具体材料	样例
交通工具	类型和尺寸、类型和颜色	不同颜色的小、中和大型的公交车、小汽车和卡车
书本	科目和尺寸、颜色和尺寸	不同科目和颜色的大、小书
书写用具	类型和颜色	不同颜色的钢笔、铅笔、蜡笔和马克笔
娃娃/人物小模型	尺寸和身份	学生喜欢的大小不一的各种娃娃
动物小模型	类型和家庭成员	不同种类的动物妈妈和动物宝宝
积木	数量和颜色、尺寸和颜色、形状和颜色	不同颜色、形状和大小的积木
点心	材质和数量、颜色和类型	不同材质和颜色的一口大小的点心

多重线索的重要注释

- 正常发育儿童大约到36个月时才会回应多重线索。
- 这些方法不适合教发育年龄低于36个月的孤独症儿童。

From *Classroom Pivotal Response Teaching for Children with Autism* by Aubyn C. Stahmer, Jessica Suhrheinrich, Sarah Reed, Laura Schreibman, and Cynthia Bolduc. Copyright 2011 by The Guilford Press. Permission to photocopy this handout is granted to purchasers of this book for personal use only(see copyright page for details).

讲义26	**组成要素六：直接强化**

什么是直接强化？

给予**直接强化**意味着，学生得到的任何作为正确反应奖励的东西，都是和她被要求做的事情直接相关的。

例子：老师拿着一个小汽车并问："什么颜色？"学生说："红色。"老师就把这个玩具车给这个学生。

什么是间接强化？

间接强化是与学生的行为或反应不相关的后果。

例子：老师拿着一个小汽车并问："什么颜色？"学生说："红色。"老师说："说得好！"并跟学生击掌。

直接强化有何作用？

直接强化帮助学生学习在其他环境中（除了教室）使用其他材料运用技能。这被称为**泛化**。例如，当学生知道语言能够改变她的环境时，泛化就出现了。她知道她能够通过说获得想要的东西。例如，如果你去一个快餐店并说："我要一个汉堡包。"你可能会失望地获得一块饼干，或者听到"说得好！"这可能不是与你行为相关的直接后果。使用直接后果来教授行为更可能被泛化，并且这也意味着你的学生会继续运用这一行为。

我应该什么时候使用间接强化？

当你教你的学生一项新技能，或者当直接后果无法获得的时候，间接强化是很有帮助的。然而，在这些案例中，学生可能只会在被教的环境中表现那个技能，因为在真实世界没有谁以同样的方式强化那个行为。

直接强化：样例

种类	情境	直接强化	间接强化
社交	您在教约翰尼找朋友去问一个问题。在休息时约翰尼对秋千感兴趣。您让约翰尼去找正在玩秋千的汤姆。	您帮助约翰尼找汤姆轮流玩秋千，汤姆同意了。您给约翰尼推秋千作为他成功问汤姆问题的奖励。	您帮助约翰尼问汤姆他最喜欢的颜色。您给约翰尼推秋千作为他成功问汤姆问题的奖励。
游戏	您教苏茜玩象征性游戏。她选择了玩玩具牧场，您教她用铅笔假装成一个栅栏。	苏茜用铅笔假装成栅栏，然后后果是您允许她玩她设计的牧场。	苏茜用铅笔假装成栅栏，然后后果是您让她选圆圈时间的歌。

From *Classroom Pivotal Response Teaching for Children with Autism* by Aubyn C. Stahmer, Jessica Suhrheinrich, Sarah Reed, Laura Schreibman, and Cynthia Bolduc. Copyright 2011 by The Guilford Press. Permission to photocopy this handout is granted to purchasers of this book for personal use only(see copyright page for details).

| 讲义27 | **组成要素七：依联的后果** |

什么是依联的后果

一个依联的后果会基于学生的行为及时呈现。

及时的：后果呈现越快，效果会越好。反应后的后果越延迟，效果会越差。

一个及时后果的例子：吉米喜欢玩马克笔。他的老师想要他用马克笔画一个圆。她说："像这样画圆。"并向吉米演示。就在吉米画这个圆时，另一个学生想要老师的帮助。她快速给吉米马克笔玩，然后去帮助另一个学生。

适当的：你的回应必须取决于学生做了什么。例如，如果学生反应正确或有一个好的尝试，他应该得到奖励。如果这个学生给予一个好的尝试或压根没有反应，那么他不应该得到奖励而应该再试一次。你的反馈也应该清晰并且易于学生理解，那样他才会将后果和他的行为联结起来。

一个适当后果的例子：吉米要求画画，所以他的老师给他马克笔。"首先练习画一个圆，"她说，"然后你可以拥有马克笔。"吉米发牢骚："我不想画圆。"并把纸扔到地上，因此他的老师不给他马克笔。

依联的后果：样例

种类	情境	依联的	非依联的
语言	您在圆圈时间读一个农场故事。您让每个学生模仿故事里动物的声音。您注意到在尼里发出牛叫声音"哞"时，保罗也尝试说"哞"。这对保罗来说是非常少见的，因为他通常不沟通。	在注意到保罗的行为之后，您立即递给他一个牛的模型玩具。然后，继续让其他学生说出动物名字。	您继续让所有在场的学生说动物的名字，然后您转向保罗说道："保罗，我喜欢你说'哞'。"但保罗现在没有说话。
社交	在课堂上，玛尔塔没有留在她的位置上完成布置的任务，而是在教室里游荡并大声哼唱，破坏了课堂秩序。	在玛尔塔站起来准备走动时，您说："玛尔塔，请回到座位上并保持安静。"然后有一个助教跟随玛尔塔回到她的座位，以确保她坐下来。	当您看到玛塔起来哼唱，您说："玛尔塔，您现在在做什么？"然后继续上课。玛塔停止哼唱但继续在教室里晃荡。
学业	您教乔伊识别形状，将它们放在一个形状分拣机里。当听到您说"圆"时，乔伊把圆放到了正确的孔里。	您欢呼道："是的，这是一个圆，乔伊！"在拿出下一个形状让他摆放之前可以让他在地板上用剩余的形状排一行来玩一会儿。	接下来您说："现在放正方形。"乔伊成功地完成了。然后您给苏茜一个三角形，说："放进去。"乔伊失去了兴趣，离开了这个活动。

From *Classroom Pivotal Response Teaching for Children with Autism* by Aubyn C. Stahmer, Jessica Suhrheinrich, Sarah Reed, Laura Schreibman, and Cynthia Bolduc. Copyright 2011 by The Guilford Press. Permission to photocopy this handout is granted to purchasers of this book for personal use only(see copyright page for details).

| 讲义28 | **组成要素八：强化尝试** |

什么是尝试？

尝试是指学生做出了努力但没有正确反应那样准确，与目标技能或正确反应具有相同的功能。

为什么要强化尝试及如何强化尝试？

有时前一天对孤独症学生来说很简单的内容到后一天可能变得很难，但他们确实做出了努力。所以你应该强化学生的尝试，即使这并不是他的最佳反应状态。强化学生的每一次努力，可以鼓励孤独症学生在未来做出更多尝试性努力。举例：

目标行为是"汽车"。

尝试行为是"汽"。

学生对刺激的反应应该越来越接近老师的期望及其曾经在这一领域表现出来的最佳水平。强化尝试可以增强学生的动机、学习兴趣，并减少挫折感和问题行为。

强化尝试：样例

种类	情境	强化尝试	不强化尝试
轮流	吉娜和肯正在学习分享。肯语言能力比较强，可以说出"Turn"（轮流），吉娜在学习。当玩"土豆头先生"的玩具时，肯按照次序在玩具上装上眼睛。吉娜拿起嘴巴，想要装在玩具上。你提示吉娜说"Turn"。吉娜一直没说过"Turn"，但这次她说"Tah"。	你立刻帮助肯将玩具递给吉娜，并表扬吉娜的尝试行为。	你再次提示吉娜说出"Turn"，因为你想教会吉娜说出整个单词。吉娜重复"Tah"并拿起玩具，你第三次慢慢重复"Turn"，吉娜开始变得沮丧，并将玩具的嘴巴扔向肯。
语言	你教萨米尔开口用一个名词和一个动词的组合来表达想要的物品和活动。当看到萨米尔将手伸向一个鼓时，你提示他说"Play drum"（打鼓），萨米尔说"Pluh"，你以前听过萨米尔多次清楚地说出"play"（打）和"drum"（鼓）。	你等待萨米尔做出更正确的反应，因为他对鼓非常感兴趣，但萨米尔没有做出期待的反应，所以你继续提示他"Play drum"，这次他说"Pluh druh"，你把鼓给他作为对尝试的奖励。	你立刻把鼓给他，并没有等待更为准确的反应，这样下一次萨米尔就没有动机去表现出更好的行为。（注意对吉娜和萨米尔的期望反应应该有所区别，因为他们处于不同的发展水平。）
游戏	希瑟喜欢玩环状堆垛机，但她把环放到挂钩上有困难。她更喜欢旋转环而不是将它们堆叠起来。在希瑟拿起红色的环之后，你说："把红的环放到挂钩上。"希瑟开始旋转环，你轻轻地打断她并她的手朝挂钩移动。希瑟停止旋转环，并把它拿近挂钩。	你帮助希瑟完成剩下的动作，将环堆在桩上并说："哇，你拿起它了！"然后同意她可以旋转环而不是把环放到挂钩上。希瑟拿起另一个环，并把它移向挂钩。	你告诉她："不对，将它放到挂钩上。"并把环拿下来放在地板上，让希瑟再做一次尝试。希瑟拿起环，重新开始旋转，拒绝继续听之后的提示。

From *Classroom Pivotal Response Teaching for Children with Autism* by Aubyn C. Stahmer, Jessica Suhrheinrich, Sarah Reed, Laura Schreibman, and Cynthia Bolduc. Copyright 2011 by The Guilford Press. Permission to photocopy this handout is granted to purchasers of this book for personal use only(see copyright page for details).

术 语 表

行为的 ABC 模式（ABC pattern of behavior）：也称为**三段式依联**，是一个操作模式，包括三个主要成分：**前提**、**行为**及**后果**。

习得性任务（Acquisition task）：学生当前学习的任务，且对学生而言是未学习过的新任务。

前提（Antecedent）：行为发生前的事件或经历，并导致或引发行为的发生。前提可能是一个言语反应的机会，如提问或指令；或是一个非言语反应的机会，如在环境中呈现一个物品。

应用行为分析（Applied Behavior Analysis, ABA）：以实验方法研究行为，从中提取行为的基本原理，并把这些原理应用于环境中的个体，以改善个体与环境相关的社会性行为。

尝试（Attempt）：没有正确反应那么准确，但学生在试着做出正确反应。尝试与目标技能或正确反应具有相同的功能。

孤独症（Autism）：孤独症是一种广泛性发育障碍，其特征主要有社会交往和沟通障碍、狭窄的兴趣及刻板重复的行为方式等。

回避行为（Avoidance behavior）：通过撤除不喜欢的情境或物品保持的行为，如发脾气后才会被允许离开桌子。也称为**逃避行为**。

行为（Behavior）：个体可观察的反应。行为可以是适当的，也可以是不适当的。

行为干预（Behavior intervention）：根据应用行为分析科学研究发展而来的技术。

关键反应教学法（Classroom Pivotal Response Teaching, CPRT）：一种自然式的行为干预策略，由关键反应训练（Pivotal Response Training, PRT）改进而

来，专门用于课堂教学。

沟通性的诱发刺激（Communicative temptations）：特别创设一种可能激发学生沟通动机的情境。

条件型区辨（Conditional discriminations）：需要学生基于某一物品的至少两种特征（如形状和颜色）来辨别物品。

后果（Consequence）：在学生做出行为之后直接出现，可以在未来增加、减少或保持该行为的发生、持续期、潜伏期或强度。

依联（Contingent）：依联的后果基于特定行为的出现而呈现。反应之后的后果呈现越快，其效果越明显。

线索（Cue）：用于引发反应的一种信号（如指令）或物品、情境的特征或组成要素。

直接强化或奖励（Direct reinforcement or reward）：直接与行为相关的后果。例如，当学生在玩汽车玩具时被激发说出"汽车"，那么给学生汽车就是一个直接强化。

逃避行为（Escape behavior）：通过撤除不喜欢的情境或物品保持的行为，如发脾气后才会被允许离开桌子。也称为回避行为。

期盼性的等待（Expectant waiting）：使用面部表情或姿势表示成人正在等待学生的沟通回应，不使用其他辅助。

消退（Extinction）：发生于以往维持行为发生的后果不再出现时，也称为有计划的忽视。

消退爆发（Extinction burst）：针对某一行为的强化撤离之后，所要干预的行为增加。

实施的忠实度（Fidelity of implementation）：实际干预与预定干预之间的一致程度。

泛化（Generalization）：在不同场所、对不同人群、使用不同工具应用习得技能的能力。

间接强化（Indirect reinforcement）：不与反应直接相关的后果。例如，教师拿着一张汽车图片说："这是什么？"学生回答："汽车。"然后教师说："说得好!"或给学生一块糖果。

个别化教育计划(Individualized Education Program, IEP)：满足有障碍学生的特殊教育需要的法令，写入美国2004年的《残疾人教育促进法案》。

共同注意(Joint attention)：通过注视、用手指某物或打手势与他人分享体验，并获得他人的回应。

保持性技能(Maintenance of skill)：长期持续地使用已学会的技能的能力。

保持性任务(Maintenance task)：学生已学会或掌握的并且大部分时间都能轻松完成的任务。

多重线索(Multiple cues)：用于判定某一物品的至少两种特征或组成要素，如形状、大小、颜色或质感。

负强化(Negative reinforcement)：在行为后去除不喜欢的情境或物品，以此来增加这项行为在未来出现的可能性。负强化可能会导致回避或逃避行为的出现。

操作(Operant)：产生影响或效果。

操作模式(Operant model)：一个操作模式包括三个主要成分：(1)前提，或行为发生前的一个事件或一段经历；(2)行为，或是学生的一种反应(在某些案例中表现为缺少某一反应)；(3)后果，未来增加、减少或保持该行为的发生、持续期、潜伏期或强度。也称为**三段式依联**或**行为的ABC模式**。

反应机会(Opportunity to respond)：为使学生发出一个行为、动作或回应，所首先呈现的信号。

关键反应训练(Pivotal Response Training, PRT)：一种针对孤独症儿童的行为干预策略，通过掌握"关键"技能如动机及对多重线索反应的能力以促进在所有领域的最大化发展。

正强化(Positive reinforcement)：在行为出现之后呈现学生喜欢的事件或物品。正强化会增加跟随强化物而来的行为的强度。

偏好评估(Preference assessment)：一种正式且系统的收集学生喜欢物品或活动的方法。偏好评估有两种类型，一是基于时间的偏好评估；二是配对选择偏好评估。

辅助（Prompt）：在线索或反应机会之后提供支持，以确保学生成功地对线索进行反应。

惩罚（Punishment）：呈现学生不喜欢的事件或物品，以此来减少行为在未来发生的可能性。

反应代价（Response cost）：一种惩罚方式，学生发生行为之后导致正强化减少。也称为时间剥夺。

刺激的过度选择（Stimulus overselectivity）：对复杂线索仅仅关注于其中一个部分的倾向。

时间剥夺（Time away）：一种惩罚方式，学生发生行为之后导致正强化减少。也称为反应代价。

推 荐 书 目

［1］克雷格·H.肯尼迪.教育研究中的单一被试设计［M］.韦小满，陈墨，杨希洁，等，译.北京：华夏出版社，2021.

［2］玛丽亚·惠勒.孤独症和相关障碍儿童如厕训练指南［M］.宋玲，译.北京：华夏出版社，2021.

［3］加里·麦西博夫，维多利亚·谢伊，埃里克·邵普勒.孤独症和相关沟通障碍儿童治疗与教育［M］.秋爸爸，译.北京：华夏出版社，2021.

［4］藤坂龙司，松井绘理子.早期密集训练实战图解［M］.狄晓卓，译.北京：华夏出版社，2021.

［5］玛丽·林奇·巴伯拉，特蕾西·拉斯穆森.语言行为方法——如何教育孤独症和相关障碍儿童［M］.美国展望教育中心，译.北京：华夏出版社，2021.

［6］罗恩·利夫，约翰·麦克伊钦.孤独症儿童行为管理策略及行为治疗课程［M］.蔡飞，译.北京：华夏出版社，2020.

［7］理查德·W.马洛特，约瑟夫·T.沙恩.行为原理（第7版）［M］.秋爸爸，陈墨，译.北京：华夏出版社，2019.

［8］刘昊.孤独症儿童的行为教学［M］.北京：华夏出版社，2018.

［9］乔恩·S.贝利，玛丽·R.伯奇.行为分析师执业伦理与规范（第3版）［M］.美国展望教育中心，译.北京：华夏出版社，2018.

［10］罗伯特·E.奥尼尔.功能性行为评估及干预实用手册（第3版）［M］.陈更娟，译.北京：华夏出版社，2018.

［11］阿尔伯特·J.卡尼.应用行为分析入门手册（第2版）［M］.马凌冬，译.北京：华夏出版社，2017.

［12］罗伯特·奥尼尔等.教育和社区环境中的单一被试设计［M］.胡晓毅，译.北

京：华夏出版社，2016.

［13］罗伯特·凯格尔，琳·柯恩·凯格尔. 孤独症谱系障碍儿童关键反应训练掌中宝 [M]. 胡晓毅，王勉，译. 北京：华夏出版社，2015.

［14］郭延庆. 应用行为分析与儿童行为管理 [M]. 北京：华夏出版社，2012.

译 后 记

《孤独症儿童关键反应教学法》是继《孤独症谱系障碍儿童关键反应训练掌中宝》之后引入中国的又一部采用循证实践进行自然式行为干预的译著。该书主要面向学龄前和低学龄段儿童的一线教师，指导他们在日常课堂教学中，采用关键反应训练（Pivotal Response Training）进行教学设计、课堂调整和教学材料准备。

近年来，华夏出版社系统地引入了很多孤独症儿童研究领域中大师和家长的著作，系统地介绍了孤独症儿童教育干预的各个流派，以及科普性的知识，让我们孤独症儿童的家长和专业人员受益良多。然而，我们一直缺少一本能够指导学龄前和学龄段孤独症儿童一线教师的教学用书。如何在真实的课堂中开展有效的、以循证实践为指导原则的教学，这是一直令一线教师苦恼的问题。在与华夏出版社合作引入《孤独症谱系障碍儿童关键反应训练掌中宝》这本深受孤独症儿童家长和专业人员欢迎的书时，我们就打算继续突击，引入《孤独症儿童关键反应教学法》这本书，为的是让更多的一线教师和专业人员受益。

本书详细地介绍了如何在同一教室中，开展多种形式的教学，并巧妙地使用关键反应教学法满足每一个学生的教育需求。此外，本书还详细解释了如何使用关键反应教学法制订个别化教育计划以及基于课程要求的教学目标，并阐述了如何应用关键反应教学法提高学生沟通、游戏、社会交往及学业等技能。更进一步的是，本书还帮助教师学会如何将关键反应教学法整合到现有的课程教学目标和其他的教育策略中，激发学生的学习动机，以及收集教学数据资料等。我想这一切都是所有每天教导孤独症儿童的教师们非常关心也非常困惑的问题。

北京师范大学教育学部孤独症儿童教育研究中心是2013年底成立的，致力于开展本土化的孤独症儿童教育研究。目前，该中心除了积极引进国外先进的教育干预策略，还努力拓展与开发适应我国文化与国情的孤独症儿童的教育模式与实践，并扎根于基层教学场所，以提升我国孤独症儿童教育的科学性与创新性。希望在不久的将来，能够有越来越多的学校使用关键反应教学法，在我国的基层学校开展创新性教学研究，而受益的必将是那些可爱的孤独症学生们！

胡晓毅

2015 年 6 月

图书在版编目（CIP）数据

孤独症儿童关键反应教学法 /（美）奥温•C.斯塔曼（Aubyn C. Stahmer）等著；胡晓毅译. --北京：华夏出版社有限公司，2021.10（2025.5重印）

书名原文：Classroom Pivotal Response Teaching for Children with Autism

ISBN 978-7-5222-0149-8

Ⅰ.①孤… Ⅱ.①奥…②胡… Ⅲ.①孤独症－儿童教育－特殊教育－教育方法 Ⅳ.①G766

中国版本图书馆CIP数据核字(2021)第157705号

Copyright © 2011 The Guilford Press
A Division of Guilford Publications, Inc.
ALL RIGHTS RESERVED.

©华夏出版社有限公司　　未经许可，不得以任何方式使用本书全部及任何部分内容，违者必究。

北京市版权局著作权合同登记号：图字01-2014-3885号

孤独症儿童关键反应教学法

作　　者	［美］奥温•C.斯塔曼 等
译　　者	胡晓毅
责任编辑	薛永洁　李傲男
出版发行	华夏出版社有限公司
经　　销	新华书店
印　　刷	三河市少明印务有限公司
装　　订	三河市少明印务有限公司
版　　次	2021年10月北京第1版
	2025年5月北京第2次印刷
开　　本	787×1092　1/16开
印　　张	15.5
字　　数	216千字
定　　价	59.80元

华夏出版社有限公司　地址：北京市东直门外香河园北里4号　邮编：100028
网址：www.hxph.com.cn　电话：(010) 64663331（转）

若发现本版图书有印装质量问题，请与我社营销中心联系调换。